学术近知丛书·教育与心理系列

本书为全国教育科学规划国家一般课题
（BFA160040）结项成果

乡村教师专业发展内生型服务体系构建研究

Research on the Construction of Endogenous Service System
for Professional Development of Rural Teachers

李宜江　著

目　录

绪　　论

一、研究的缘起与意义

在整个教育体系中,乡村教育占有极其重要的地位,我国35%的初中、66%的小学、35%的幼儿园均设立在乡村,乡村学校是我国覆盖面最广的基层教学单位。① 教育大计,教师为本。教师资源是乡村教育中最活跃、最具决定性因素的教育资源。发展乡村教育,教师是关键。乡村教师影响着学生的健康成长和发展,如果缺少数量充足、素质优良、甘愿贡献、乐意扎根于乡村的优秀教师,那么乡村教育的质量就难以得到保障,乡村教育的振兴和发展也就无从谈起。因此,大力支持乡村教师的发展,积极加强乡村教师队伍的建设,不仅是对奋斗在一线的教育工作者的重视,也是振兴乡村教育、促进社会公平正义的有利举措。②

长期以来,由于地理、环境、经济等各方面因素的影响,我国城乡教育发展出现了割裂,造成了城乡二元教育结构。乡村学校教师整体数量不足、质量不高、待遇整体偏低,继续发展的动力不足等都是乡村教育面临的困境,也是党和国家迫切需要解决的难题。乡村教师的专业素养影响着整个乡村教育的发展。大力发展乡村教育,建设高素质的乡村教师队伍已经成为当前乡村全面振兴战略的必然需求。近来,党和国家越加重视乡村教育的发展,把乡村教育和乡村教师队伍建设摆在更加突出的战略地位。2015年6月国务院颁布的《乡村教师支持计划(2015—2020年)》③(以下简称"《2015乡村教师支持计划》")提出,当前我国教育现代化的薄弱环节和短板在乡村,必须把乡村教师

---

① 刘华蓉、黄浩:《乡村教师好政策落地才能开花》,《中国教育报》2016年3月16日。
② 邬志辉:《破解乡村教育发展症结的良药》,《中国教育报》2015年6月10日。
③ 《国务院办公厅关于印发乡村教师支持计划(2015—2020年)的通知》,2015年6月1日,见 http://www.gov.cn/zhengce/content/2015-06/08/content_9833.htm。

队伍建设摆在优先发展的战略地位。发展乡村教育,是阻止贫困现象代际传递,是功在当代、利在千秋的大事。《中共中央国务院关于实施乡村振兴战略的意见》①指出,要实施乡村振兴战略,"优先发展农村教育事业""推动城乡义务教育一体化发展",通过"统筹配置城乡师资,并向乡村倾斜,建好建强乡村教师队伍"。之后教育部等五部门联合发布的《教师教育振兴行动计划(2018—2022 年)》②提出,要开展多项行动来提高教师素质,改善教师方面的资源供给,建立健全乡村教师成长发展的支持服务体系。2019 年 2 月,中共中央、国务院印发的《中国教育现代化 2035》③指出,要"提升义务教育均等化水平"和"推进城乡义务教育均衡发展"。此外,为完成"建设高素质专业化创新型教师队伍"的目标任务,还需要夯实教师的专业发展体系,推动教师进行终身学习和专业自主发展。

改革开放以来,特别是党的十八大以来,国家投入大量的经费来支持乡村教育的发展,多措并举吸引优秀人才扩充乡村教师队伍的数量,并实施"国培计划"不断提升乡村教师队伍的质量。在"引进优质师资"方面,推出了诸如"免费师范生计划"④"特岗教师""硕师计划""三支一扶"等政策⑤为乡村教师队伍注入新的能量和发展活力。在创新教师培养模式上,通过建立高校与地方政府、中小学"三位一体"的协同培养机制,从而实现教师教育的职前职后一体化;此外,充分运用"互联网+"的背景,积极推进"互联网+教育""人工智能+教师队伍建设行动"的开展,促进乡村教师的在职发展,提升地方师范院校师范生的培养质量。⑥ 为了促进义务教育的优质均衡发展,在教师资源

---

① 《中共中央国务院关于实施乡村振兴战略的意见》,《人民日报》2018 年 2 月 5 日。

② 教育部:《教育部等五部门关于印发〈教师教育振兴行动计划(2018—2022 年)〉的通知》,2018 年 2 月 11 日,见 http://www.moe.gov.cn/srcsite/A10/s7034/201803/t20180323_331063.html。

③ 《中共中央、国务院印发〈中国教育现代化 2035〉》,2019 年 2 月 23 日,见 http://www.moe.gov.cn/jyb_xwfb/s6052/moe_838/201902/t20190223_370857.html。

④ 2007 年 5 月,国务院决定在教育部直属师范大学实行师范生免费教育。自 2007 年秋季起,在北京师范大学、华东师范大学、东北师范大学、华中师范大学、陕西师范大学和西南大学六所部属师范大学实行师范生免费教育。2018 年 3 月,教育部等五部门印发的《教师教育振兴行动计划(2018—2022 年)》提出,改进完善教育部直属师范大学师范生免费教育政策,将"免费师范生"改称为"公费师范生",履约任教服务期调整为 6 年。

⑤ 石连海、田晓苗:《我国乡村教师队伍建设政策的发展与创新》,《教育研究》2018 年第 9 期。

⑥ 朱旭东、胡艳等:《中国教育改革开放 40 年:教师教育卷》,北京师范大学出版社 2019 年版,第 279 页。

的配置方面,逐步实行城乡统一的中小学教职工编制标准,对长期在农村基层和艰苦边远地区工作的教师,在工资、职称等方面实行倾斜政策,如高级教师岗位向农村学校和薄弱学校倾斜,并且逐步完善医疗、养老等社会保障制度的建设,切实维护农村教师社会保障权益。① 在教师培训制度方面,《2015 乡村教师支持计划》强调,"国培计划"需要集中支持中西部地区的乡村教师校长培训。培训方式也根据乡村教师的实际需求进行了一定的改进,采取顶岗置换、网络研修、送教下乡、专家指导、校本研修等多种形式,从而增强了培训的针对性和实效性。在这一阶段,"国培计划"的管理重心下移,建立了省市县三级较为系统的教师培训体系,而且培训理念也从前一阶段的"输血式"转变为"造血式",通过优化项目设置、明确项目重点、创新培训模式来培养"种子教师",进而催化教师发展的内生动力。② 教育部、财政部印发的《关于实施中小学幼儿园教师国家级培训计划(2021—2025 年)的通知》中,明确了"十四五"期间"国培计划"的实施思路、支持方向、工作重点,从而推进教师培训提质增效,促进教师队伍的高质量发展。③ 从经费投入上来看,国家对乡村教师专业发展给予了大力支持。如在 2010—2015 年,中央财政投入 85.5 亿元,通过"示范性项目""中西部项目"和"幼师国培项目"开展中小学幼儿园教师、中小学校长和幼儿园园长等培训活动,④不断提高乡村教师的生活待遇,满足乡村教师发展的基本需求。截至 2014 年,中央安排预算内资金 141 亿元为边远艰苦地区的农村教师提供周转宿舍,建设教师周转宿舍 25.2 万套,入住教师 31.2 万人,建设规模 888.6 万平方米。⑤ 在教师补贴上,《2015 乡村教师支持计划》提出要"全面落实集中连片特困地区乡村教师生活补助政策,依据学校艰苦边远情况实行差异化的补助标准"。根据该项政策,中央财政已下发

① 范先佐等:《中国教育改革 40 年:农村教育》,科学出版社 2018 年版,第 83 页。
② 朱伶俐、陈鹏:《"国培计划"培训模式综述》,《继续教育研究》2020 年第 6 期。
③ 《教育部、财政部印发通知部署"十四五"中小学幼儿园教师国家级培训计划实施工作》,2021 年 5 月 19 日,见 http://www.moe.gov.cn/jyb_xwfb/gzdt_gzdt/s5987/202105/t20210519_532238.html。
④ 朱旭东、胡艳等:《中国教育改革开放 40 年:教师教育卷》,北京师范大学出版社 2019 年版,第 293 页。
⑤ 朱旭东、胡艳等:《中国教育改革开放 40 年:教师教育卷》,北京师范大学出版社 2019 年版,第 300 页。

综合奖励补助资金 43.92 亿元,惠及 604 个县的 94.9 万名乡村教师。① 另外,《国务院关于统筹推进县域内城乡义务教育一体化改革发展的若干意见》②也指出,各个地方要实行乡村教师收入分配倾斜政策,秉持着越往基层、越往艰苦地区,补助水平越高的原则。

在党和国家高度重视及一系列重要举措的保障下,我国乡村教育取得了长足的发展和历史性的成就,乡村教师的数量得到扩充、质量不断提升、教师的待遇逐年提高,下得去、留得住、教得好、有发展的乡村教师队伍建设体系基本建成并不断完善。在肯定乡村教师队伍建设取得历史性成就的同时,我们也要清醒地认识到乡村教师队伍建设依然存在一些突出的问题,如乡村学校教师结构失衡问题依然严峻。据有关研究显示,农村小规模学校近三分之一的教师超过 50 岁,其中超过 55 岁的教师比例高达 19.3%,即约五分之一的教师接近退休年龄;中、高级职称教师占比偏少。③ 此外,乡村学校的音乐、美术和信息技术教师依然存在短缺情况,乡村学校正常开展音乐、体育、美术等课程是有很大困难的,特别是在一些教学点,师资不足使得音体美教师还要兼任文化课的教学任务。④ 其次,乡村教师的培训内容、培训方式缺少针对性。教师培训的内容与乡村学校的教学实际不相符合,表现在培训内容分散,缺乏系统性和连贯性设计,无法与先前已有的培训关联和呼应。而且在设计培训项目或培训主题时也缺少实地调研和需求分析,从而经常导致培训内容缺乏针对性。⑤ 再次,乡村教师专业发展空间较小。农村教师参与高层次的培训机会相对较少,城市教师能够参加市级以上培训的比例为 81.3%,而农村只有62.23%,两者相差 19.07 个百分点;就职称评定上来看,城市学校高级与一级

---

① 朱旭东、胡艳等:《中国教育改革开放 40 年:教师教育卷》,北京师范大学出版社 2019 年版,第 300 页。

② 《国务院关于统筹推进县域内城乡义务教育一体化改革发展的若干意见》,2016 年 7 月 2 日,见 http://www.gov.cn/zhengce/content/2016-07/11/content_5090298.htm。

③ 曾新、高臻一:《赋权与赋能:乡村振兴背景下农村小规模学校教师队伍建设之路——基于中西部 6 省 12 县〈乡村教师支持计划〉实施情况的调查》,《华中师范大学学报(人文社会科学版)》2018 年第 1 期。

④ 唐一鹏、王恒:《何以留住乡村教师——基于 G 省特岗教师调研数据的实证研究》,《教育研究》2019 年第 4 期。

⑤ 张嫚嫚、魏春梅:《乡村教师培训存在的问题分析及对策思考》,《教师教育研究》2016 年第 5 期。

教师所占的比例可以达 65.04%，而农村学校仅为 54.44%，相比城市低了10.6 个百分点，说明农村教师在高级别职称评定上依然处于不利地位。① 乡村教师在编制、职称评定上也有一些困难，虽然乡村教师评聘高级职称已经取消论文等要求，但是科研课题、获奖、任教年限、教学实绩等缺一不可的评定指标也使一些乡村教师尤其是村小和教学点的教师处于不利地位。乡村教师不仅职称评定的程序复杂繁琐，而且评定的条件仍有较多限制。最后，乡村教师的激励机制不够"强效"，农村学校岗位吸引力低。希望向上流动从而进入更高层级学校的乡村教师所占比例为 61.6%，尽管有少部分教师愿意向下流动进入到更低层级的(乡镇或村屯)学校，但是绝大多数的教师更期望进入到城市和县城等更高层级的学校。而且随着学校所在地行政层级的递降，教师期望向上流动的比例也逐渐增大，如乡镇和村屯学校的教师希望实现向上流动的比例均超过 70%，这一比例远高于城市和县城教师。② 乡村教师群体最在意的因素是"工资水平"，占比高达 74.2%。③ 在当今国家大力加强乡村教师支持力度的政策背景下，乡村教师在薪酬待遇方面虽有提高，但是仍与心理预期有一定的差距，数据显示目前乡村教师的年均工资收入为 4.29 万元，而教师期望的年均工资为 7.56 万元，两者相差 3.27 万元。另外，教师的激励机制尚且不够完善。对从教 30 年以上的乡村教师颁发荣誉证书，但是实际上荣誉制度的激励作用并没有发挥应有的效力。有调查发现，仅就荣誉制度的知晓率上，了解乡村教师荣誉制度具体内容的仅占有 10.4%，而 63.29% 的教师表示不太了解，只是听说过，甚至 26.3% 的教师从没有听说过。④ 研究发现，在荣誉制度的认可上，接受访谈的教师认为"荣誉证书"的"含金量不够"，而这些教师对"含金量"的解释与其"声望危机"和"尊重"有关，前者指由于乡村教师经济地位等因素造成了其社会声望"下滑严重"；后者指随着乡村教师知识地位

---

① 秦玉友、邬志辉：《中国农村教育发展状况与未来发展思路》，《东北师大学报(哲学社会科学版)》2017 年第 3 期。

② 赵忠平、秦玉友：《谁更想离开？——机会成本与义务教育教师流动意向的实证研究》，《教育与经济》2016 年第 1 期。

③ 李新玲：《乡村教师支持计划恰逢其时》，《中国青年报》2015 年 4 月 8 日。

④ 彭冬萍、曾素林、刘璐：《乡村教师荣誉制度实施状况调查研究》，《当代教育科学》2018 年第 2 期。

的下降,家长对教师的尊重不如以前。① 此外,现行的荣誉制度也缺少考核制度以及定期跟踪帮扶等后续的跟进工作,不利于荣誉教师的继续发展。②

综上,我国出台了一系列的政策措施来构建乡村教师发展支持服务体系,促进乡村教师队伍的建设。然而虽然外在性的政策措施能在一定程度上弥补乡村教师队伍建设的短板,但是目前乡村教师专业发展的内在动力不足,乡村教师发展支持服务体系取得的效果不佳也是不容忽视的。教师专业发展不仅需要外在政策的引导,更需要内在信念的支持,只有拥有内在力量才能支撑他们热爱乡村、扎根乡村,把毕生的热情都倾洒在乡村教育事业上。所以,乡村教师的专业发展不能仅仅依靠政策制定的完善、政策工具的改良、政策实施的评估来完成,更为重要的是政策能够在实践中扎根并且能够持久地发挥效应。因而,乡村教师发展支持体系的建设需要进一步关注政策是否激发了乡村教师自觉发展的积极性,是否推动了政策的内生性转化,这才是支持服务体系的目标所在。③ 内生动力是教师自主、自觉开展教育活动和追求专业发展的源泉,能使乡村教师在工作中获得尊严感和价值感,并建立起专业信念。因此,我国乡村教师专业发展服务体系应由注重外在的规范要求向注重激发教师自觉自主发展的内生型服务体系转向,让乡村教师从"被学习"转变为"要学习",从"被发展"转变为"想发展"。建立和完善适合乡村教师专业发展需求的内生型服务体系意义重大,这不仅契合当前乡村全面振兴战略的要求,更满足了建设高质量教师队伍的迫切需求。

鉴于此,本书致力于构建乡村教师专业发展的内生型服务体系,在服务的目标定位上,将更加重视服务乡村教师的终身学习和自主发展,不断激发乡村教师内在自身的发展意愿,在教书育人的事业中获得自身专业成长和精神境界的提升;在服务内容上,更加重视乡村教师的教育情怀和身份认同,不断增强乡村教师职业的吸引力,激励乡村教师扎根乡村,激发乡村教师乐于从教的教育情怀,同时提高乡村教师的身份认同,增加乡村教师的幸福感和荣誉感;在服务

---

① 谢爱磊、刘群群:《声望危机隐忧下的乡村教师荣誉制度建设研究》,《中国教育学刊》2019 年第 1 期。

② 彭冬萍、曾素林:《乡村教师荣誉制度实施路径探析——基于全过程管理理论的视角》,《教育评论》2017 年第 7 期。

③ 庄玉昆、褚远辉:《乡村教师专业发展的支持体系建设》,《教育科学》2020 年第 1 期。

方式上,更加重视乡村教师培训的常态化和个性化,更加注重因材施训,不断满足乡村教师专业发展的个性化需求。① 总而言之,乡村教师专业发展内生型服务体系在于培养乡村教师发展的自主性、自觉性和可持续发展性。

综上,本书对现阶段影响乡村教师专业发展的各种因素进行分析和研究,不仅关注促进乡村教师专业发展的外部因素,更突破以往的研究视角,关注乡村教师专业发展的内在需求,探讨与此相适应的乡村教师专业发展内生型服务体系的内涵。这一研究既能够丰富乡村教师专业发展的内涵,又能够进一步拓宽乡村教师专业发展理论研究的外延。在乡村全面振兴的时代背景下,从乡村教师内在发展需要着手研究乡村教师专业发展内生型服务体系的内涵与实践要义等问题,不但可以在理论上丰富已有的研究,而且也能够为其他的研究者提供参考或借鉴,从而使乡村教师专业发展支持服务体系的理论研究更加科学化、专业化和完善化。另外,根据乡村教师专业发展内生型服务体系的目标与现状,也可以为有关部门制定与完善乡村教师专业发展支持服务体系提供政策建议,从而实现我国乡村教师专业发展支持服务体系的转型,加快促进我国乡村教师队伍的专业发展。

本书研究的理论意义之外,还有一定的实践价值,主要体现在:

第一,在调研的基础上,分析目前我国乡村教师专业发展的现状、问题及成因,更加深入地了解乡村教师专业发展环境及影响的内在因素等,进而在现有的乡村教师专业发展支持服务体系基础上建立更加切合乡村教师专业发展需求的内生型服务体系,进一步激活乡村教师现有的存量资源,促进乡村教师专业发展长效机制的建立。

第二,针对目前乡村教师专业发展存在的问题进行研究,深入了解乡村教师在专业发展方面的需求,据此加大对乡村教师专业发展的支持力度,即为乡村教师提供更有针对性的支持服务,从而满足不同年级、不同学科、不同教龄段乡村教师在专业发展上的需求,帮助乡村教师在专业理念、教学技能、学生管理、教育科研上得到发展,提高乡村教师教书育人的能力,增强乡村教师在乡村教学环境中的信心和胜任感。

---

① 李宜江:《改革开放以来乡村教师专业发展服务体系政策演进与展望》,《教师发展研究》2020 年第 2 期。

第三，乡村教师专业发展内生型服务体系更加重视乡村教师的教育情怀和身份认同，不仅增强了乡村教师职业的吸引力，还增加了乡村教师的幸福感和荣誉感。因而，乡村教师专业发展内生型服务体系的建立有助于点燃乡村教师的教育热情，激发乡村教师专业发展的内在驱动力。内生动力是乡村教师自主、自觉、主动地开展教育活动的根本动力，也是内生型服务体系所要实现的目标，即培养乡村教师专业发展的自主性、自觉性和可持续性，在不断学习、主动研究、勤于反思的过程中提升自己，从而建设一支素质优良、甘于奉献、扎根乡村的教师队伍。

二、研究的现状与反思

梳理我国乡村教师的研究，可以发现早在 20 世纪初期就有人关注乡村教育和乡村教师问题。例如，王拱璧、陶行知、晏阳初、梁漱溟、黄炎培、雷沛鸿、余家菊等，以及当时轰轰烈烈的"乡村教育"思潮及其运动。他们不仅仅对乡村教育进行理论探讨和实践探索，还对乡村教师的"选""育""用"等开展了比较深层的探讨。陶行知兴办的晓庄乡村师范学校，专门用来培养乡村教师。基于当时的教育现状，他提出可以通过"小先生"制来解决乡村教育中教师数量不足的问题。余家菊也提出要培育教师的专业精神，这是师范教育的重要职责之一，同时也要加强教师技能的培训，提高教师的素质。这些都是我国近现代乡村教育研究的重要成果。

从中华人民共和国成立到 20 世纪 80 年代中期，对于乡村教育和乡村教师队伍建设的研究鲜有问津。直到 20 世纪 80 年代末，南京师范大学最先成立了专门研究农村教育的机构，随后出版了第一部《农村教育学》，专门论述农村教师队伍建设的相关问题。

20 世纪 90 年代以后，农村教育和农村教师再次成为学者研究的重点，相应的有关农村教育和农村教师方面的研究成果不断问世。这些研究成果大都是从大农村教育的角度来论述农村教育问题，没有专门或者重点论述农村基础教育，特别是农村教师的队伍建设问题。还有从社会学的角度来研究农村教育，运用个案研究的方法，主要从农村教育和农村教师在乡村社会中的地位和所扮演的角色这个角度出发，对农村公办教师、民办教师、代课教师等几种教师类型进行研究和分析。

进入 21 世纪以来，国家开始强调城乡义务教育的均衡发展、城乡一体化发展问题,许多学者纷纷开始把研究的重点放在乡村教育上,特别是乡村教师队伍建设的问题,涌现出众多有关乡村教师研究的学术成果。这些研究利用了多种研究手段与方法,如田野调查、政策分析、问卷调查、个别访谈及数据的统计与分析等,探析了农村教师专业发展所面临的困境,并立足于不同的理论视野提出了乡村教师专业发展的对策建议。

1. 乡村教师专业发展的研究

(1)乡村教师专业发展现状、问题研究

乡村教师专业发展水平的高低直接影响着乡村教育的质量水平。想要提高乡村教育的质量就需要提高乡村教师专业发展水平。近年来,越来越多的专家学者纷纷把教育研究的重点放在乡村教师专业发展上。目前乡村教师专业发展的现状和存在的问题,大致可以归纳为以下几类:

一是待遇保障系统不完善。乡村教师经济压力大、发展机会少、不能保障子女高质量的教育、乡村教师流动性大。朱秀红和刘善槐在教师流动意愿的调查中发现工作负担大、相对待遇差、发展机会少等因素促使乡村教师流动意愿强烈。[1] 目前乡村教师在待遇上也存在着诸多问题,庞丽娟和杨小敏等人指出存在着教师工资收入不高、专业成长受限、职称晋升困难、住房问题难以解决、社会保障不广、子女教育困难重重等问题。他们认为造成乡村教师流动性大的深层原因是目前尚未形成综合的待遇保障系统。[2]

二是乡土情感不牢固。职业倦怠严重、脱离乡土性、身份认同感、职业认同感低。在城镇化背景下,由于乡村教师很少参与到乡村公共事务中去,对于乡村情感淡漠,其所具有的文化资本优势逐渐没落从而导致乡村教师知识分子身份的式微。[3] 朱胜晖和孙晋璇更是指出乡村教师在乡村教师专业发展过程中呈现出主体性缺失、功利化取向、“无乡村”等倾向。[4] 凌云志和邬志辉通

---

[1]　朱秀红、刘善槐:《乡村青年教师的流动意愿与稳定政策研究——基于个人—环境匹配理论的分析视角》,《教育发展研究》2019 年第 20 期。

[2]　庞丽娟、杨小敏、金志峰:《构建综合待遇保障制度提升乡村教师职业吸引力》,《中国教育学刊》2021 年第 4 期。

[3]　沈晓燕:《城镇化背景下乡村教师知识分子身份的式微与重构》,《教育发展研究》2018 年第 20 期。

[4]　朱胜晖、孙晋璇:《乡土文化转型与乡村教师专业发展》,《当代教育科学》2018 年第 8 期。

过半结构访谈发现,部分乡村教师非城非乡、半城半乡的社会身份,处于非常尴尬的"第三者"的边缘地带,导致乡村教师身份认同陷入挣扎。①

三是师资数量不足,学科专业师资缺失,代课教师大量存在,专业素质相对偏低,教龄分布不合理。受经济、文化、历史等多方面综合的影响,乡村教师数量不足的问题由来已久。赵忠平和秦玉友指出农村小规模学校中不仅存在着师资数量不足的问题,同时还存在着师资培训机会少、层次低、学科专业师资缺失、岗位吸引力不足、教师年龄分布不合理等诸多问题。② 通过对教育改革40年的梳理,范先佐指出农村中小学教师队伍建设过程中仍存在着优秀教师不愿留守农村、教师老龄化严重、英美体等学科教师不足、部分农村教师教育素质缺失、代课教师大量存在等诸多问题。③

四是乡村教师专业发展的总体水平处于中等,难以分享优质培训资源。除了学历提升,想要提高教师的专业素养就需要靠教师培训来完成。黎大志、刘洪翔认为居住条件与工作环境的劣势使乡村难以引进优秀在职教师,高端培训的缺乏和发展理念的落后严重限制乡村教师的专业发展。同时人事管理、职称晋升等存在的问题又加剧了乡村骨干教师的流失。④

(2)乡村教师专业发展对策、路径研究

针对上述的四个问题,专家和学者们给出的对策建议主要为:

一是不断加大教育投入、提升乡村教师待遇。按照马斯洛的需求层次理论,只有保障教师的基本生活需求,才能够促使教师注重自己的专业发展。刘善槐认为需要提升农村教师待遇,同时也要提高其准入条件、引入定期考核与淘汰机制。⑤ 郝文武也提出想要建设好农村学校教师队伍,就需要不断的教育投入、改善农村和乡村教师进修学习、生活状况所需经费投入的问题。⑥

① 凌云志、邹志辉:《城镇化背景下乡村教师的身份挣扎及其融合——对4省9位乡村教师的访谈研究》,《教育理论与实践》2019年第7期。

② 赵忠平、秦玉友:《农村小规模学校的师资建设困境与治理思路》,《教师教育研究》2015年第6期。

③ 钟秉林、范先佐:《中国教育改革40年农村教育》,科学出版社2018年版。

④ 黎大志、刘洪翔:《乡村教师队伍建设的困境与策略——兼议如何完善师范生免费教育政策》,《湖南师范大学教育科学学报》2015年第5期。

⑤ 刘善槐:《我国农村教师编制结构优化研究》,《教育研究》2016年第4期。

⑥ 郝文武:《推进农村教育现代化亟需全面优化教师队伍结构》,《中国教育学刊》2020年第9期。

二是增强乡村教师专业发展的内在动力,融入乡村,重拾教师职业成就感。秦玉友认为"乡村性"既涉及乡村学校的授课方式,又涉及乡村教师教学方法的改进与观念的更新,是乡村教师专业发展无法绕过的问题。① 李介认为想要农村教师专业发展就需要实现专业性与公共性共融,提升农村教师专业身份认同感;唤醒自我专业发展意识,促使农村教师话语权的理性回归;加强专业发展的自主性,促使农村教师实现自我价值。②

三是全面提升在职教师的学历,提高教师素养,促进长效发展,转变教师的观念,加强专业认同感。薛二勇和傅王倩等人指出需要引导、鼓励高等院校毕业生进入教师队伍从而解决数量不足和素质不高等问题,同时还需要全面提升在职教师的学历,提高教师素养。③ 乔晖提出在教师就职前,就要开始重视教师综合的内在精神与素养的形成,提升师范生的专业精神,在成为教师之后,就需要激发乡村教师的内生增长,促使其身份认同。要汇集优势资源,促使乡村教师的知识创生。④

四是改革乡村教师培训模式,搭建城乡交往平台,增加乡村教师培训学习的机会。已有乡村教师培训仅关注教师知识与能力的培育,而忽视了师德、专业认同感和价值观教育。雷万鹏提出不能将提升农村教师素质简单地理解为"补知识、提能力",要改变教师培训理念,改革教师培训模式,注重农村教师专业发展的内生需求,将外在培训与支持转化为教师自主学习的能力。⑤ 唐松林、廖锐等人认为还需要加强城乡互动交流,搭建城乡交往平台,构建城乡合作伙伴学校,搭建城乡教师数字化学习互动平台等措施来提升教师专业发展。⑥ 袁桂林更是认为"要尊重教师人格,尊重教师继续教育的机会,鼓励城乡教师交流轮岗,使农村教师有尊严地工作才是解决农村

①　秦玉友:《"乡村性":重塑乡村教师专业素养》,《中国教育报》2015 年 12 月 30 日。
②　李介:《农村教师自主发展的困境与策略研究》,《中国教育学刊》2016 年第 4 期。
③　薛二勇、傅王倩、李健:《我国教师队伍建设的突出问题与对策建议》,《中国教师》2019 年第 11 期。
④　乔晖:《乡村振兴背景下卓越教师专业化发展路径》,《南京农业大学学报(社会科学版)》2020 年第 3 期。
⑤　雷万鹏:《提升教师素质是农村教育发展抓手》,《辽宁教育》2016 年第 3 期。
⑥　唐松林、廖锐:《搭建城乡交往平台促进农村教师专业发展》,《教师教育研究》2015 年第 2 期。

教师流失的关键"①。

2. 教师专业发展服务体系研究

教育发展的短板在农村,教师专业发展的短板在乡村教师,关于乡村教师专业发展的研究很多。虽然近五年来关于教师专业发展的研究也很多,但是对于义务教育阶段的教师专业发展支持服务体系有影响力的研究不多。大多数的研究视角都从教师专业发展的影响因素、对策路径、培训、绩效评价等角度出发,也多集中在高校教师专业发展的支持体系研究,或者学科类的教师专业发展的路径研究,或者其他视角来研究教师专业发展等,都是对一个方面领域的继续深入;而宏观地、系统地、全面地研究教师专业发展的服务体系的文献还比较少。

黄文峰从教师专业发展支持服务体系的文化建设切入,指出其文化建设的内涵可以由精神、制度、物质和行为四个层面构成。面对其文化建设的现状,提出了重视教师培训传统文化的传承、加强教师培训文化氛围的营造、深入推进教师培训能力建设、出台文化建设的标准规范和增强教师培训的文化影响力等措施来加强教师专业发展支持服务体系文化建设。②

李广平从培训的角度来谈教师的专业发展,指出目前教师专业发展的培训体系存在诸多不足之处,需对教师专业发展与培训体系进行优化和完善。为此需要统筹推进全员培训与高端人才培育、科学设计与开发教师专业发展内容资源、不懈推进教师培训方式方法的创新、进一步强化教师培训管理与激励。③

宋崔指出教师专业发展呈现三重范式并存的样态:素养提升的教师专业发展、自我理解的教师专业发展、生态转变的教师专业发展。从学习本位视角来看新时代教师专业发展体系构建,在素养提升范式上,要注意教师培训时学习主体性、建构性,将专业知识和技能与教师的实践经验相联系。在自我理解范式上,要引导教师进行自主学习与知识管理,教师反思性思维的对象应贴近

---

① 袁桂林:《稳住农村教师队伍到底靠什么》,《中国教育报》2015 年 2 月 9 日。

② 黄文峰:《论教师专业发展支持服务体系的文化建设》,《中小学教师培训》2017 年第10 期。

③ 李广平:《优化教师专业发展与培训体系建设,全面提升中小学教师队伍质量》,《华东师范大学学报(教育科学版)》2018 年第 4 期。

教师的教学实践。在生态转变范式上,要构建教师发展的学习环境和学习共同体的 2.0。①

3. 乡村教师专业发展服务体系研究

近年来,随着《2015 乡村教师支持计划》等政策的实施,很多专家和学者纷纷把目光转向了乡村教师专业发展服务体系的研究上。不同的学者从不同的理论视角出发,对乡村教师专业发展服务体系进行定义和维度划分,利用问卷、访谈、调查等多种研究方法分析目前服务体系存在的不足之处;对于乡村教师专业发展服务体系的构建与完善,纷纷提出意见建议。总体上乡村教师专业发展服务体系的研究可以分为对乡村教师专业发展服务体系的内涵及维度的研究和乡村教师专业发展服务体系的构建路径及策略研究两个方面。

(1)乡村教师专业发展服务体系的内涵及维度研究

不同的学者立足于不同的研究视角,对乡村教师专业发展服务体系的内涵和维度进行了阐释。

在乡村教师专业发展的服务体系的内涵研究上,刘静从埃塞俄比亚、罗马尼亚和中国等三个发展中国家的实践出发,提炼出农村教师服务体系的涵义为:在一定的行政区域内,调动和利用本地区教育资源,以教师专业发展为核心,以提高学习质量为目标,为区域内农村教师的专业发展提供便捷的、持续的、公平的、有效的支持和服务的运作机制。② 刘少霞基于利益冲突的视野下,提出了农村教师专业发展支持体系,即是指通过增强和优化农村教师专业发展的利益关系为途径来满足其发展的内外部利益需求。③

此外,还有更多学者关注乡村教师专业发展服务体系的维度划分。吴亮奎将支持体系的建构建立在政策制度支持的基础上,由专业制度支持、专业价值支持、专业信念支持和专业文化支持四个部分作为补充,"其中制度支持是体系运行的保证,通过政府行为改变其不利境遇;价值支持是外在动力,旨在改变其专业价值的被动赋予状态,实现权利和责任并重;信念支持是内在动

① 宋萑:《走向学习本位的新时代教师专业发展体系构建》,《教育发展研究》2021 年第 4 期。

② 刘静:《农村教师专业发展支持体系——发展中国家的实践》,《比较教育研究》2014 年第 1 期。

③ 刘少霞:《基于利益冲突视野的农村教师专业发展支持体系的建构研究》,《当代教育科学》2017 年第 1 期。

力,旨在培养其专业自我认同感;文化支持是环境氛围,旨在增强社会对乡村教师的专业认同度"[1]。李存生在《乡村教师专业发展引论》中则认为,乡村教师专业发展的支持体系有两类,一类是乡村教师专业发展的客观社会支持体系,它包括由教育行政部门、学校平台、社会氛围、信息网络组成的客观社会支持体系;一类是乡村教师专业发展的主观社会支持体系,由家庭支持、同事支持、学生家长、教师自身组成。[2]

(2)乡村教师专业发展服务体系的构建路径及策略研究

第一,通过构建专业制度、专业价值、专业信念和专业文化等层次的维度来提高教师的专业素养,形成教师的专业认同感。专业制度从宏观上保障教师的专业发展,免除教师在物质上的担忧。专业价值和专业信念是激发教师自我的内在动力、专业认同感。专业文化提供社会氛围上的营造,增加乡村教师荣誉感。王光雄在其硕士论文中指出目前乡村教师专业发展支持服务体系存在着诸多问题,提出完善"国培计划"视角下的乡村教师专业发展支持系统,为乡村教师专业发展提供制度的支持、信念和价值支持、文化支持;再细化激励乡村教师专业发展的相关政策,提供制度保障和服务支持。[3]

第二,通过政府、高校、学校和教师本人等相关主体的协同来保障教师的专业发展。李有学从政策过程理论的视角下,提出教师专业发展的服务体系从目前"行政主导、学校服从"的控制模式向"政策引导、学校负责"的服务模式转变;构建校本中心的专业发展服务支持机制,包括校本、校际与校社三个层面的支持服务机制建构;建构主体需求导向的专业发展服务激励机制,从激励性资源和专业价值认同等两方面设定激励措施。[4] 白亮、王爽等人指出乡村教师发展的支持体系需要顶层设计,提供系统的外源性支持。提供乡村教师发展的资源保障、师资保障、课程资源库开发建设、经费保障;定位发展需求,构建适宜的教师教育体系。系统的职前培养、充足的入职实习机会、适切

① 吴亮奎:《乡村教师专业发展的矛盾、特质及其社会支持体系构建》,《教育发展研究》2015 年第 24 期。

② 李存生:《乡村教师专业发展引论》,人民出版社 2018 年版。

③ 王光雄:《乡村教师专业发展支持路径研究——基于云南省乡村教师支持计划的实施情况分析》,西南大学硕士学位论文,2018 年。

④ 李有学:《政策过程视域下的乡村教师专业发展支持服务体系:政策演变、结构困境与体系优化》,《当代教育论坛》2019 年第 6 期。

的在职培训;强化正向激励,创建积极的微观发展环境。激发教师内生性动力,增强自我成长的意识,促进其主动发展。①

第三,通过教师的培训,校本研修来提高教师专业素养。教师培训是提升教师素养,促进教师发展的有效途径,刘善槐、邬志辉等众多专家和学者都提出通过教师培训传授新知识和优秀的教学经验来提高教师专业素养,促进教师专业成长。王艺娜从支持体系中的培训体系下手,提出以下几个途径:一是教育行政机构要认真贯彻相关政策规定,真正落实教师培训工作。二是要加强乡村教师专业发展支持体系基础建设。三是构建乡村教师内外部利益冲突支持体系。四是整合教师培训机构,改善培训内容。② 吕亚楠也曾指出教育行政机构需要因地制宜完善培养机制、培训学校需要关切乡村教师发展实际需求、学校开展乡村教师专业发展的校本研修。③

第四,通过完善物质支持体系、心理支持体系、制度支持系统等社会支持系统,支撑教师的专业发展。杨明媚提出要强化区县教育行政部门的主体责任,形成县级教师队伍建设的系统规划,通过加强学校之间的合作,鼓励学校开展校本研修,激发乡村教师专业发展的自主性等各种措施来优化乡村教师专业发展资源配置。④ 庄玉昆、褚远辉指出保障性支持体系的形成是乡村教师专业发展的前提,社会环境支持体系的形成是其基础,而专业性支持体系的形成是乡村教师专业发展服务系统最重要的核心。⑤

4. 乡村教师专业发展内生型服务体系研究

关于乡村教师专业发展支持服务体系的研究较多,但是大多数都集中在宏观上的研究,容易脱离乡村教师专业发展的深层需求。只是外源性的政策支持和措施,能否激发乡村教师专业发展的内在动力有待验证。乡村教师的专业发展固然离不开外源性的政策支持,但是想要乡村教师长远的专业发展,促使乡村教师自主性、自觉性、可持续性的专业发展,为此就需要促进专业发展的内源性动力。目前关注乡村教师专业发展内在动力的研究比较少,关注

① 白亮、王爽、武芳:《乡村教师发展支持体系研究》,《中国教育学刊》2019 年第 1 期。
② 王艺娜:《乡村教师专业发展支持体系的困境及构建》,《教学与管理》2019 年第 6 期。
③ 吕亚楠:《乡村教师专业发展支持系统的现状分析及重构》,《教育理论与实践》2016 年第 17 期。
④ 杨明媚:《乡村教师专业发展支持体系的构建》,《教学与管理》2017 年第 11 期。
⑤ 庄玉昆、褚远辉:《乡村教师专业发展的支持体系建设》,《教育科学》2020 年第 1 期。

乡村教师专业发展内生型服务体系的研究则更少。主要相关的文献研究如下：

教师的专业发展离不开教师本人的主观意愿，但是目前受各种因素的综合影响，乡村教师专业发展的内源性动力存在不足。为此，樊改霞和王曦提出关心农村教师的需求，通过帮助其建立自信、承认农村教师的价值，提升其自豪感等方式促使农村教师获得爱与团结的承认，从而激发农村教师的内源性动力。① 教师的专业发展想要得以长远的发展，不仅需要教师本人的努力，同时也离不开各个相关主体的共同协助和支持。为此黄晓茜、程良宏就从教师、学校和地方教育管理部门三个主体出发，提出在教师方面，教师要自发自觉地学习行动，培养学习意识和激发主动学习意愿。掌握新的学习技术和方法，主动提升信息技术素养；在学校方面，需要积极构建学习力生成的支持体系，需要为乡村教师"助力"和"减负"，打造乡村教师学习共同体；在地方教育管理部门方面，需要提供保障扶持，提供政策支持以及激励机制保障，增加学习资源的供给，实施乡村文化建设工程。② 通过各个主体的相互合作来促进教师的专业发展。

也有部分学者提出从"内生性"来构建乡村教师专业发展路径。如赵垣可、刘善槐就提出一种"内涵式"的农村教师发展策略。"内涵式发展策略是一种以农村教师自我发展为基点的教师发展策略，要求相关教育部门和学校激发农村教师专业自我提升的意识与热情，引导农村教师在日常的教与学过程中主动学习新知识和总结教学经验，不断提高自己的专业素质和教学技能。"他们希望利用"内涵式"促进农村教师的"外延式"发展，提出一方面建构外在的保障机制和政策体系，另一方面引导激励农村教师自我努力来推动农村教师队伍良性发展。③ 蹇世琼、蔡其勇等人指出乡村教师队伍建设应该从重数量的外源性补充转向重质量的内生性发展。其内生性发展的路径主要是围绕着制度、个人、身份三个方面出发，完善乡村教师地方师范院校培养的制

① 樊改霞、王曦：《农村教师发展的内源性动力研究——基于承认理论的视角》，《中小学教师培训》2018 年第 6 期。

② 黄晓茜、程良宏：《教师学习力：乡村教师专业发展的重要驱力》，《全球教育展望》2020 年第 7 期。

③ 赵垣可、刘善槐：《改革开放以来我国农村教师队伍建设问题研究》，《理论月刊》2019 年第 1 期。

度性建设。深化师范生定向培养的整体性改革,建立健全乡村教师专业标准体系;激发乡村教师成为乡村社会振兴的中心式参与者,获得被尊重感;重拾理性主义,转向满足乡村教师需求的治理逻辑,满足乡村教师婚恋及其优质教育的需求、荣誉性待遇需求。①

　　纵观国内乡村教师研究,其学术研究的焦点具有时代性。改革开放以后,师范教育重心转移到城市,由部分师范学校面向农村定向培养教师。新世纪以来,党和政府强调通过城乡互动、交流轮岗等激励政策,倡导优秀教师向农村流动或者辐射。近年来,围绕如何提升乡村教师整体质量,政府出台了一系列激励和保障措施,这些举措在改善乡村教师工作环境,提高乡村教师物质待遇等方面发挥了积极的作用。但同时又出现了乡村教师无法融入乡村,学习力下降,职业倦怠等新问题,这是当下乡村教育发展需要面临的新挑战,也是乡村教师专业发展支持服务体系由外源转向内生的新机遇。

　　鉴于此,本书在已有研究基础上,一是研究阐释乡村教师专业发展内生型服务体系的内涵。以乡村教师专业发展现状及其服务体系为研究对象,主要了解当前乡村教师专业发展支持服务体系的现状和乡村教师在专业发展上的需求。在分析影响乡村教师专业发展的各种因素上,更加关注乡村教师专业发展的内在影响因素以及这些内在影响因素相互之间的关系。另外,通过对乡村教师支持服务体系现状的调查和分析,揭示乡村教师专业发展与服务体系之间的内在逻辑关系。结合乡村教师专业发展的现实需求,研究阐释乡村教师专业发展内生型服务体系的内涵,即目标定位、服务内容、服务方式、服务供给机制和服务成效评估。建立更加契合乡村教师专业发展的支持服务体系,提升我国乡村教师队伍的总体质量。二是提出乡村教师专业发展内生型服务体系构建的行动路径。乡村教师专业发展内生型服务体系是在了解当前乡村教师的结构、教学情况、工作环境、专业理念等各方面情况以及已有的乡村教师支持服务体系的基础上建立起来的。通过对乡村教师专业发展现状进行调查和研究,了解乡村教师专业发展的现实需求。围绕乡村教师专业发展内生型服务体系的目标,结合乡村教师专业发展服务体系的现状,提出建立与完善乡村教师专业发展内

────────────

① 　蹇世琼、蔡其勇、赵庆来等:《教育治理现代化语境下乡村教师队伍建设的内生性发展研究》,《中国教育科学》2021 年第 3 期。

生型服务体系的行动路径,从而加快推进我国乡村教师专业化的发展进程和乡村教师支持计划工作的落实,建设一批高素质的乡村教师队伍。

三、基本概念界定

（一）乡村教师

关于乡村的概念,国内部分学者是从地域、功能等方面来界定的,认为乡村是与城市相对应的概念,一般泛指农村,普遍指向以农业作为主要活动的一种聚落方式的总称。[①] 乡村最早可以追溯到新石器时代,首先,旧石器时代出现了原始部落,而后在进入新石器时代后,最终氏族以农业的方式维持生计、进行定居,这是乡村的原始雏形。在国内外,研究者对乡村概念具有不同的理解,但仍存在基本覆盖面,普遍认为:农村的人口密度相对较低,聚落的规模小,社会结构单一,大都以农业生产为主要维持生计的方式,与城市的生活方式、景观特点存在明显差异。

《教育词典》中,教师是指各种学校从事和教育教学相关工作的人员,这些人员会根据社会不同需求和学校教学要求进行教学,对学生的身心及其个体发展产生一定影响。[②] 在 2015 年国务院办公厅印发《乡村教师支持计划（2015—2020 年）》之前,乡村教师更多地被称为农村教师;2015 年之后,农村教师更多地改称乡村教师。为便于行文,本书不作严格区分,统一用乡村教师进行称谓。本书中乡村教师概念的界定基于"乡村"的定义之上,将乡村教师定义为在乡村义务教育阶段学校从事教育教学工作的专任教师,即在乡村小学、初中或九年一贯制学校任教的专任教师。

（二）教师专业发展

在教师的专业发展历程中,部分教师逐步改变了专业化的目标与中心,摒弃片面追求自身职业生涯中的专业地位提升,转为追求重视内涵的专业发展道路。在此基础上,关于教师专业发展的研究,也经历了三个阶段,第一阶段是由被忽略到受关注;第二阶段是由关注教师专业群体专业化到关注教师个体专业化发展;第三阶段是由关注专业发展的"外部"环境和社会专业地位认可度过渡到"内部"专业素质提高的过程,总体上遵循着教师积极的个人专业

---

① 喻谟烈:《乡村教育》,商务印书馆 1927 年版,第 4 页。
② 张焕庭:《教育词典》,江苏教育出版社 1989 年版,第 746 页。

化或者主动化的研究轨迹。

对于教师专业发展这一概念而言,国外学者以霍伊尔、富兰和哈格里夫斯为代表,认为教师专业发展是教师专业成长的过程,指出教师专业发展是教师作为发展个体的内在发展。[1] Evans 从专业发展内容的角度出发,指出态度上和功能上的发展才是教师发展的基本内容。态度上的发展是教师在态度上的改变和完善的过程,功能上的发展是教师专业实践的提高和完善过程。[2] Day 在各学者观点的基础上进行了包容性界定:教师专业发展包含一切自然的学习经验和有意识组织的各种活动,个体、团体或学校直接或间接地受益于这些经验与活动,课堂的教育质量得到进一步提高。[3]

我国学者也对教师专业发展进行了分析。叶澜认为,教师的专业化发展更多集中于教师专业成长,也包括内在结构的更新和丰富。[4] 钟启泉指出,教师专业发展可以看作是个体的、自我理解的过程,即通过反思性的实践来改变自我、自主发展的过程。[5] 朱新卓认为,教师的专业发展就是由专业不成熟向专业成熟转变的过程,这一过程中教师主要以专业知识、专业能力以及专业情意等专业素质的提高为主要内容。[6] 于泽元则侧重于强调教师个体知识以及技能的获得,他同时提出,对于教师专业发展而言,其中所涉及的不只是单一的一个过程,也包括具体的专业学习结果。他认为,更应关注教师的生命意义。[7] 杨启亮定义教师专业发展中的"发展"一词:"一是指并非具体的运动变化的过程,是指渐进的变化着的动态动势;二是指运动变化过程的'度'或者'水平',它意味着事物运动变化中所达到的境界或者'程度水平'。"[8]2002

---

① Hoyle E., "Professionalisation and Deprofessionalization in Education", in *World Yearbook of Education:Professional Development of Teachers*, Eric Hoyle, Jacquetta Megarry (Eds), London:Kogan Page,1980,p.42.

② Evans L., " What is Teacher Development?", *Oxford Review of Education*, Vol. 28, No. 1 (2002) ,pp.123-137.

③ Day C.,*Developing Teachers:the Challenges of Life long Learning*,London:Falmer,1999.

④ 叶澜、白益民:《教师角色与教师专业发展新探》,教育科学出版社 2001 年版,第 266 页。

⑤ 钟启泉:《我国教师教育制度创新的课题》,《北京大学教育评论》2008 年第 3 期。

⑥ 朱新卓:《"教师专业发展"观批判》,《教育理论与实践》2002 年第 8 期。

⑦ 于泽元、田慧生:《教师的生命意义及其提升策略》,《课程·教材·教法》2008 年第 4 期。

⑧ 杨启亮:《教师专业发展的几个基础性问题》,《教育发展研究》2008 年第 12 期。

年教育部师范教育司编著的《教师专业化的理论与实践》一书中指出:"教师专业发展是教师个体专业不断发展的历程,教师不断接受新知识,增长专业能力的过程。教师要成为一个成熟的专业人员,要通过不断的学习与探究历程来拓展其专业内涵,提高专业水平,达到专业成熟的境界。"[1]

从国内外现有研究可知,对于教师专业发展的理解有三类:第一类是指教师的专业成长过程;第二类是指促进教师专业成长的过程;第三类认为以上两种内涵兼而有之。[2] 综上所述,"教师专业发展"则更多是从教育学维度加以界定,目前学界对这一概念基本上达成共识:它既指教师持续性的专业成长过程,也指促进教师持续成长的教师教育过程。[3] "乡村教师专业发展"这一概念是在"教师专业发展"的基础上界定的,指乡村教师个体通过外部提供的支持以及自身的自我反思、自我更新和自我提高实现的专业成长过程。

(三)教师专业发展服务体系

对于教师专业发展服务体系的内涵,目前还没有形成一致的认识。研究者或根据自己的实践,或援引其他领域的理论进行论述。如肖凯提出乡村教师专业发展支持服务体系是区县教育行政部门依托县级教师发展中心整合区域内外的教师培训资源,为区县内教师提供的一种充分便捷、公平、持续的便于根据自身特点来主动实现教师专业发展的支持和服务的运作机制。[4] 熊焰等人则认为,应依据人力资源管理理论,系统规划农村教师专业成长,对教师专业发展的现状、环境、成长规律、宏观培训构架的构建、服务体系等进行调查研究,采取"政策扶持、高校参与、业务培训、市场合作、学校培养、自身成长"的六元整合策略,从区域和学校两个层面提出农村教师专业发展服务体系。[5] 陈跃娟根据黑龙江省农村教师专业发展现状,提出

① 教育部师范教育司:《教师专业化的理论与实践》,人民教育出版社 2003 年版,第 28 页。

② 郝敏宁:《影响教师专业发展的因素分析》,陕西师范大学硕士学位论文,2007 年,第 67 页。

③ 陈晓端、龙宝新等:《教师专业学习共同体:国际视野与本土实践》,陕西师范大学出版社 2016 年版,第 65 页。

④ 肖凯:《教师培训发展方向:乡村教师专业发展支持服务体系建设》,《赣南师范学院学报》2016 年第 2 期。

⑤ 熊焰、贾汇亮:《建立提高农村教师专业水平服务体系的探讨》,《教育导刊》2012 年第 7 期。

了建构教师专业发展的思想认识体系、制度保障体系、校本研修体系和继续教育体系。①

　　此外,研究者们集中对教师专业发展支持服务体系的主要特征进行了归整,从保障主体来看,叶泽滨认为政府支持起主导性的作用,学校为教师发展构建发展平台和环境,自我导向学习是农村教师专业发展的有效途径,切实有效的社会支持是农村教师专业发展不可或缺的促成因素。他将上述政府支持、学校支持、自我导向学习、社会支持称之为影响农村教师专业发展的"四大铁律"。② 从目的旨归来看,肖凯指出乡村教师专业发展支持服务体系最终的理想图景是乡村教师纷纷走上自主、自动、自发的专业发展之路。这样一种新常态的实现最为关键的除上述提及的"条件供给"之外,更为重要的是引发教师的"主动精神"。③ 从支持服务内容来看,钭玉陶提出设立乡村教师组织支持体系、乡村教师制度支持体系、乡村教师经费支持体系、乡村教师资源支持体系、信息化支持体系等。④ 从支持服务形式来看,范玥等人认为乡村教师专业发展支持服务体系应构建学习共同体和制定促进教师参与学习的制度;构建丰富的教学与培训资源以及资源共享机构;优秀的培训人员或咨询人员,其主要职责是提高教师素养、改善乡村教师旧的知识体系,将新思路、新知识及时传播给乡村教师,保证与时俱进;开展一体化的教师培训活动。⑤ 龚金喜等人主张着力构建高等学校、县级教师发展中心、乡镇片区研修中心、校本研修中心"四位一体"的教师专业发展支持服务体系。⑥ 孙众提出建立"互联网+"农村教师专业发展的协同互动机制,将职前教师、一线教师、高校导师等处于教师专业发展不同阶段的群体连接起来,构建三度互促的混合学习

---

① 陈跃娟:《农村英语教师专业发展支持服务体系调查研究》,《沈阳农业大学学报(社会科学版)》2014 年第 4 期。
② 叶泽滨:《农村教师专业发展的社会支持有关问题探析》,《学术论坛》2009 年第 9 期。
③ 肖凯:《教师培训发展方向:乡村教师专业发展支持服务体系建设》,《赣南师范学院学报》2016 年第 2 期。
④ 钭玉陶:《关于构建贵州省乡村教师专业发展支持服务体系的思考——以毕节地区六县市为例》,《智库时代》2018 年第 27 期。
⑤ 范玥、王柏慧:《"国培计划"下的乡村教师专业发展支持服务体系构建研究》,《中国成人教育》2016 年第 19 期。
⑥ 龚金喜、赵国圣、龚易帆:《互联网条件下教师专业发展支持服务体系建构研究》,《继续教育》2017 年第 8 期。

环境。①

在此基础上，我们理解的"乡村教师专业发展服务体系"是在一定行政区域内，以政府为主导，学校积极参与，社会广泛关注，旨在促进和提升乡村教师专业发展水平的各种保障措施的总称。其特征主要包括四个方面：一是政府主导，多元主体参与；二是以促进乡村教师持续专业发展为旨归；三是其内容涵盖乡村教师专业发展的各个方面；四是以非学历教育形式为主。

（四）乡村教师专业发展内生型服务体系

内生发展理论作为一种社会发展理论，兴起于 20 世纪中叶，普遍运用于经济学领域，主要提出者包括 Musto、Garofoli、Friedmann 等。其中，Garofoli 认为，内生发展方式是区域面对外界挑战与竞争所做出的合理性反应，通过转变地区经济发展方式获得未来发展的能力与资格，体现的是一种创新能力。Ploeg 和 Long 认为内生发展模式较少地依赖于外生要素，更多地是动员与激活区域内部活力，它使得发展的成果可以由本地人民共同享有。赵凌云等指出，湖北省在应对经济危机，实现转型发展过程中应坚持走内生发展路径，即：立足湖北本地市场需求，依托湖北当地特色资源要素，形成本地化的生产链条或产业链，坚持走内涵式发展道路。② 这些学者在讨论内生发展理论时，多将"内生式"（andogenous）和"外源型"（exogenous）对立，核心观点是发展要由社会内部推动。

"内生"一词，如仅从字面意思来理解，就是指："靠自身发展，不被外界因素所左右。"内生的释义传递出以下四点信息：一是"内生"谈论的是事物发展的过程；二是这种发展推动力主要由内生主体产生；三是内生主体用什么样的内生形式也是值得关注的；四是内生的结果是为了更好地得到发展。综上所述，如果给内生型发展下一个定义，那就是内生主体运用内生的方式来谋求发展。

通过弗里德曼、Robert J.Stimson、Roger R.Stough 的文献资料中整理的内生发展理论推演出教师内生型专业发展的研究内容、基本模式等（见下表）。

---

① 孙众：《"互联网+"农村教师专业发展的协同互助机制》，《电化教育研究》2019 年第 5 期。

② 赵凌云、杨明杏、董慧丽等：《密集布局战略 推进鄂西崛起》，《学习月刊》2012 年第 1 期。

内生发展理论在不同领域的运用

类型	经济学	教师专业发展
研究内容	研究软要素在经济发展过程中的独特作用	研究教师内部动力对教师专业发展的独特作用
基本模式	$RED = f(RE, MF, I, L, EC)$	
发展目标	建立地方自我发展能力,注重提升区域竞争力、效率	提高教师自我发展能力,提升自身专业发展效率
行动重点	通过区域规划挖掘区域还未充分利用的潜力	通过服务支持体系,谋求自主发展、自觉发展和可持续发展
发展基本推动力	内生	内生
行动方式	内生	内生

因此,在本书中,乡村教师内生型专业发展是指乡村教师在专业发展中用内生的方式,在内生的状态下,谋求自主发展、自觉发展和可持续发展。故而,乡村教师专业发展内生型服务体系即指在一定行政区域内,以政府为主导,教师为主体,学校积极参与,社会广泛关注,旨在促进和提升乡村教师专业自主发展、自觉发展和可持续发展的各种保障措施的总称。

第一章 乡村教师专业发展服务体系概述

近年来,乡村教师整体的专业发展得到了国家及社会的广泛关注。党的十九大报告提出"实施乡村振兴战略",为乡村教育的持续发展指明了方向。乡村教育是乡村振兴战略实施的基础工程,乡村教师是乡村教育振兴的人才支撑。为了更好地促进乡村教师专业发展,2015 年,国务院办公厅印发《乡村教师支持计划(2015—2020 年)》首次提出要"建立乡村教师校长专业发展支持服务体系"。作为旨在促进和提升乡村教师专业发展水平的乡村教师专业发展服务体系走进了公众视野。乡村教师专业发展服务体系的建立能够更好地集结资源,为乡村教师专业发展提供了经济和政策等多方面的保障,这虽然是国家层面的文件中第一次明确提出"建立乡村教师专业发展服务体系"[①],但是国家对乡村教师的专业发展一直高度重视,自改革开放以来,国家就出台了一系列的政策法规,采取了诸多有针对性的措施办法,积极支持引领乡村教师专业发展,推动乡村教师专业发展服务体系的构建。

第一节 建立乡村教师专业发展服务体系的必要性

全面推进乡村振兴战略,办好乡村教育是重中之重,而乡村教育的关键之处就是推动乡村教师专业的可持续发展,由此可见,国家重视乡村教师专业发展服务体系的构建有其必要性,对此,可以从以下三个方面进行分析:

[①] 虽然在 2015 年之前,没有明确的"乡村教师专业发展服务体系"这一概念,但是这里仍以乡村教师专业发展服务体系来统称改革开放以来我国乡村教师专业发展的各种支持、保障与举措等。因为,乡村教师专业发展服务体系是一个不断发展、建构、完善的体系,自改革开放以来,我国一系列支持中小学教师包括乡村中小学教师发展的政策保障与实践举措,都可以看作乡村教师专业发展服务体系的探索、建立、健全的过程。

一、乡村教师专业发展主动性的引领需要

（一）在专业准备上处于相对停滞的状态

随着信息化时代的到来,乡村教师由于自身所处的地理位置等因素,不能及时地增加自身的专业知识储备、丰富自身的知识结构和提高自身的专业能力。城市教师由于其自身相对优越的地理位置,迫于教学压力等因素不断地学习,为自己的专业发展不断"充电",此时乡村教师与城市教师相比之下就处于一种相对停滞的状态了,正所谓"进步慢了也是一种退步"。

此外,乡村教师与城市教师相比,乡村教师整体上学历水平偏低。多数乡村教师受教育视野不够宽广、文化知识不够广博的影响,他们无法运用相关学科或交叉学科的理论知识解决当前课改中存在的现实问题。[1] 再加上乡村教师相对停滞的学习状态,一定程度上造成了乡村教师的教育科研水平偏低,使乡村教师无法接触到高水平的科研成果,同时也在一定程度上限制了乡村教师的专业发展。

乡村教师对于教学能力的认知存在着一定的误区,随着教育信息化进程的不断深入,越来越多的乡村教师将较多精力放在如何学习计算机多媒体应用上,如何制作精美的课件,从而忽视了教学内容的重要性和课件产生的实际效果。对于教师的专业技能,我们把它理解为教师的教学技巧和教育教学能力两个方面。教师的教学技巧包括:导入、强化、发问、分组活动、教学媒体运用、沟通与表达等;教育教学能力包括教学设计的能力、教学实施的能力、学业检查评价的能力。教师的专业技能包含方方面面,仅迷恋于技术而缺乏自主探索的精神和毅力是远远不够的。[2]

（二）在专业自主上服从僵化制度的安排

乡村学校中所实施的一些管理制度和管理方式往往带有一定的倾向去约束乡村教师的专业发展,尽管这种倾向可能不是主动赋予,但这种僵化的管理体制确实不是从教师本身出发而是从管理层的意愿出发,一定程度上阻碍了乡村教师的专业发展。一些地方政府往往追求地方学生的升学率、优秀率,并且以此作为教育部门和学校工作的主要考核指标。学校教育呈现出学校工厂

---

① 刘艳玲、王立平:《农村教师专业发展存在的问题及对策》,《教育探索》2013 年第 5 期。

② 郭丁菊:《农村小学教师专业发展面临的困境与对策研究——以青岛市 Y 农村小学为例》,青岛大学硕士学位论文,2017 年,第 18 页。

化、教育流水线化和学生标准化的特点,这就形成了一种自上而下的僵化的管理体制:政府部门重视教育,看教育方面的政绩——教育行政部门抓政绩——强调统考、排名、升学率等硬指标——校长按此管理学校及教师——教师在此管理的束缚应付考试与检查。教师作为个体,面对这种体制与制度时所表现出的无奈与不自信是教师屈服于日常的教学规训中。① 这种统一的标准化的评价机制使得乡村教师对自身的身份产生了质疑,让乡村教师觉得专业发展并没有很大的作用,专业发展的提高仅仅是为了提高学生的学业成绩和学校的升学率。

在教师培训方面,乡村教师对于培训的内容往往没有自主权,只能被动地接受指定的培训内容,其内容又不能完全地激发乡村教师的专业发展意愿。

(三)在专业动力上处于一种懒散的氛围

一名教师成长为优秀的教师,就必须有专业发展的内在动力。只有具备了稳定的、持续的内在动力,教师才会在教研活动中认真听课、在校本研修中努力学习、在日常工作中反思、在教学中改进教学方法,才能实现专业发展。然而从专业社会认同的角度看,当下乡村教师专业的社会认同度较低,教师的敬业心和教学能力不能被乡村地区的家长认同,较多家长宁愿花较多的钱将学生送到城镇学校上学,也不愿将子女留在家门口的乡村学校。学校的学生越少,教师的影响力越小,乡村学校的办学水平越难提高,乡村学校和教师的社会认同度越低。② 这一定程度上导致了乡村教师的专业自我认同感低,使得乡村教师对自身的专业信念减弱,乡村教师的专业动力不断减弱,并在乡村相对封闭的教育环境下,渐渐形成了一种懒散的氛围。乡村教师往往就只关注学生的学业成绩,对于教学方法的改进、授课能力的提高等方面不太上进,开始追求一种"安稳"的教育教学生活,长此以往,乡村教师的专业发展得不到提高,乡村学校的学生自然也无法从中受益。

此外,乡村教师的才干、经验得不到广泛的承认,乡村教师的一些自我创新成果也无法得到城市教师和社会的认可,这种城市本位的教育观打击了乡村教师的专业动力,使得乡村教师的心理长期得不到慰藉,也就渐渐不进行教

---

① 王鉴:《学校如何对学生的发展负责》,《教育科学研究》2008 年第 3 期。

② 吴亮奎:《乡村教师专业发展的矛盾、特质及其社会支持体系构建》,《教育发展研究》2015 年第 24 期。

育理念、方法和成果创新了,逐渐就形成了一种懒散的氛围。

（四）在专业更新上行走在"低洼湿地"

这里所指的"低洼湿地"是一种对于乡村教师在专业更新方面艰难进行的隐喻,其"低洼"指的是乡村教师相对较低的专业发展水平,"湿地"指的是复杂的教育实践,乡村教师专业更新行走在"低洼湿地"指的是乡村教师带着自身相对较低的专业水平在复杂的教育实践中艰难行走或原地踏步。

乡村教师在自身的专业更新方面发展迟缓,其专业知识、专业能力和专业情意处于一个较长时期的低水平阶段。在过去的一个阶段,乡村教师能够熟练地应用自己所掌握的知识、技术去解决在教学中遇到的问题,然而随着时代的不断发展,乡村教师所遇到的教育实践往往具有复杂性、不确定性、独特性和价值冲突性,不能应用已有的知识和技术直接去解决。并且长期在城乡二元结构下形成的城市本位的教育发展取向,使农村教育基本复制城市教育发展模式,教师专业发展路径亦不例外,不管教师身处农村还是城市,也不管学校学生的多少、班额的大小,农村教师必须向城市教师学习。[1] 乡村教师由于自身的专业水平不高,难以很好地理解城市教师先进的教学方法、理念等,就开始对城市教师的教学方法、理念盲目地生搬硬套,这种局面也一定程度上造成了乡村教师行走在专业更新上的"低洼湿地"的现象。

在这其中,乡村教师最难以更新就是其专业情意,教师的专业情意主要表现在专业理想、专业情操、专业性向和专业自我四个方面。教师应全面关心每一个学生的成长,妥善处理学生的负面情绪,做学生的知心人。当下社会推崇建立民主、平等、和谐的师生关系,但为数不少的乡村教师仍然具有传统的师生观,认为教师就是应该高高在上的,不与学生进行平等沟通,常年使用同一份教案,上课前不认真备课,甚至还存在体罚学生的现象,这些都与教师的专业情意相悖。教师专业发展使得教师在社会地位、自主权、权威性等方面得以提高的同时,也对教师个体的内在素质提出了更高的要求,这种高要求不仅体现在专业知识、专业技能、教学水平、专业智慧、职业心理等方面,还体现在对

---

[1]　李介:《农村教师自主发展的困境与策略研究》,《中国教育学刊》2016 年第 4 期。

教师的职业道德高水平的规定上。①

（五）在专业精神上沉浸在"幸福"之中

这里所指的"幸福"是乡村教师工作氛围相对轻松,乡村由于其地理位置的特殊性,教育行政部门有时难以管理,学校的教学管理呈现一种相对松散的状态,沉浸在较少管束的幸福中,而不是其专业发展、职业提升带来的幸福。在一定数量的乡村教师看来,随着乡村学生的逐年减少,教师享受着学生生源少所带来的幸福感,在他们看来在乡村小学工作是一件较为轻松省事的工作。对农村教师而言,在目前物质待遇相对较低的情况下,教师的幸福更具有精神性,即在职业领域中体验到的生命价值。② 这种"幸福感"虽然一定程度会增强乡村教师对于职业的认同感,但是这种认同感的来源不是对乡村教育的热爱、对乡村学生的关怀、对乡村文化的认可。这种"幸福感"不会帮助乡村教师的专业发展,这种"幸福感"的建立基础是乡村教师对自己教学工作的不负责、学生的不关怀,所以这种"幸福感"的产生带有"躺平"和"享乐主义"倾向,对乡村教师专业发展不利,甚至会带来阻碍。

二、乡村教师专业发展自觉性的激发需要

（一）乡村教师就职上存在"妥协"心态

目前,我国城乡教育水平差距依旧十分明显,大部分乡村学校由于办学条件艰苦、物质条件匮乏,导致大部分人才流向城镇,乡村学校吸引不到优秀人才从教,即使有优秀人才入职,又留不住优秀教师从教,更不要谈及乡村教师是否具备扎根乡村、奉献乡村的教育情怀。东北师范大学农村教育研究所对全国11个省23个区县185所中小学的5900名教师进行问卷调查的结果显示:有64.7%的乡村教师最初来乡村任教是被动因素所致,主动性因素仅占28.4%。③ 可见,乡村教师最初在选择岗位的时候,就存在着向工作、向编制等其他因素暂时妥协的心态,这种"不得已却又无可奈何"的就职心态直接导致新入职的乡村教师在进入乡村学校就职后产生"委屈"的心理:对乡村环境

---

① 尤海霞:《"自我更新"取向教师发展中的师德研究》,《中小学教师培训》2017年第1期。

② 杨钦芬:《论教师的幸福》,《教育科学论坛》2006年第5期。

③ 东北师范大学农村教育研究所:《如何提高乡村教师职业吸引力》,《教师博览》2014年第12期。

表示不满,对学校工作产生懈怠,对日常生活感到委屈,只想早日脱离"困境",部分乡村特岗教师入职就开始计划着如何转到城镇学校工作,又何来扎根乡村,提升教书育人能力一说。

(二)工作"懈怠"和工作"倦怠"并存

部分新乡村教师入职之后,嫌弃乡村环境落后,工作晋升空间小等,早早便有了"另谋高就"的心思。由此,导致部分乡村教师对待工作懈怠,教书育人都是应付差事,拒绝和学生进行深入的交流,更不要说提升自己的专业素养能力,即使是参加政府组织的乡村教师专业发展培训,也是处于被动的被支配地位,不论是工作、生活还是学习上,都充当着"局外人"的角色,难以融入到乡村教学生活中。

部分乡村中老教师又因年纪较大,多年执教,无晋升的野心也无"另谋高就"的他心,每日便是用老一套的教学方式,重复相同的教学,不论学生换了几批,教学内容始终如一,甚至教案都不加改变,以一种职业倦怠的心态去工作,专业发展的自觉性少有保持。

教师培训作为教师继续学习的一种形式,提供优质的教育教学能力训练是一部分,更重要的应该注重教师观念的更新、态度的转变,引导乡村教师树立自我教育、自我发展、终身学习的理念,同时以自己的实际行动诠释热爱乡村、情系教育的初心和使命。

三、乡村教师专业发展持续性的保障需要

(一)培训内容选择脱离实际需求

从供给侧结构性改革的视角来看,我国当前乡村教师培训的供给体系与需求侧还存在着不相适应的情形。一方面,有针对性和实效性的优质培训资源供给不足;另一方面,一些不能切合乡村教师发展需求的中低层次的培训又存在着一定程度的重复和资源浪费现象。[①] 目前,乡村教师专业发展培训内容主要可以概括为师德师风、教育教学能力、教育科研能力、学生管理能力等几个方面,内容相对比较全面。但是,其服务内容还是存在脱离教师专业发展实际需求的问题。

① 李宜江:《改革开放以来乡村教师专业发展服务体系政策演进与展望》,《教师发展研究》2020年第2期。

首先,在师德师风方面,乡村经济相对比较落后,教师整体的素质不高,单纯强调教师要讲师德讲奉献不免脱离实际。更多的时候,乡村教师顶着较大的压力在工作,自身心理调适都无法得到满足,更难以加强师德师风建设。从一定意义上说教师的人格素养比教师的专业能力更为重要,教师在教授学生知识的同时更是在塑造学生的人格,教师自身的人格对学生会产生一种潜移默化的影响。根据调查,大部分乡村教师的压力主要来源于教学任务太重、自身发展需要、职称的评定这三方面,且大部分的乡村教师承受了不止一种压力。但是大部分乡村学校并没有切实开展针对乡村教师心理健康调适的措施,多数乡村教师只能靠自身调节来缓解这些压力。

其次,在教育教学能力培训方面也存在着脱离教师教学实际需求的问题。比如,现代信息技术的培训是多数老教师迫切需要的,但是在乡村学校的培训中,现代信息技术的培训有些并没有得到切实开展,多数是通过网络平台进行学习,有些老教师们并不习惯网络平台的学习形式,学习效果不佳。

再次,学生管理能力培训也脱离学生问题解决需求。近年来一直强调家校合作,使家庭教育和学校教育之间形成合力,从而发挥出最大的教育效果。但是在乡村要实现这种教育合力实际上有些难以达到,且不说学生祖辈文化水平低,教育思想落后,就是学生父辈的文化水平也不高,很难与学校形成良好的配合。教师在学生管理能力上主要以惩罚禁令为主,但在实际教学中很难解决学生在学校学习生活中的各种实际问题,无法实现对学生教育管理的成效。

(二)乡村教师难以进入"角色"

2018 年,中共中央国务院《关于全面深化新时代教师队伍建设改革的意见》[1]指出要"大力提升乡村教师待遇。深入实施乡村教师支持计划,关心乡村教师生活……拿出务实举措,帮助乡村青年教师解决困难,关心乡村青年教师工作生活,巩固乡村青年教师队伍"。到 2035 年,"尊师重教蔚然成风,广大教师在岗位上有幸福感、事业上有成就感、社会上有荣誉感,教师成为让人羡慕的职业"。这些都表明,乡村教师专业发展服务体系在之后的服务内容上需要围绕教师的教育情怀和身份认同来提供支持服务。

---

[1] 《中共中央国务院关于全面深化新时代教师队伍建设改革的意见》,2018 年 1 月 31 日,见 http://www.gov.cn/zhengce/2018-01/31/content_5262659.html。

"污名化"舆论导向下的乡村教师自我认同感欠缺。乡村教师曾一度被奉为乡村的"文化代言人"与"知识布道者",享誉尊崇。然而随着社会的发展与人们观念的改变,功利主义一时风头无两,乡村教师的"奉献精神"被片面地恶意曲解为"低能"。乡村教师的专业能力受到"他者"的误解与质疑。教师自身也会在这种评论之下产生自我怀疑与自我否定,于是他们开始通过"流动"证明自身能力,力求为"污名"拨乱反正。①

乡村教师专业发展服务体系目前最关注是提高乡村教师的身份认同感,稳定乡村教师群体,提高乡村教师的职业吸引力,要鼓励乡村教师热爱岗位,热爱乡村教育事业,激发乡村教师的乡村教育情怀,留得住、教得好是紧要,而有发展就是首要,是推动乡村教师融入自身"角色"的主要路径,只有让乡村教师能够感受到职业的可发展性,才能让乡村教师主动地融入到职业环境中。

第二节　乡村教师专业发展服务体系的内涵

如前所述,"乡村教师专业发展服务体系"是在一定行政区域内,以政府为主导,学校积极参与,社会广泛关注,旨在促进和提升乡村教师专业发展水平的各种保障措施的总称。其特征主要包括四个方面:一是政府主导,多元主体参与;二是以促进乡村教师持续专业发展为旨归;三是其内容涵盖乡村教师专业发展的各个方面;四是乡村教师专业发展服务体系的服务方式主要包括学历教育和非学历教育,而以非学历教育形式为主。鉴于此,乡村教师专业发展服务体系的内涵可以从服务目标、服务主体、服务内容、服务方式再加上服务的供给机制、服务的保障措施、服务的成效评估等七个方面进行把握。

一、乡村教师专业发展服务体系的服务目标

自《2015 乡村教师支持计划》印发以来,我国乡村教师专业发展服务体系的服务目标便是以促进乡村教师持续专业发展为旨归,服务乡村教师专业发展和素质全面提升。② 乡村教师专业发展服务体系的建立注重乡村教师专业

---

① 于榕:《关于我国乡村教师专业能力发展的几点思考》,《中国培训》2019 年第 2 期。

② 李宜江:《改革开放以来乡村教师专业发展服务体系政策演进与展望》,《教师发展研究》2020 年第 2 期。

素养的全面地可持续地发展,体现了终身学习的理念。但是,乡村教师专业发展服务体系的目标并不是一蹴而就、一成不变的,而是在与时俱进中,不断地丰富其内涵。

改革开放以来,我国乡村教师专业发展服务体系在不同时期的服务目标是不同的,乡村教育的发展伴随着重要政策法规的颁布,推动着乡村教师专业发展服务体系的逐步完善,通过对不同时期的政策法规的解读,我们可以概括出不同时期的乡村教师专业发展服务体系的服务目标。

自 1980 年 8 月教育部印发《关于进一步加强中小学在职教师培训工作的意见》(以下简称"《1980 教师培训工作意见》"),至 2003 年 9 月国务院《关于进一步加强农村教育工作的决定》(以下简称"《2003 农村教育工作决定》")颁发,再到 2015 年 6 月国务院办公厅印发《乡村教师支持计划(2015—2020 年)》颁布,我国乡村教师专业发展服务体系的服务目标定位逐渐从"服务乡村教师学历合格和能力胜任"转变为"服务乡村教师学历提升和能力增强"。目前,我国的乡村教师专业发展服务体系已经转变为"服务乡村教师专业发展和素质全面提升,以促进乡村教师持续专业发展为旨归"。

在 1980—2002 年这一阶段,基于中小学教师队伍学历整体不高、教育教学胜任力不强的实际,国家政策并没有专门区分城乡教师身份,而是在整体上强调教师的学历合格和能够胜任教育教学工作。而在 2003 年到 2014 年这一阶段,提升在职中小学教师,特别是乡村教师的学历,逐步提高小学教师中专科学历比重、初中教师中本科学历比重成为乡村教师专业发展支持服务的主要目标之一。同时,为了更好地推进素质教育,推进新课程改革,适应教育改革发展的新要求和新挑战,乡村教师实施素质教育的能力,贯彻落实新课程改革理念、实施新课程的能力成为本阶段支持服务的另一主要目标。《2015 乡村教师支持计划》指出:"当前乡村教师队伍仍面临整体素质不高等突出问题,制约了乡村教育持续健康发展",要"全面提高乡村教师思想政治素质和师德水平……全面提升乡村教师能力素质",到2020 年"努力造就一支素质优良、甘于奉献、扎根乡村的教师队伍,为基本实现教育现代化提供坚强有力的师资保障"。由此可见,目前乡村教师专业发展服务体系的目标是以促进乡村教师持续专业发展为旨归,服务乡村教师专业发展和素质全面提升。①

二、乡村教师专业发展服务体系的服务主体

乡村教师专业发展服务体系的概念界定："在一定行政区域内,以政府为主导,学校积极参与,社会广泛关注,旨在促进和提升乡村教师专业发展水平的各种保障措施的总称。"可以看出,乡村教师专业发展服务体系的主体虽是政府主导,但也强调多元主体参与。乡村学校、第三方培训机构、乡村教师本人等都是乡村教师专业发展服务体系的主体之一,都要参与到服务体系之中,都有自己的责、权、利。

《2015 乡村教师支持计划》明确指出推动乡村教师支持计划的进行就要明确责任主体:"地方各级人民政府是实施乡村教师支持计划的责任主体。"这也意味着,政府部门要加强组织领导能力,在实施时要专人专项负责,将任务细化分工;各部门之间形成合力,紧密联系,推动各项培训计划落到实处。"教育行政部门要加强对乡村教师队伍建设的统筹管理、规划和指导。发展改革、财政、编制、人力资源社会保障部门要按照职责分工主动履职,切实承担责任。"②构建乡村教师专业发展服务体系不能只依赖于国家政府的支持,还要推动机制改革,鼓励和引导社会力量参与到乡村教师专业发展服务体系的构建中,比如:搭乘 5G、"互联网+"等新技术快车,借助慕课、公开课等平台;与高校或者教育培训机构协同,建设教师智能研修平台等。

三、乡村教师专业发展服务体系的服务内容

乡村教师专业发展服务体系为了满足乡村教师群体专业发展的需求,其服务内容会尽量涵盖乡村教师专业发展的各个方面,其具体内容可以概括为师德师风的培训、教育教学能力的培训、教育科研能力的培训、学生管理能力的培训等四个方面。

（一）师德师风的培训

《2015 乡村教师支持计划》明确表示:"将师德教育作为乡村教师培训的首要内容,推动师德教育进教材、进课堂、进头脑,贯穿培训全过程。"培养乡

---

① 李宜江:《改革开放以来乡村教师专业发展服务体系政策演进与展望》,《教师发展研究》2020 年第 2 期。

② 《乡村教师支持计划（2015—2020 年）》,2015 年 6 月 1 日,见 http://www.Moe.gov.cn/jyb_xxgk/moe_1777/moe_1778/201506/-0612_190354.html。

村教师专业发展首先就要全面加强师德师风建设,厚植乡村教育情怀。

首先,弘扬高尚师德师风,树立优秀榜样引导、鼓励乡村教师,尤其是要宣扬乡村教师队伍中的典型,"落实教育、宣传、考核、监督与奖惩相结合的师德建设长效机制"。① 引导广大乡村教师以德立身、以德立学、以德施教、以德育人,尤其是要增强乡村教师的身份认同感,爱岗敬业,立德树人。

其次,要将师德表现作为教师考核、聘用、评价的重要内容,实现师德教育的制度化、科学化和常态化,增强师德教育的实效性,结合舆论监督约束教师的育人行为。乡村教师师德师风的建设还要依靠学生、家长和社会对乡村教师的评价,以此监督乡村学校教师师德师风建设,纠正师德师风建设中存在的问题。②

再次,全面提高乡村教师思想政治素质和师德水平,要坚持不懈地用中国特色社会主义理论体系武装乡村教师头脑,深入学习贯彻落实习近平新时代中国特色社会主义思想,牢记使命、不忘初心,爱岗敬业、教书育人,改革创新、服务社会,努力成长为党和人民满意的高素质创新型人民教师。进一步建立健全乡村教师政治理论学习制度,增强思想政治工作的针对性和实效性,不断提高教师的理论素养和思想政治素质,引导乡村教师形成正确的人生观、世界观和价值观。切实加强乡村教师队伍党建工作,基层党组织要充分发挥政治核心作用,进一步关心教育乡村教师,适度加大发展党员力度。开展多种形式的师德教育,把教师职业理想、职业道德、法治教育、心理健康教育等融入职前培养、准入、职后培训和管理的全过程。③

(二)教育教学能力的培训

总体来说,教师的教学素养是指教师应具有渊博的知识和多方面的才能。首先,教师应当精通所教学科的基础知识,熟悉学科的基本结构和各部分知识之间的内在联系,了解学科的发展动向和最新研究成果。其次,教师还应当具有广博的文化修养。再次,教师还应当具有多方面的兴趣和技能。乡村教师

---

① 《乡村教师支持计划(2015—2020年)》,2015年6月1日,见 http://www.Moe.gov.cn/jyb_xxgk/moe_1777/moe_1778/201506/-0612_190354.html。

② 蔡其勇、郑鸿颖、李学容:《新时代乡村教师队伍建设策略》,《中国教育学刊》2018年第12期。

③ 《乡村教师支持计划(2015—2020年)》,2015年6月1日,见 http://www.Moe.gov.cn/jyb_xxgk/moe_1777/moe_1778/201506/-0612_190354.html。

所处的乡村学校环境,因其生源、教学环境的特殊性,对乡村教师的教育教学能力也提出了不同的要求。这里将乡村教师教育教学能力概括为乡村教师的学历水平和日常教学水平两个方面。①

乡村教师存在着学历不高的问题,尤其是大龄的乡村教师,大多学历水平低;针对乡村教师学历不高的现象,国家一方面鼓励教师积极提升自身学历,一方面人事部在 2005 年的《事业单位公开招聘人员暂行规定》中提出,事业单位新进人员除部分特殊情况外,都要实行公开招聘。至此,乡村教师补充从以师范毕业生分配为主转向了统一公开招聘的政策体系。② 为吸引和鼓励更多的优秀人才从事乡村教育工作,国家又陆续制定出台了多项政策,包括"三支一扶""特岗计划""免费(公费)师范生""硕师计划"等,基本构成了以统一招考为基础、多种方式共存的乡村教师补充渠道。③ 一系列政策法规的颁布,确实吸引了更多的优秀人才到乡村学校去,改善了乡村教师学历水平较低的状况。

此外,目前新入职的乡村教师中,部分是从非师范院校师范专业毕业,即使是师范类毕业生,所受教育一般都是针对某一学科的专业学科教育,但是在乡村学校尤其是乡村小学,成班率低,学生数目少,需要乡村小学教师具备全科教学的能力。因而,小学教育专业出身的乡村教师会比其他专业出身的乡村教师更适合乡村小学的环境,而此时,对其他乡村教师进行全科教学的培训就非常重要了。所以乡村教师进行教育教学能力的培养,要注重乡村教师专业知识、专业能力、专业理念、教育心理学的内容等全方面地培训,其中包括职前职后的培训、紧缺学科的培训、全科教学的培训等。

除了地方各级人民政府主导组织的促进乡村教师专业发展的相关培训,乡村学校也要通过相关措施达到促进乡村教师队伍整体水平和教育教学质量的进一步提高的目的。乡村学校更了解自身专业发展需求,能够因校制宜的推动乡村教师的专业发展。对外,乡村学校可以通过地域内就近合作联合打造特色学校;开展多校青年教师教学大赛,邀请教学名师来校讲座;城区学校

---

① 李存生:《乡村教师专业发展引论》,人民出版社 2018 年版,第 150 页。
② 刘雄英:《当前教师招考存在的问题及改进策略》,《中国教育学刊》2011 年第 5 期。
③ 庞丽娟、金志峰、吕武:《全科教师本土化定向培养——乡村小学教师补充的现实路径探析》,《教师教育研究》2017 年第 6 期。

还可以组织部分优秀中青年教师赴薄弱乡村学校进行支教工作。对内,校内外活动开展和班级管理相结合,促进学校管理;狠抓教学教研;通过校内师徒结对,提升青年教师素养,注重教师塑造学生核心素养的能力;举办教师教学技能大赛,鼓励教师积极参与其中,提升自身专业基本素养等。除此之外,学校也要鼓励乡村教师自主学习,培养自主学习的习惯,树立终身学习的观念。

(三)教育科研能力的培训

乡村教师在其专业发展上,常常面临的问题有,注重发展教育教学能力还是应当注重教育科研能力?抑或如何协调两者的关系?教育教学研究得到的结果往往是针对某一地区某所学校的,研究结果有其局限性,而教育科研的范围则相对广,并且强调运用科学的方法探索教育的规律,教育科研的成果可以推广,常用论文、专著的形式反映出。科研对理论的深度和研究的规范性都有严格的要求,更具系统性、计划性。教学研究和教育科研虽然有区别,但是二者又是不可分割,相互依存的。① 尤其是乡村学校教师专业发展资源有限,部分乡村教师常常会"顾此失彼"。对于一名教师来说,其教育教学能力和教育科研能力的培养应当是相辅相成、互相促进的关系,二者合力才能更好更全面地推动教师专业素养的发展。但是,目前乡村教师教育科研现状却是要么为了职称晋升重科研轻教学,要么是有些优秀的乡村教师一心教学,教学能力优秀,但是未曾经过规范的训练,没有科研成果。

首先,乡村学校应当树立教学科研并重的意识,在教师职称晋升上设置教师教学发展的激励机制,而不是只看重科研水平,导致教师为晋升重科研轻教学。其次,由于在教科研能力培养上缺乏相对先进的资源,乡村教师自身教科研能力不强,科研意识薄弱。所以,针对乡村教师进行教科研培训,要"对症下药",各级政府部门要对申报教科研课题的教师给予支持帮助和一定的物质奖励,将教科研成果作为职称评定的依据之一。再次,在课题申报上,学校之间还可通过线上方式(学校官网、微信公众号等)帮助教师获取各类课题申报通知,并提供申报平台方便教师课题申报,为教师申报材料提供相关服务,如可以由学校信息技术老师为申报材料进行格式把关;在课题实施过程中,各

---

① 李存生:《乡村教师专业发展引论》,人民出版社 2018 年版,第 146 页。

学校统一为课题申报成功的教师购买图书资料；在课题结题后，根据要求对研究成果进行评审，作为教师个人科研成果，并可作为职称评定依据，对较为优秀的成果推荐上报，扩大影响，为教师争取更大的荣誉。

（四）学生管理能力的培训

乡村学校学生较之城镇学生有所不同，乡村学校中贫困儿童、留守儿童、单亲家庭子女的比例较高。2016 年的农村留守儿童摸底排查工作统计数据显示，全国不满 16 周岁且父母均外出打工的留守儿童数量有 902 万人。即使是家中父母均在，监护人也会受繁重的农活和工作影响，无法给予孩子太多关注。从这个角度来说，这类学生也是"隐形的留守儿童"。所以，面对特殊的教学对象，乡村教师需要花费更多的时间和精力去关注学生的学习和生活，学生家庭教育严重缺位，在思想、行为和生活习惯上都存在着一定的问题，因而教师除了要承担日常的班级管理工作以外，往往还需承担留守、贫困儿童的生活关爱以及家庭特殊儿童的心理疏导等工作。[1] 此外，乡村教师还要与家长保持及时有效的沟通，以便更好地保证学生健康成长。

学生管理上，乡村教师培训内容主要包括对学生思想及行为的引导，对生活上的关心等。由于乡村教师数量少，他们大都担任过班主任，班级管理事务繁杂，除常规的教学考核、教研活动等工作外，他们还需承担众多卫生及纪律维持、主题班会开展、学生活动组织、与家长沟通、学生关爱等班级管理工作。所以，绝对不可忽视对乡村教师进行学生管理能力的培训。

在思想上，主要培训乡村教师如何正确引导学生"三观"，做学生真正的人生导师，尤其是在面对"问题"儿童时如何科学地应对、开导学生，提高沟通能力，帮助学生树立正确的世界观、人生观、价值观；在行为上，主要培训乡村教师如何科学有效地运用奖惩措施对学生的"问题"行为进行有效的教育，使其真正认识到自身的错误并改正；在生活上，主要是安排乡村教师对留守儿童，尤其是贫困留守儿童进行家访慰问，关注这类学生的生活状况，留心他们的日常行为习惯，使乡村教师能够灵活主动地融入留守儿童的生活当中。除此以外，乡村教师还应当学习其他相关的内容，提高教师有效应对日常教学中

---

① 朱秀红、刘善槐：《我国乡村教师工作负担的问题表征、不利影响与调适策略——基于全国 18 省 35 县的调查研究》，《中国教育学刊》2020 年第 1 期。

出现各类问题的能力,尤其是对突发事件的有效处理能力。

四、乡村教师专业发展服务体系的服务方式

目前,乡村教师专业发展服务体系的服务方式可分为:学历教育和非学历教育两大类,而乡村教师专业发展服务体系主要以非学历教育为主。

(一)学历教育

联合国教科文组织教育统计局《国际教育标准分类》所使用的成人教育定义是:"为不在正规学校和大学系统学习、通常年龄在 15 岁或以上的人们的需要和利益而设计的有组织的教育项目。"[①]乡村教师进行的学历教育主要是成人高等教育。广义的成人高等学历教育对应于普通高等学历教育,有专科、本科和研究生三个层次。其中研究生层次包括各类专业硕士(博士)以及在职攻读硕士(博士)学位等类型,目前与普通研究生教育一样属研究生教育管理部门管理。[②] 在职攻读硕士(博士)学位也是目前年轻乡村教师进行高等学历教育的主要类型。但是目前,乡村教师群体还是有学历水平不高的问题,国家积极支持并采取相应措施鼓励乡村教师通过自考、成人高考、网络远程教育等学历教育形式提升学历。但是专科及以下的教师年龄多数在 40 岁以上,他们提升学历的愿望不强烈、压力也不大,所以,针对于此类乡村教师群体,学历提升不是他们专业发展的主要诉求,促进此类乡村教师提高专业素养还是要通过非学历教育方式进行培训。

(二)非学历教育

非学历教育在广义上主要是指学历教育以外的,以提高学习者知识、技能和能力、兴趣爱好以及道德情操的教育。狭义而言,非学历教育主要指各级各类岗位培训、专业技能和专题知识培训、职业技能培训以及社区教育等,教育内容注重实用性和学习者需求,旨在提高学习者知识、技能和能力水平,促进职业技能和专业技术水平的提升。[③]

乡村教师专业发展服务体系的构建需要"上挂下联"(上挂教育行政,下

①　联合国教科文组织教育统计局:《国际教育标准分类》,国家教育委员会教育发展与政策研究中心译,人民教育出版社 1988 年版。

②　俞启定:《成人高等学历教育问题与改进策略研究》,《华中师范大学学报(人文社会科学版)》2014 年第 5 期。

③　黄娥:《非学历教育认证的价值、经验与思考》,《成人教育》2019 年第 9 期。

联学校、教师)，由此建构的支持服务体系，应该在以下三个层面发挥相应功能：一是宏观上，为教育行政部门制定教师专业发展的政策提供专业建议和业务参谋；二是在中观上，为基层学校开展的旨在促进教师专业成长的校本培训提供专业支持和师资保障；三是在微观上，为中小学教师的学科教学和研究提供资源和具体的业务帮助。因此，还应该向两头继续拓展支持服务体系，使之包含"行政服务体系""培训服务体系""校本服务体系"三个模块内容。① 这里提到的提升乡村教师专业发展的非学历教育主要是指狭义的非学历教育，结合"上挂下联"的构建理念，可以概括为：政府层面、学校层面和个人层面三个方面的服务方式。政府层面的培训方式有："国培计划""省培计划"，紧缺学科的培训，重点骨干教师的培训等；学校层面的培训方式有：校本研修等；个人层面的培训方式有：个人主动自学，主要可以通过网络或者自己寻找教学培训机构等。个人自学的方式一方面是依赖于政府和学校提供的专业发展的培训资源，另一方面是个人通过学历提升或者其他培训机构等方式达到专业发展的目的。总的来说，乡村教师专业发展服务体系的服务方式主要是通过非学历教育，个人自学的方式并不成主流，所以在这里不多加赘述。但是，要明确的是，不论是哪个层面，其服务方式都不是独立存在的，而是要形成合力，满足乡村教师专业发展需求。

1. 政府层面

(1)"国培计划"和"省培计划"

自 2009 年始，教育部、财政部开始组织实施"国培计划"，即"中小学教师国家级培训计划"，包括"中小学教师示范性培训项目"和"中西部农村骨干教师培训项目"两项内容。2010 年，教育部财政部联合颁发《关于实施"中小学教师国家级培训计划"的通知》(教师[2010]4 号)，开始全面实施"国培计划"。"国培计划"的实施是国家深化中小学教师教育的一项示范性举措，也是落实《国家中长期教育改革和发展规划纲要(2010—2020 年)》的第一个教育发展的重大项目，其财力、物力的集结之巨，人力、精力的投入之足，在我国教师教育发展史上前所未有。② "国培计划"自 2010 年开始全面实施以来，旨

---

① 薛国平：《基于教师专业成长的支持服务体系的建构策略》，《当代教师教育》2012 年第 2 期。

② 李宜江：《"国培计划"实施需要协调好六种关系》，《当代教育论坛》2016 年第 3 期。

在重点支持中西部农村教师培训,显著提高农村教师队伍素质,促进教育公平。"省培计划"是配合"国培计划"以提高教师队伍素质为目的的省级教师培训计划。由各省自主安排学习培训内容,与"国培计划"相比,"省培计划"具有一定的灵活性,教师的参与面更广。据了解,2015—2019年,中央财政投入100亿元,实施国培计划中西部项目和幼师国培计划,培训乡村教师校园长950万余人次。[①]

为响应国家号召,各级教育行政部门统筹规划,完善制度,建立机制,有效利用国培、省培、市培经费对区县进行支持,依据培训质量标准,做好区县培训工作的指导、监管评估;发掘区县先进做法和典型经验,及时总结推广;各级承担培训责任的单位切实提升培训能力,按照培训实施方案,高质量完成培训任务;帮助乡村教师梳理、研究乡村教师课堂教学的突出问题,提出解决方法策略;创新培训方式方法,及时总结送培经验,有效推广送培成果。

(2)其他各级各类培训

国家和政府为了提升乡村教师的培训实效,还出台了一系列以"国培计划""省培计划""校本培训"为主体,多种形式相结合的培训计划,具体包括专题培训、体验式培训、工作坊研修、实地考察等。国家积极支持县级培训团队开展送培工作,各级教育局根据"国培""省培"总体计划,统筹乡村教师培训工作,开展新教师培训、岗前培训、在职培训、骨干教师培训等培训项目。制定区县送教下乡培训计划和实施方案,积极引进高等学校资源,有效整合本地培训、教研、电教等多部门资源,合力构建乡村教师专业发展服务体系。

2. 学校层面:以学校为单位的校本研修

国家、政府主导组织的培训是一方面,乡村学校的培训在乡村教师专业发展服务体系中也很重要,乡村学校因其地理环境、经济状况等因素,每一所乡村学校都有其特点,由此,对乡村教师的专业发展也提出了不同的要求。所以,乡村学校借助乡村教师专业发展服务体系的政策和资金支持,可以更好地推动本校教师因校制宜,促进其专业发展,最终实现乡村教育的整

---

① 《"国培计划"5年投入100亿950万乡村教师接受培训》,2020年9月4日,见ht-tp://www.moe.gov.cn/fbh/live/2020/52439/mtbd/202009/t20200904_485348.html。

体发展。

　　首先,乡村学校制定本校实施方案,实现各类培训和校本研修有机整合。
"将区县培训资源包和本校资源纳入校本研修课程,做好本校学科组和教师
研修的过程监管和绩效评估"[1],以便更好更灵活地促进乡村教师专业发展。
乡村学校(教学点)相对比较分散,乡村相邻学校间成立"兄弟校"能更好地整
合教育资源,组织教学研讨活动。其次,积极地推动乡村学校与城区学校联
合,建立"帮扶校",适时组织城区教师去乡村教学,鼓励青年教师下乡支教,
同时邀请乡村教师到城区学校参加观摩课或参与教研活动。再次,乡村学校
可以每学期举办县级教育教学技能大赛、素养大赛,择优推荐参加市、省级比
赛,以此来激励乡村教师。在乡村学校内,强调全员参与校本培训,各学校组
织形式多样的观摩课、示范课、教研课,积极配合外来培训团队,找准本校存在
的教学问题,提出解决策略,并做好本校培训工作总结。

　　当然,国家、政府、学校等多方合力推动乡村教师专业发展服务体系的构
建,并不意味乡村教师个人在国家和学校组织的任务中只扮演"被动的接收
者"即可。首先,乡村教师在参与培训过程中需积极配合,抓住展示自我教
学能力的机会,优化自身教学设计,找准自身课堂教学存在的问题。其次,
配合研修的目标,制定出个人的研修计划。再次,每一次培训结束后,每一
位乡村教师都应当认真进行个人总结,梳理经验、反思问题、明确改进方向,
制定下一步个人发展计划,并及时将培训所学用于课堂实践,切实提升课堂
教学实效。

五、乡村教师专业发展服务体系的供给机制

　　《2015 乡村教师支持计划》提出"要把乡村教师培训纳入基本公共服务体
系"。现代政府职能转型的核心是强化社会管理和公共服务,提高基本公共
服务能力是建设公共服务型政府的重要内容。根据《2015 乡村教师支持计
划》的要求,省级人民政府要负责乡村教师培训的统筹规划,市、县级人民政
府要切实履行实施乡村教师培训的主体责任。可见,乡村教师专业发展服务
体系的供给机制还是主要依赖于各级政府,主要是县级人民政府履行主体责

---

[1]　《教育部办公厅关于印发乡村教师培训指南的通知》,2016 年 1 月 4 日,见 http://www.
moe.gov.cn/srcsite/A10/s7034/201601/t20160126_228910.html。

任,为乡村教师的专业发展提供各种资源和保障。但是,相较于早期的服务体系完全是指令性计划来说,目前,乡村教师专业发展服务体系仅仅依靠政府单一主体供给无法满足其需求,在资源与服务供给传递、对接、监管方面也缺乏有效平台与工具,亟须引入多元主体协作与技术嵌入机制,在制度层面保障服务体系的构建。为了能够更细致地满足乡村教师专业发展需求的差异性,服务的供给机制也在与时俱进,适应社会需求,逐渐转变为乡村教师专业发展服务体系资源与服务供给的政府、市场、社会多元主体协作与运行机制,引进先进技术嵌入,实现培训供给调适的系统化与精细化,完善乡村教师专业发展供给全链条,①合力构建更系统化更精细化更人性化的乡村教师专业发展服务体系供给机制。

优化乡村教师专业发展服务体系供给结构,创新乡村教师专业发展服务体系,必须要确认以政府为主导提供的资源和服务供给与培训的乡村教师的专业发展需求相结合。为此,县级人民政府需要不断增强公共服务意识,建立健全乡村教师专业发展支持服务供给制度安排与设计,提高政府提供基本公共服务的效率与效果。在今后一段时期,县级人民政府要减少无效和低端的乡村教师培训供给,扩大有效和中高端培训供给,增强培训供给结构对乡村教师需求变化的适应性和灵活性,增加优质培训资源供给,通过政府购买、组织开发和征集遴选等方式提供多样化、高品质的乡村教师培训服务,让每一位乡村教师都能获得优质的培训服务。另外,乡村学校方面也需要实现自身人力资源的提升,使其供给方式由单纯"输血"式资源注入转向提升自身"造血"能力的学习、指导和培训,②让接受培训的乡村教师的培训感受从"参与感"转化为"获得感"。

六、乡村教师专业发展服务体系的保障措施

乡村教师专业发展服务体系的构建需要多元主体协作,也需要多种保障,这里将服务体系的保障措施概括为以下四方面:经济保障、政策保障、组织和人员保障和技术保障。

---

① 左明章、向磊、马运朋等:《扶志、扶智、扶学:信息化促进教育精准扶贫"三位一体"模式建构》,《电化教育研究》2019 年第 3 期。

② 左明章、向磊、马运朋等:《扶志、扶智、扶学:信息化促进教育精准扶贫"三位一体"模式建构》,《电化教育研究》2019 年第 3 期。

（一）经济保障

要服务乡村教师专业发展和素质全面提升，并推动乡村教师专业发展的可持续发展，经济保障是基础。因此，国家加大了对乡村教师专业发展服务体系的资金投入。《2015 乡村教师支持计划》中明确表明："中央财政通过相关政策和资金渠道，重点支持中西部乡村教师队伍建设。地方各级人民政府要积极调整财政支出结构，加大投入力度，大力支持乡村教师队伍建设。要把资金和投入用在乡村教师队伍建设最薄弱、最迫切需要的领域，切实用好每一笔经费，提高资金使用效益，促进教育资源均衡配置。要制定严格的经费监管制度，规范经费使用，加强经费管理，强化监督检查，坚决杜绝截留、克扣、虚报、冒领等违法违规行为的发生。"

为了能够吸引新生乡村教师并能够留住乡村教师，国家大力提升乡村教师的物质待遇，改善乡村教师的生活条件，如依法保证教师平均工资收入水平不低于或者高于当地国家公务员的平均工资收入水平，建立和当地公务员工资联动机制等。尤其是进入 21 世纪以来，专门给乡村教师增加补贴的政策越来越多，为了加大对"三支一扶"的支持力度，国家分别于 2012 年和 2015 年提高了中央财政补助标准，中央财政补助中部、西部地区标准由最初的每人每年1 万元、1.5 万元分别提高到 1.8 万元、2.5 万元。四川省南充市高坪区除了乡村教师补助以外，还有乡镇教师补贴、交通补贴、年终奖。其中该区 39 所农村学校教师享受农村教师补贴，其标准为每月 400 元；交通补贴每月 50—150元；年终目标奖 2016 年为 1.1 万元，2017 年约为 2 万元，以此推算，高坪区农村教师新增收入达到 2400—2500 元。[①] 可见，政府出台的一系列经济措施，确实在改善乡村教师工作环境，提高乡村教师物质待遇等方面发挥了积极的作用，并在吸引乡村教师和留住乡村教师上有一定的成效。

（二）政策保障

乡村教师专业发展服务体系的构建有赖于国家政策的颁布，这是其构建的基础，国家重视乡村教育的发展，所以才会关注乡村教师的专业发展，乡村教师专业发展是推动乡村教育发展的重中之重。随着乡村战略地位的不断提升，为改变乡村教育与城市教育发展不平衡的现状，更是为了满足乡村教师专

---

① 范先佐等：《中国教育改革 40 年：农村教育》，科学出版社 2018 年版，第 91 页。

业发展的需求,改革开放以来,我国出台了多项重要政策法规,以推动乡村教师专业发展服务体系的构建与完善。制度支持是乡村教师专业发展的根本性策略,它关注的是教师专业发展的全局。① 目前国家支持乡村教师队伍建设政策主要体现在以"吸引优质师资"为主的政策和"以优化教育资源"为主的政策上。②

《2015 乡村教师支持计划》首次提出要"建立乡村教师校长专业发展支持服务体系"。强调必须把乡村教师队伍建设摆在优先发展的战略地位。党的十九大报告提出"实施乡村振兴战略",也为乡村教育的持续发展指明了方向。乡村教育是乡村振兴战略实施的基础工程,乡村教师是乡村教育振兴的人才支撑。2018 年 1 月 2 日《中共中央国务院关于实施乡村振兴战略的意见》指出:"要优先发展农村教育事业,统筹配置城乡师资,并向乡村倾斜,建好建强乡村教师队伍。"③同年 2 月,教育部等五部门印发了《教师教育振兴行动计划(2018—2022 年)》④,提出:"建立健全乡村教师成长发展的支持服务体系,高质量开展乡村教师全员培训,培训的针对性和实效性不断提高。""加强县区乡村教师专业发展服务体系建设,强化县级教师发展机构在培训乡村教师方面的作用";要改善教师资源供给,建立健全乡村教师成长发展的支持服务体系。2019 年 2 月,中共中央、国务院印发《中国教育现代化 2035》指出,要夯实教师专业发展体系,推动教师终身学习和专业自主发展。《加快推进教育现代化实施方案(2018—2022 年)》也提出加强新时代教师队伍建设,补强薄弱地区教师短板。在当前城市教育已进入教育信息化 2.0 的发展阶段,乡村教育尚处于教育信息化 1.0 的初级阶段。⑤2020 年 7 月,教育部等六部门发布《关于加强新时代乡村教师队伍建设的

---

① 吴亮奎:《乡村教师专业发展的矛盾、特质及其社会支持体系构建》,《教育发展研究》2015 年第 24 期。

② 石连海、田晓苗:《我国乡村教师队伍建设政策的发展与创新》,《教育研究》2018 年第 9 期。

③ 新华社:《中共中央国务院关于实施乡村振兴战略的意见》,2018 年 9 月 26 日,见 https://baijiahao.baidu.com/s? id=1612675462648613797&wfr=spider&for=pc。

④ 《教师教育振兴行动计划(2018—2022 年)》,2018 年 3 月 23 日,见 http://www.moe.gov.cn/srcsite/A10/s7034/201803/t20180323_331063.html。

⑤ 陈时见、胡娜:《新时代乡村教育振兴的现实困境与路径选择》,《西南大学学报(社会科学版)》2019 年第 3 期。

意见》①,指出"激发教师奉献乡村教育的内生动力",需要"厚植乡村教育情怀"和"让乡村教师享有应有的社会声望"。

可见,乡村振兴战略的提出为乡村教育发展提供了契机,相关政策的密集出台为乡村教师的成长和发展带来机遇和挑战,政府一直在与时俱进确保乡村教师专业发展服务体系从理念到行动都能够得到有效政策的培育,从而达到建立健全乡村教师专业发展支持体系的目的。②

(三)组织和人员保障

政策法规的实施需要组织和人员的保障,尤其是对于乡村教师的培训更是需要各组织机构以及组织机构内部的工作人员形成合力,才能构建一个结构完善、资源丰富的乡村教师专业发展服务体系。"各领域专业人员在各自工作中形成一系列专业知识,当他们合作共同为个体或团体寻找解决工作困境的创造性方法时,这些形式的专业知识成为解决共同问题的资源,合作过程中将重组或弱化专业知识的传统等级分层。"③为此,与乡村教师专业发展密切相关的各机构人员之间的合作关系将成为乡村教师专业发展的人员保障。而支持乡村教师专业发展各层级人员之间的合作机制建设不仅是各领域多层级专家和各类一线教师的人员组合,也是团队成员融入乡村教育实践,以乡村教育问题为源重新生成知识,并打破各自原有知识壁垒,为了共同的目标而相互沟通、理解以及融合渗透的过程。④

对此,《2015 乡村教师支持计划》有明确要求:

"省级人民政府要统筹规划和支持全员培训,市、县级人民政府要切实履行实施主体责任。整合高等学校、县级教师发展中心和中小学校优质资源,建立乡村教师校长专业发展支持服务体系。地方各级人民政府是实施乡村教师支持计划的责任主体。要加强组织领导,把实施工作列入重要议事日程,实行一把手负责制,细化任务分工,分解责任,推进各部门密切配合、形成合力,切实将计划落到实处。""教育行政部门要加强对

---

① 《关于加强新时代乡村教师队伍建设的意见》,2020 年 8 月 28 日,见 http://www.moe.gov.cn/srcsite/A10/s3735/202009/t20200903_484941.html。

② 谢小兰:《乡村教师专业发展支持体系的构建》,《中国成人教育》2019 年第 20 期。

③ 戴伟芬:《论跨界互动特性的农村教师合作培训》,《教育研究》2016 年第 10 期。

④ 庄玉昆、褚远辉:《乡村教师专业发展的支持体系建设》,《教育科学》2020 年第 1 期。

乡村教师队伍建设的统筹管理、规划和指导。发展改革、财政、编制、人力资源社会保障部门要按照职责分工主动履职,切实承担责任。要着力改革体制,鼓励和引导社会力量参与支持乡村教师队伍建设。"

(四)技术保障

《2015乡村教师支持计划》中明确提出,要多渠道扩充偏远地区农村教师的质量,提升其教育教学能力水平,改善乡村教师的资源配置。[1]

科学技术的发展推动着教育信息化的进程,也实现了线上线下课程的沟通,对于乡村教师专业发展的培训可谓是"如虎添翼"。教育信息化的介入将突破时间地域和原有框架限制,推动构建信息化平台为载体的乡村教师专业发展共同体,推进乡村教师专业发展服务体系有效运转。乡村教师专业发展服务体系的信息化能够通过汇聚乡村教师专业发展的大数据,识别、采集乡村教师的专业发展诉求,定制适合乡村教师专业发展的培训方案,完成教育资源和服务的精准投放与信息化管理,从而优化乡村教师专业发展服务体系供给结构,实现面向乡村教师专业发展共性需求供给到针对乡村教师个体精准化、个性化资源与服务推送的全面覆盖。[2]

教育信息化还可丰富乡村教师的研修资源,在挖掘资源、开发资源、生成资源、扩展资源、集聚资源、应用资源上,形成本县教师培训资源链、资源库。建立信息化保障体系,依托网站实施提升工程培训、教师工作坊研修,为乡村教师专业提升提供重要支持。要为每个教师建立专业发展电子档案,实现个体研修"痕迹管理信息化"。通过政府购买、组织开发和征集遴选等方式,以网络课程建设和加工培训生成性课程为重点,形成一批满足乡村教师需求的优质培训资源。[3]

七、乡村教师专业发展服务体系的成效评估

《2015乡村教师支持计划》要求:"要将实施乡村教师支持计划情况纳入

---

① 《乡村教师支持计划(2015—2020年)》,2015年6月1日,见http://www.Moe.gov.cn/jyb_xxgk/moe_1777/moe_1778/201506/-0612_190354.html。

② 左明章、向磊、马运朋等:《扶志、扶智、扶学:信息化促进教育精准扶贫"三位一体"模式建构》,《电化教育研究》2019年第3期;余胜泉、汪晓凤:《"互联网+"时代的教育供给转型与变革》,《开放教育研究》2017年第1期。

③ 龚金喜、赵国圣、龚易帆:《互联网条件下教师专业发展支持服务体系建构研究》,《开放教育研究》2017年第8期。

地方政府工作考核指标体系,加强考核和监督。"为保障国培成效,各主体单位实行顶层设计、实施过程、质量评估全过程监管。在项目设计阶段,国家层面组织专家对示范性国培项目承担机构和方案进行评审,对国培项目实施方案进行现场诊断,提出修改意见并书面反馈。在项目实施阶段,国家层面依托信息化管理系统,加强项目过程监控。在项目结束后,采取参训学员网络匿名评估等方式,分项目对培训绩效进行评估并反馈有关省份机构。比如,安徽省引入第三方评估机制,由省教育评估中心对国培绩效进行评估,公开评估结果,反馈改进意见。甘肃、内蒙古建立以资深专家为主的培训教学督导组,进驻培训点,全面监督培训方案落实。上海市、福建省实行见习教师规范化培训,实行新入职教师到优质中小学校跟岗学习一年,并与教育硕士学位相衔接的培养机制。山东省适应"互联网+"新形势,进一步完善远程培训模式,加强优质培训资源共建共享。北京师范大学在中华优秀传统文化涵养师德、华东师范大学在信息技术应用能力的国培方面凸显了特色。①

"地方各级人民政府教育督导机构要会同有关部门,每年对乡村教师支持计划实施情况进行专项督导,及时通报督导情况并适时公布。国家有关部门要组织开展对乡村教师支持计划实施情况的专项督导检查。对实施不到位、成效不明显的,要追究相关负责人的领导责任。"政府开展的乡村教师专业发展的培训,需要时刻进行监督,并安排定期的考核。在培训管理上,各参训学校务必严格遴选参训教师且将参训教师的培训成绩与评先评优及评职晋升挂钩,各培训机构务必严格培训期间的考勤。② 此外,采取实地调研、现场指导、网络监测评估、学员匿名评估、第三方评估等多种方式,对各地各机构项目实施过程及成效进行绩效评估。③

通过调整优化乡村教师专业发展服务体系的服务项目评审机制,加快实施的进度,对服务体系的各项培训进行及时的成效评估,能够确保乡村教师专业发展支持服务按时保质完成。

---

① 王定华:《新时代我国中小学教师国培的进展与方略》,《全球教育展望》2020 年第 1 期。
② 徐红、董泽芳:《改善我国教师专业发展机制的八大建议》,《教育研究与实验》2019 年第 3 期。
③ 王定华:《新时代我国中小学教师国培的进展与方略》,《全球教育展望》2020 年第 1 期。

第三节　乡村教师专业发展与服务
体系的内在逻辑关系

《2015 乡村教师支持计划》强调："全面提升乡村教师能力素质。整合高等学校、县级教师发展中心和中小学校优质资源,建立乡村教师校长专业发展支持服务体系。"教师资源是最活跃、最具决定性因素的教育资源。发展乡村教育,教师是关键,建立和完善乡村教师专业发展服务体系可以说是意义重大。

一、促进乡村教师专业发展是服务体系的价值旨归

乡村教师群体的专业发展近年来一直受到国家及社会的广泛关注,党的十九大报告提出"实施乡村振兴战略",为乡村教育的持续发展指明了方向。乡村教育是乡村振兴战略实施的基础工程,乡村教师是乡村教育振兴的人才支撑。改革开放以来,国家出台了一系列的政策法规,采取了诸多有针对性的措施办法,积极支持引领乡村教师专业发展,推动乡村教师专业发展服务体系的构建。《2015 乡村教师支持计划》首次提出要"建立乡村教师校长专业发展支持服务体系"。从此,作为旨在促进和提升乡村教师专业发展水平的乡村教师专业发展服务体系走进了公众视野。这是国家层面的文件中第一次明确提出建立乡村教师专业发展服务体系,文件的颁布虽然一定程度上缓解了乡村教师专业发展的压力,但仍没有引起各部门对乡村教师专业发展的足够重视,由此不能集合多方资源来支撑乡村教师专业发展。那么,究竟如何才能更好更全面地保障乡村教师专业发展的权益呢?构建乡村教师专业发展服务体系便是众望所归。我国乡村教师专业发展服务体系的价值旨归是促进乡村教师的专业发展,是服务乡村教师专业发展和素质全面提升,这也是乡村教师专业发展服务体系构建的初衷。乡村教师专业发展服务体系是以服务引领乡村教师的发展,以服务激励乡村教师的发展,以服务保障乡村教师的发展,而不是以服务代替乡村教师的发展,更不是让乡村教师以暂时的、阶段性的、区域性的服务不到位为理由不去发展,否则就失去了服务体系促进乡村教师专业发展的价值旨归。

二、服务体系是乡村教师专业发展的实践需求与制度保障

乡村振兴战略的提出为乡村教育发展提供了契机,相关政策的密集出台为乡村教师的成长和发展带来机遇和挑战。一方面,构建乡村教师专业发展服务体系明确规定了乡村教师有接受专业发展培训的权力和义务,国家、政府、学校则有义务为乡村教师提供对应的教师专业发展培训。乡村教师因其环境以及工作等因素影响,部分乡村教师没有树立终身学习的观念,也缺乏持续学习的动力,乡村教师专业发展服务体系的构建则推动着乡村教师必须接受专业发展的培训,促使乡村教师不断地接受新知识,不断地接受新的教学观念,帮助乡村教师的思想走出乡村学校,接触外界最新的教学理念,不再做"井底之蛙",在不断地培训中,也帮助教师形成持续学习的习惯,培养乡村教师树立终身学习的观念。乡村教师专业发展服务体系的构建更是帮助乡村教师将专业发展落到了实处,不论是个人层面的懈怠,还是环境方面的困难,服务体系面向的主体是所有义务教育阶段的乡村教师,在条件允许的情况下,服务体系会关注到每一位乡村教师的专业发展,并要求乡村教师必须要参加相关的培训。

另一方面,乡村教师专业发展服务体系的构建更是为乡村教师的专业发展提供了制度保障,政府一直在与时俱进确保乡村教师专业发展服务体系从理念到行动都能够得到有效政策的培育,从而达到建立健全乡村教师专业发展支持体系的目的。比如,为了乡村教师专业发展服务体系更好的落实,能够惠及每一位乡村教师,《2015 乡村教师支持计划》指出了要按照乡村教师的实际需求改进培训方式,采取顶岗置换、网络研修、送教下乡、专家指导、校本研修等多种形式,增强培训的针对性和实效性。2019 年,中共中央国务院《关于深化教育教学改革全面提高义务教育质量的意见》也指出:"按照'四有好老师'标准,建设高素质专业化教师队伍……进一步实施好'国培计划',增加农村教师培训机会,加强紧缺学科教师培训。"

可见,乡村教师专业发展服务体系在实践的过程中也在不断地进步,并积极解决在落实过程中遇到的问题,在确定相关解决对策之后,又通过颁布政策法规的方式在实践中落实下去。

三、乡村教师专业发展与服务体系相辅相成、互动共生

国家投入了大量的资源以推动农村教育的发展,是因为农村教育已经成为影响我国基础教育课程改革深入推进的关键所在,是基础教育发展中的"短板"。对于乡村教师的专业发展,偏远农村的学校是学校教育发展的薄弱环节。如何让农村教师的专业发展能够得到有效的支持和帮助,让乡村学校成为推动乡村教师成长的沃土,也是乡村教师专业发展服务体系构建的初衷和期望。

教师专业成长是一个螺旋形不断盘旋上升的动态发展过程,是一个只有起点、没有终点的宏大工程,任何支持服务手段都不可能一劳永逸,而乡村教育的发展也推动着教师专业发展的需求不断变化。由此,乡村教师专业发展服务体系只能服务于教师专业成长的"最近发展区"。这也意味着,乡村教师专业发展服务体系的构建不是一蹴而就的,而是需要与时俱进,随着乡村教育的发展而不断改进完善的。随着教师专业成长实际的变化和教师专业培训理念、内容、方式方法等各方面的创新,教师专业培训支持服务体系也要相应的推动自身进行变革。① 通俗地讲,乡村教师专业发展服务体系"没有最好只有更好"。乡村教师专业发展支持服务体系的不断完善,更是能够直接惠及每一名乡村教师,满足其个人专业发展的需求。所以,乡村教师专业发展和乡村教师专业发展服务体系是相辅相成,互动共生的。

---

① 薛国平:《基于教师专业成长的支持服务体系的建构策略》,《当代教师教育》2012 年第 2 期。

第二章 乡村教师专业发展服务体系的政策分析

第一节 改革开放以来中小学教师队伍
建设的政策取向分析①

百年大计,教育为本;教育大计,教师为本。中共中央、国务院《关于全面深化新时代教师队伍建设改革的意见》②(以下简称"《新时代教师队伍建设改革的意见》")指出:"教师承担着传播知识、传播思想、传播真理的历史使命,肩负着塑造灵魂、塑造生命、塑造人的时代重任,是教育发展的第一资源,是国家富强、民族振兴、人民幸福的重要基石。"中小学教师工作始终受到党和国家的高度重视,在经济社会和教育发展的不同阶段,制定了不同的中小学教师队伍建设的支持政策,有效地促进了中小学教师队伍建设,较好地满足了我国基础教育发展的需要。根据政策取向不同,可以将改革开放以来我国中小学教师队伍建设划分为四个阶段,即合格胜任型教师取向阶段(1985—1998年)、素质型教师取向阶段(1999—2009年)、专业型教师取向阶段(2010—2017年)、高素质专业化创新型教师取向阶段(2018年至今)。

一、合格胜任型教师取向阶段(1985—1998年)

自1985年中共中央《关于教育体制改革的决定》③(以下简称"《1985体制改革决定》")印发,至1999年中共中央国务院《关于深化教育改革,全面推

---

① 本节内容主要来自本课题研究的阶段性成果。李宜江:《改革开放以来我国中小学教师队伍建设政策取向分析》,《教师发展研究》2018年第3期。

② 《中共中央国务院关于全面深化新时代教师队伍建设改革的意见》,2018年2月1日,见 http://edu.people.com.cn/n1/2018/0201/c1006-29798831.html。

③ 《中共中央关于教育体制改革的决定》,1985年5月27日,见 http://www.moe.gov.cn/jyb_sjzl/moe_177/tnull_2482.html。

进素质教育的决定》①（以下简称"《1999 素质教育决定》"）颁发之前，我国中小学教师队伍建设的政策取向主要是通过培养、培训促使中小学教师成长为能够胜任教育教学工作的合格教师，即合格胜任型教师取向阶段。党的十一届三中全会以后，经过拨乱反正，党中央对教育工作做出了一系列新的论断和决策，我国教育事业得到了恢复，开始走上了蓬勃发展的道路。特别是《1985 体制改革决定》做出"有步骤地实行九年制义务教育"的战略决策，实行义务教育需要数量充足、质量合格的师资，而当时合格的师资严重缺乏。为此，《1985 体制改革决定》指出：

> 建立一支有足够数量的、合格而稳定的师资队伍，是实行义务教育、提高基础教育水平的根本大计……必须对现有的教师进行认真的培训和考核，把发展师范教育和培训在职教师作为发展教育事业的战略措施。总之，要争取在 5 年或者更长一点的时间内使绝大多数教师能够胜任教学工作。

随后，国家把"实行九年义务教育制度"写进了 1986 年的《中华人民共和国义务教育法》。与此同时，为了解决教师数量和质量合格问题，《义务教育法》第十三条规定："国家采取措施加强和发展师范教育，加速培养、培训师资，有计划地实现小学教师具有中等师范学校毕业以上水平，初级中等学校的教师具有高等师范专科学校毕业以上水平。国家建立教师资格考核制度，对合格教师颁发资格证书。"至此，义务教育阶段教师的基本学历有了法律规定，确保了教师的基本质量。由于历史欠账，中小学教师学历达标不是短期能够解决的，为此，1993 年党中央国务院印发的《中国教育改革和发展规划纲要》②（以下简称"《1993 纲要》"）提出：

> 到本世纪末，通过师资补充和在职培训，绝大多数中小学教师要达到国家规定的合格学历标准，小学和初中教师中具有专科和本科学历者的比重逐年提高。要制定教师培训计划，促进教师特别是中青年教师不断进修提高，使绝大多数中小学教师更好地胜任教育教学工作。

---

① 《中共中央国务院关于深化教育改革，全面推进素质教育的决定》，2018 年 7 月 9 日，见 http://old.moe.gov.cn/publicfiles/business/htmlfiles/moe/moe_177/200407/2478.html。
② 《中国教育改革和发展规划纲要》，2018 年 7 月 9 日，见 http://www.eol.cn/article/20010101/19627.Shtml。

　　通过多年的努力,1995 年时,小学和初级中学教师合格率已分别达到
97.6%和 74.9%,比 1990 年各提高 23.7 和 18.0 个百分点。[1] 1996 年,原国
家教委印发《全国教育事业"九五"计划和 2010 年发展规划》(教计〔1996〕45
号)强调:"师资队伍的数量和质量,对教育发展具有决定性影响。"并计划在
"九五"期间,要按照《中华人民共和国教育法》和《中华人民共和国教师法》
规定的学历标准,努力提高小学和中学教师学历合格率。由上可见,在合格胜
任型教师取向阶段,解决合格的教师数量问题一直是师资队伍建设的首要任
务。虽然几个文件都强调教师队伍的数量和质量问题,但显然教师队伍的数
量问题比质量问题显得更加迫切,且质量问题主要是解决学历合格、能力胜任
的问题。对于学历合格问题,一是通过发展和加强师范教育培养一大批合格
学历的中小学教师;二是通过发展和支持函授教育、电大教育、夜大学、进修学
院等成人教育形式,促使一批在职教师通过学历进修与提升从而实现学历达
标。对于能力胜任问题,主要是通过加强教师培训,使其能够掌握基本的教育
教学原理与规范,能够胜任中小学教育教学工作,基本满足"普九"需要。在
合格胜任型教师取向阶段,由于数量充足、学历合格、能力胜任是师资队伍建
设最迫切的任务,更是教师培训政策的聚焦点,而教师队伍整体素质与质量的
提升尚不迫切,因此在本阶段教师培训的内容、形式、手段、方法等方面并没有
全国性的指导意见,也鲜有系统性、可操作性的教师培训方案。

二、素质型教师取向阶段(1999—2009 年)

　　在全国基本实现"普九",教师数量基本满足教育事业发展需求的背景
下,教师队伍的整体素质与质量不断引起社会关注。以《1999 素质教育决定》
印发为标志[2],至 2010 年《国家中长期教育改革和发展规划纲要(2010—2020
年)》[3](以下简称"《2010 纲要》")颁发之前,我国中小学教师队伍建设的政

---

　　①　数据来源于《全国教育事业"九五"计划和 2010 年发展规划》(教计〔1996〕45 号)。

　　②　虽然教育部在 1998 年 12 月 24 日印发了《面向 21 世纪教育振兴行动计划》,提出实施
"跨世纪园丁工程",大力提高教师队伍的整体素质,但仅时隔半年,中共中央国务院就颁布了
《关于深化教育改革,全面推进素质教育的决定》,首次以党中央国务院的名义强调全面推进素
质教育,并对教师队伍建设和教师培训工作提出了更加明确具体的要求。所以,本书以 1999 年
中共中央国务院《关于深化教育改革,全面推进素质教育的决定》印发为标志。

　　③　《国家中长期教育改革和发展规划纲要(2010—2020 年)》,2018 年 7 月 9 日,见 ht-
tp://www.moe.edu.cn/srcsite/A01/s7048/201007/t20100729_171904.html。

策取向主要是通过培养、培训提高教师实施素质教育和新课程改革的素质和能力,即素质型教师取向阶段。《1999 素质教育决定》提出要"建设全面推进素质教育的高质量的教师队伍。""把提高教师实施素质教育的能力和水平作为师资培养、培训的重点……开展以培训全体教师为目标、骨干教师为重点的继续教育,使中小学教师的整体素质明显提高。"为了提高中小学教师队伍整体素质,适应基础教育改革发展和全面推进素质教育的需要,1999 年教育部出台《中小学教师继续教育规定》,再次强调"中小学教师继续教育要以提高教师实施素质教育的能力和水平为重点",并规定中小学教师继续教育的内容主要包括:思想政治教育和师德修养、专业知识及更新与扩展、现代教育理论与实践、教育科学研究、教育教学技能训练和现代教育技术、现代科技与人文社会科学知识等。2001 年国务院《关于基础教育改革与发展的决定》①指出:"建设一支高素质的教师队伍是扎实推进素质教育的关键",并要求:"以转变教育观念,提高职业道德和教育教学水平为重点,紧密结合基础教育课程改革,加强中小学教师继续教育工作,健全教师培训制度,加强培训基地建设……实施'跨世纪园丁工程'等教师培训计划,培养一大批在教育教学工作中起骨干、示范作用的优秀教师和一批教育名师。"随着素质教育和基础教育课程改革的全面推进,2004 年教育部印发的《2003—2007 年教育振兴行动计划》提出:"实施'高素质教师和管理队伍建设工程'……组织实施以新理念、新课程、新技术和师德教育为重点的新一轮教师全员培训,组织优秀教师高层次研修和骨干教师培训,不断提高在职教师的学历、学位层次和实施素质教育的能力。"2007 年,国务院批转教育部制定的《国家教育事业发展"十一五"规划纲要》,提出要"全面提高教师队伍素质……进一步完善培训制度,创新培训机制,加强教师培训"。根据党的十七大关于"加强教师队伍建设,重点提高农村教师素质"的要求,为进一步加大教师培训力度,提高教师教育教学能力和整体素质,促进基础教育改革和素质教育的实施,教育部决定在 2007 年培训工作成效基础上,组织实施 2008 年中小学教师国家级培训计划。② 可

① 《国务院关于基础教育改革与发展的决定》,2018 年 7 月 9 日,见 http://old.moe.gov.cn/publicfiles/business/htmlfiles/moe/moe_406/200412/4730.html。

② 详见《教育部办公厅关于印发〈2008 年中小学教师国家级培训计划〉的通知》(教师厅〔2008〕1 号)。

见，在素质型教师取向阶段，提升教师队伍整体素质，特别是与全面推进素质教育和实施新课程改革要求相适应的能力与水平，一直是师资队伍建设的重要任务。素质教育是一种理念创新，是落实马克思关于人的全面发展学说的中国智慧和中国创造。新一轮基础教育课程改革正是在世纪之交全面实施素质教育的一次改革探索。无论是深刻把握素质教育内涵全面实施素质教育，还是领会新课程改革理念扎实推进新课程改革，都需要教师具有良好的自身素质和推进实施的教育教学能力。"我国自 2001 年实施新课程以来，强调教师在课程发展中的'课程生成者'的角色……既然如此，那么，教师就需要对专业知识、教学环境和教师自身有所醒悟。"[1]为此，在本阶段中小学教师培训中，既有全员培训，也有骨干教师、中青年教师、农村教师等重点人群的培训；既有国家级的高端示范、种子教师培训，也有地方、学校的区域辐射，校本培训；既有现代教育理论、专业知识的全口径培训，也有加大信息技术、外语、艺术类和综合类课程师资的针对性培训；既有思想政治教育和师德修养的传统内容，也有新理念、新课程的现代内容。此外，在培训方式上，应用优秀的教学软件，开展多媒体辅助教学；充分利用远程教育的方式，就地就近进行；实施"全国教师教育网络联盟计划"，促进"人网""天网""地网"及其他教育资源优化整合，共建共享优质教师教育课程资源，提高教师培训的质量水平。

三、专业型教师取向阶段（2010—2017 年）

在教师整体素质和学历不断提升的同时，教师职业的专业化程度和教师个体的专业化水平越来越受到广泛关注。"教师职业专业发展的文化水平，是返归质朴、素而不饰的水平，是教师职业行为以人为本、自然原创、体验幸福的水平。"[2]促进每一位教师专业发展，提升整个教师队伍专业化水平，增强教师职业吸引力和教师个体幸福体验，提到了前所未有的高度。"现在是结束'师范性'与'学术性'之争的时候了。我们面临的新问题是如何全面地把握教师的专业性。"[3]以《2010 纲要》印发为标志，至 2018 年《新时代教师队伍建设改革的意见》颁发之前，我国中小学教师队伍建设政策的价值取向主要是

---

① 钟启泉：《我国教师教育制度创新的课题》，《北京大学教育评论》2008 年第 3 期。
② 杨启亮：《教师职业专业发展的几种水平》，《教育发展研究》2009 年第 54 期。
③ 叶澜：《一个真实的假问题——"师范性"与"学术性"之争的辨析》，《高等师范教育研究》1999 年第 2 期。

通过培养培训大力提高教师专业化水平,促使教师成为高素质专业化的专业人员,即专业型教师取向阶段。《2010 纲要》认为:"教育大计,教师为本。有好的教师,才有好的教育。"要"努力造就一支师德高尚、业务精湛、结构合理、充满活力的高素质专业化教师队伍"。为此,要"完善培养培训体系,做好培养培训规划,优化队伍结构,提高教师专业水平和教学能力"。2011 年,教育部《关于大力加强中小学教师培训工作的意见》提出新时期中小学教师培训的总体要求:紧扣培养造就高素质专业化教师队伍的战略目标,以提高教师师德素养和业务水平为核心,以提升培训质量为主线,以农村教师为重点,开展中小学教师全员培训。2012 年,教育部印发《小学教师专业标准(试行)》和《中学教师专业标准(试行)》。这是中华人民共和国成立以来首次颁布的关于中小学教师专业发展的国家标准,成为教师培养、准入、培训、考核等工作的重要依据。同年,国务院《关于加强教师队伍建设的意见》强调要"大力提高教师专业化水平",并要求"建立教师学习培训制度。实行五年一周期不少于360 学时的教师全员培训制度,推行教师培训学分制度"。为深入贯彻落实《2010 纲要》和国务院《关于加强教师队伍建设的意见》,深化教师教育改革,推进教师教育内涵式发展,全面提高教师教育质量,培养造就高素质专业化教师队伍,同年,教育部、国家发展改革委、财政部联合印发《关于深化教师教育改革的意见》,强调"创新教师培训模式。适应教学方式和学习方式的变化,重点采取置换研修、集中培训、校本研修、远程培训等多种有效途径,大力开展中小学(幼儿园)特别是农村教师培训,不断增强培训的针对性和实效性。推动信息技术与教师培训深度融合,建立教师网络研修社区,促进教师自主学习"。2013 年,教育部《关于深化中小学教师培训模式改革全面提升培训质量的指导意见》指出:"中小学教师培训要以实施好基础教育新课程为主要内容,以满足教师专业发展个性化需求为工作目标,引领教师专业成长。"2015 年,《2015 乡村教师支持计划》针对乡村教师队伍整体素质不高、结构不尽合理、职业吸引力不强、补充渠道不畅等突出问题,提出"全面提升乡村教师能力素质"。到 2020 年前,"对全体乡村教师校长进行 360 学时的培训。要把乡村教师培训纳入基本公共服务体系,保障经费投入,确保乡村教师培训时间和质量"。"整合高等学校、县级教师发展中心和中小学校优质资源,建立乡村教师校长专业发展支持服务体系。""全面提升乡村教师信息技术应用能力"，"加强乡村学校音体美等师资紧缺学科教师和民族地区双语教师培训"。要"按照乡村教师的实际需求改进培训方式，采取顶岗置换、网络研修、送教下乡、专家指导、校本研修等多种形式，增强培训的针对性和实效性"。并决定从 2015 年起，"'国培计划'集中支持中西部地区乡村教师校长培训"。为此，我国中小学教师培训政策更加聚焦在乡村教师这个短板和薄弱环节上。为贯彻落实《2015 乡村教师支持计划》，推动各地变革乡村教师培训模式，提升乡村教师培训实效。2016 年，教育部办公厅印发了《送教下乡培训指南》《乡村教师网络研修与校本研修整合培训指南》《乡村教师工作坊研修指南》《乡村教师培训团队置换脱产研修指南》等一系列乡村教师培训指南。2017年，教育部办公厅印发《乡村校园长"三段式"培训指南》《乡村校园长"送培进校"诊断式培训指南》《乡村校园长工作坊研修指南》《乡村校园长培训团队研修指南》等一系列乡村校园长培训指南。这些指南着力提升乡村学校校长、教师两个最重要群体的专业化水平，进而为振兴乡村教育提供了人力资源保障。由上可见，在专业型教师取向阶段，在全面提升中小学教师群体专业化水平基础上，着力满足教师专业发展个性化需求，引领教师专业成长成为教师队伍建设和师资培训的重点。在全面提升教师队伍整体素质的基础上，全面提升乡村教师能力素质，促进乡村教师队伍专业发展成为教师队伍建设和师资培训的难点与发力点。"因此'全面提升乡村教师能力素质'成为相当长一段时间内中国教师教育的总体目标。"①为满足教师专业发展个性化需求，引领教师专业成长，中小学教师培训在内容、方式、方法等方面不断创新，针对不同类别、层次、岗位教师的需求，提供内容贴近教学实际、方式灵活多样、学习线上线下、可选择、有特色的教师培训服务，开创了中小学教师培训个性化、菜单式、开放式的新格局。为全面提升乡村教师能力素质，促进乡村教师专业发展，进一步加大了信息技术与学科教学培训的深度融合，有针对性地提高了乡村教师应用信息技术的能力。科学诊断培训需求，分层、分类、分科设计培训课程。优化课程结构，突出教师参与，实践性课程比例不少于 50%。大力推行混合式研修，遴选建设大量满足乡村教师需求和切合教育教学实际的精品

---

① 朱旭东：《我国教师队伍建设政策对教师教育提出哪些挑战？》，《中小学管理》2016年第 2 期。

案例资源和适用素材资源,增强培训的针对性和实效性。

四、高素质专业化创新型教师取向阶段(2018 年至今)

党的十九大站在新的历史方位,指出中国特色社会主义已经进入了新时代。在新时代,我国社会主要矛盾已经从"落后的社会生产力与人民群众日益增长的物质文化需要之间的矛盾"转化为"人民日益增长的美好生活需要和不平衡不充分的发展之间的矛盾"。这反映在教育领域的突出表现就是人民日益增长的对优质教育资源的需要和教育发展不平衡不充分之间的矛盾。教育发展不平衡问题最突出的表现是教育公平问题,是城乡之间、区域之间、学校之间、群体之间教育资源配置不均衡的问题;教育发展不充分问题最突出的表现是教育质量问题,是提供适合的教育促进学生全面而富有个性的发展不足。因此,党的二十大报告强调"坚持以人民为中心发展教育,加快建设高质量教育体系发展素质教育,促进教育公平"。教师是教育第一资源,是教育资源配置中最具活力的因素,人民对公平而有质量的教育的更加向往给教师队伍建设提出了新要求新挑战。建设一支怎样的教师队伍才能满足人民对公平而有质量的教育的追求,怎样才能建设这样一支教师队伍等就成为新时代教师队伍建设改革的时代命题。党中央、国务院 2018 年印发《新时代教师队伍建设改革的意见》,强调要"造就党和人民满意的高素质专业化创新型教师队伍",提出全面深化新时代教师队伍建设改革目标任务是:

> 经过 5 年左右努力,教师培养培训体系基本健全,职业发展通道比较畅通……教师队伍规模、结构、素质能力基本满足各级各类教育发展需要。到 2035 年,教师综合素质、专业化水平和创新能力大幅提升,培养造就数以百万计的骨干教师、数以十万计的卓越教师、数以万计的教育家型教师……教师主动适应信息化、人工智能等新技术变革,积极有效开展教育教学。尊师重教蔚然成风,广大教师在岗位上有幸福感、事业上有成就感、社会上有荣誉感,教师成为让人羡慕的职业。

《新时代教师队伍建设改革的意见》是中华人民共和国成立 70 多年来,首个以党中央、国务院名义印发的有关教师队伍建设的文件,开启了新时代教师队伍建设的新征程、新气象,标志着我国中小学教师队伍建设迈入高素质专业化创新型教师取向阶段。党的二十大报告强调要"建设全民终身学习的学习型社会、学习型大国"。学习型社会因其学习的便捷、开放等特点,在打破既往学习时空的限制,让学习时间更加机动、学习空间更加多样、学习内容更加丰富、学习方式更加灵活的同时,也让学习时间变得更加碎片,学习空间变得更加随性,学习内容变得更加零碎、学习方式变得更加娱乐。这样充满对立统一、辩证的学习状态,比以往任何时代都更加迫切需要学习者学习的研究性、选择性和创新性。只有通过研究性、选择性、创新性学习,才能提高自身的辨别力、选择力和创造力,在便捷、开放、复杂、多样的学习环境中保持一份睿智、定力与理性选择。"新时期需要教师的仁爱精神、科学精神、研究精神和学术精神。"①教师作为学生学习的激发者、引导者和示范者,首先要学会学习,学会研究性、选择性、创新性学习,成为自主学习、终身学习和自我完善创新发展的先行者、并行者和推行者。面对学习型社会带来的诸如信息量大、知识更新快、学生个性化需求多、创新驱动日益迫切、信息技术快速变革等诸多挑战,成长为高素质专业化创新型教师无疑是新时代教师应对学习型社会诸多挑战的一种理性选择。为贯彻落实《新时代教师队伍建设改革的意见》的决策部署,把建设一支高素质专业化创新型教师队伍的政策要求保障好落实好,教育部等五部门于2018年2月联合印发《教师教育振兴行动计划(2018—2022年)》②(以下简称"《2018教师教育振兴计划》")。《2018教师教育振兴计划》提出:

> 经过5年左右努力,办好一批高水平、有特色的教师教育院校和师范类专业,教师培养培训体系基本健全,为我国教师教育的长期可持续发展奠定坚实基础。师德教育显著加强,教师培养培训的内容方式不断优化,教师综合素质、专业化水平和创新能力显著提升,为发展更高质量更加公平的教育提供强有力的师资保障和人才支撑。

采取"师德养成教育全面推进行动""教师培养层次提升行动""乡村教师素质提高行动""师范生生源质量改善行动""'互联网+教师教育'创新行动""教师教育质量保障体系构建行动"等十大行动举措,为培养高素质专业化创新型教师队伍提供政策保障和行动遵循。《2018教师教育振兴计划》从中小

---

①　朱旭东:《新时期的教师精神》,《人民教育》2017年第17期。

②　《教师教育振兴行动计划(2018—2022年)》,2018年3月23日,见 http://www.moe.gov.cn/srcsite/A10/s7034/201803/t20180323_331063.html。

学教师的入口、培养与出口等教师教育全过程对教师培养质量进行把关,为建设高素质专业化创新型教师队伍奠定坚实的基础。从依法保障和提高教师的地位待遇入手,提升师范专业对优质生源的报考吸引力,吸引乐教适教善教的优秀学生就读师范专业,为高素质专业化创新型教师队伍建设遴选"优良种子"。通过创新教师教育模式,注重协同育人,建立教师教育师资共同体,基本形成开放、协同、联动的现代教师教育体系。提升培养规格层次,为义务教育学校培养更多接受过高质量教师教育的素质全面、业务见长的本科层次教师,为普通高中培养更多专业突出、底蕴深厚的研究生层次教师。注重教学基本功训练和实践教学,注重课程内容不断更新,注重信息技术应用能力,培养未来卓越教师。建立教师培养培训质量监测机制,构建教师教育质量保障体系。《2018教师教育振兴计划》主要立足于教师职前培养,把好未来教师的出口质量关。教师的专业发展是一个在职的持续不断成长的过程,是教师在职前教育培养的基础上,基于实际的教育工作生活环境选择性、个性化的自我发展过程,因此教师的职后培训和专业发展的支持服务体系非常重要。为此,《新时代教师队伍建设改革的意见》强调要:

> 开展中小学教师全员培训,促进教师终身学习和专业发展。转变培训方式,推动信息技术与教师培训的有机融合,实行线上线下相结合的混合式研修。改进培训内容,紧密结合教育教学一线实际,组织高质量培训,使教师静心钻研教学,切实提升教学水平。推行培训自主选学,实行培训学分管理,建立培训学分银行,搭建教师培训与学历教育衔接的"立交桥"。

可见,中国特色社会主义进入新时代,中国教育取得了历史性成就,学前教育普及普惠发展,义务教育优质均衡发展,高中阶段教育特色多样发展并基本普及,高等教育转向内涵式发展并即将跨过大众化教育阶段迈进普及化教育阶段。新的教育发展历史方位与新的发展征程,对教师的素质要求也更高更全面,高素质专业化创新型已成为中小学教师队伍建设政策的新取向。高素质不仅体现在师德修养高,还体现在生源质量高和培养规格层次高;专业化不仅体现在知识与能力专业化,还体现在教育理念与教育情怀的专业化;创新型不仅体现在具有创新精神与创新能力、创造性地解决教育实际问题,还体现在终身学习、自我创新发展完善上。至此,改革开放以来,我国中小学教师队伍建设政策在经由合格胜任型教师取向阶段,演进为素质型教师取向阶段,进而演进为专业型教师取向阶段,最后迈入高素质专业化创新型教师取向阶段。每一次政策取向演进,可以说是多种因素交织叠加的综合效应。既有宏观的外在的政治、经济、文化背景,也有微观的内在的教育、学校、学习变革;既有国际影响、借鉴,也有本土推进、创造;既有人为设计,也有实践逻辑。每一次的政策取向演进,都是经济社会发展与教育自身发展在教师身上的集中体现。这都进一步证明:教师是教育发展的第一资源,是教育资源中最活跃的因素,改变教师就找到了改变教育的支点。

第二节　改革开放以来乡村教师专业发展服务体系的政策演进与展望①

2015 年,国务院办公厅印发的《乡村教师支持计划(2015—2020 年)》首次提出要"建立乡村教师校长专业发展支持服务体系"。虽然在国家层面的文件中明确提出"建立乡村教师专业发展支持服务体系"是在 2015 年,但国家对乡村教师的专业发展一直高度重视,特别是改革开放以来,出台了一系列的政策法规、采取了有针对性的措施办法,支持引领乡村教师发展,不断建立起乡村教师专业发展的支持服务体系。

一、乡村教师专业发展服务体系的政策演进

关于乡村教师专业发展服务体系的理解维度,学界已有相关研究和不同看法②。这里在参考、借鉴已有研究成果基础上,从服务目标定位、服务内容、服务方式、服务供给机制四个维度来理解乡村教师专业发展的服务体系,并以服务目标定位为主要考虑,兼顾其他三个维度,以重要政策法规为依据,将改

---

　　① 本节内容主要来自本课题研究的阶段性成果。李宜江:《改革开放以来乡村教师专业发展支持服务体系政策演进与展望》,《教师发展研究》2020 年第 2 期。

　　② 代表性的研究成果有:庄玉昆、褚远辉:《乡村教师专业发展的支持体系建设》,《教育科学》2020 年第 1 期;刘文霞:《基于利益冲突视野的农村教师专业发展支持体系的建构研究》,《当代教育科学》2017 年第 1 期;尹绍清、杨朝省:《困境与消解:农村教师专业发展服务体系的构建》,《楚雄师范学院学报》2016 年第 5 期;薛国平:《基于教师专业成长的支持服务体系的建构策略》,《当代教师教育》2012 年第 2 期;王钟宝、朱振飞:《教师专业发展服务体系:新时期教师培训的格局》,《上海教育科研》2011 年第 4 期。

革开放以来,我国乡村教师专业发展服务体系的政策演进划分为三个阶段,即以服务乡村教师学历合格和能力胜任为主的阶段(1980—2002 年);以服务乡村教师学历提升和能力增强为主的阶段(2003—2014 年);以服务乡村教师专业发展和素质全面提升为主的阶段(2015 至今)。

(一)以服务乡村教师学历合格和能力胜任为主的阶段(1980—2002 年)

自 1980 年 8 月 22 日,教育部印发《关于进一步加强中小学在职教师培训工作的意见》[1](以下简称"《1980 教师培训工作意见》")至 2003 年 9 月《国务院关于进一步加强农村教育工作的决定》[2](以下简称"《2003 农村教育工作决定》")颁发之前,我国乡村教师专业发展支持服务体系的服务目标定位主要是服务乡村教师学历合格和能力胜任。这一阶段,基于中小学教师队伍学历整体不高、教育教学能力胜任力不强的实际,国家政策并没有专门地区分城乡教师身份,而是在整体上强调教师的学历合格和能够胜任教育教学工作。

1980 年,《1980 教师培训工作意见》指出:

> 据统计,全国现有中小学教师 845 万人。其中,初中教师 241 万人,文化水平达到大专毕业程度的有 25 万人,约占初中教师总数的 10%;小学教师 538 万人,文化水平达到高中、中师毕业程度的有 253 万人,约占小学教师总数的 47%。全国民办教师 453 万人,占中小学教师总数的 53.6%。上述情况表明,中小学教师队伍中,新教师多、民办教师多、文化水平没有达到规定标准的多。这是我国建国以来中小学师资质量最低的时期。[3]

1983 年,《教育部关于加强小学在职教师进修工作的意见》指出:"对于具有初步教学能力,但未达到中师毕业程度的教师,要组织他们系统学习中师课程,使他们基本达到中师毕业水平,胜任教学工作。"[4]1985 年,《中共中央关

---

① 《国家教育委员会印发〈关于进一步加强在职中小学教师培训工作的意见〉的通知》,1980 年 8 月 22 日,见 https://law.lawtime.cn/d568550573644.html。

② 《国务院关于进一步加强农村教育工作的决定》,2003 年 9 月 17 日,见 http://www.gov.cn/zhengce/content/2008-03/28/content_5747.htm。

③ 何东昌:《中华人民共和国重要教育文献(1976—1990)》,海南出版社 1998 年版,第1832 页。

④ 何东昌:《中华人民共和国重要教育文献(1976—1990)》,海南出版社 1998 年版,第2068 页。

于教育体制改革的决定》①(以下简称"《1985 教育体制改革决定》")指出："要争取在 5 年或者更长一点的时间内使绝大多数教师能够胜任教学工作。在此之后,只有具备合格学历或有考核合格证书的,才能担任教师。"1993 年颁布的《中华人民共和国教师法》第十一条规定:取得小学教师资格,应当具备中等师范学校毕业及其以上学历;取得初级中学教师资格,应当具备高等师范专科学校或者其他大学专科毕业及其以上学历。至此,义务教育阶段教师学历的合格标准有了明确的法律规定。由于历史欠账太多,中小学教师学历达标不是短期能够解决的,为此,1993 年党中央国务院印发的《中国教育改革和发展纲要》②(以下简称"《1993 教育纲要》")提出:"到本世纪末,通过师资补充和在职培训,绝大多数中小学教师要达到国家规定的合格学历标准,小学和初中教师中具有专科和本科学历者的比重逐年提高。"1996 年,原国家教委印发《全国教育事业"九五"计划和 2010 年发展规划》指出:"'九五'期间,要按照《教育法》和《教师法》规定的学历标准,努力提高小学和中学教师学历合格率。"

2000 年,全国小学专任教师中高中及以上毕业学历占比 96.86%(其中,大学专科及以上毕业学历占比 20.04%),高中以下毕业学历占比 3.14%。③初中专任教师中专科及以上学历占比 87.1%(其中,大学本科及以上学历占比 14.2%),专科以下学历占比 12.9%。④ 这说明,在全国范围内,96.86%的小学专任教师达到《中华人民共和国教师法》规定的中师及以上学历,87.1%的初中专任教师达到《教师法》规定的专科及以上学历。总体上看,义务教育阶段教师学历达标的问题已经基本解决,但是教师的整体学历还不高,仅有 20.04%的小学专任教师具有专科及以上学历,仅有 14.2%的初中专任教师具有本科及以上学历,义务教育阶段教师学历在达标的基础上面临提升的新压

---

① 《中共中央关于教育体制改革的决定》,1985 年 5 月 27 日,见 http://old.moe.gov.cn/publicfiles/business/htmlfiles/moe/moe_177/200407/2482.html。
② 《中国教育改革和发展纲要》,见 http://www.ynufe.edu.cn/pub/zhzyxy/ywgl/zywj/175475.html。
③ 数据来源:《2000 年小学专任教师学历情况》,2000 年 5 月 10 日,见 http://www.moe.gov.cn/s78/A03/moe_560/moe_566/moe_591/201002/t20100226_7920.html。
④ 数据来源:《2000 年普通中学分课程专任教师学历情况》,2000 年 5 月 10 日,见 http://www.moe.gov.cn/s78/A03/moe_560/moe_566/moe_591/201002/t20100226_7928.html。

力和新挑战。为此,2001 年《国务院关于基础教育改革与发展的决定》①(以下简称"《2001 基础教育改革决定》")指出:"有条件的地区要培养具有专科学历的小学教师和本科学历初中教师,逐步提高高中教师的学历。"

在以服务乡村教师学历合格和能力胜任为主的阶段,特别是在 2000 年之前,并没有特别区分乡村教师和城市教师,因为城乡中小学教师都面临学历达标和能力胜任的问题。所以,在这一阶段既没有明确的"教师专业发展支持服务体系"概念,更没有相对独立的乡村教师专业发展支持服务体系,而是包含在一般性的教师发展支持体系中。因此,本阶段乡村教师专业发展支持服务体系的服务内容、服务方式和服务供给机制等也不是独立的,也是包含在一般性的中小学教师发展支持体系之中。

在这一阶段,乡村教师专业发展支持服务体系的服务内容主要是学历提升和教育教学能力胜任。1986 年,《国家教委关于加强在职中小学教师培训工作的意见》(以下简称"《1986 教师培训工作意见》")指出:"在今后五年或者更长一点时间内,师资培训工作的重点,是通过认真的培训,使现有不具备合格学历或不胜任教学的教师,绝大多数能够胜任教学工作,并取得考核合格证书或合格学历。"②《1993 纲要》提出"使绝大多数中小学教师更好地胜任教育教学工作"。在这一阶段,乡村教师专业发展支持服务体系的服务方式主要是培养和培训。

"对于学历合格问题一是通过发展和加强师范教育培养一大批合格学历的中小学教师。二是通过发展和支持函授教育、电大教育、夜大学、进修学院等成人教育形式,促使一批在职教师通过学历进修与提升从而实现学历达标。对于能力胜任问题,主要是通过加强教师培训,使其能够掌握基本的教育教学原理与规范,能够胜任中小学教育教学工作,基本满足'普九'需要。"③所以,《1985 教育体制改革决定》提出要"把发展师范教育和培训在职教师作为发展

---

① 《国务院关于基础教育改革与发展的决定》,见 http://www.moe.gov.cn/jyb_xxgk/gk_gb-gg/moe_0/moe_7/moe_16/tnull_132.html。

② 何东昌:《中华人民共和国重要教育文献(1976—1990)》,海南出版社 1998 年版,第 2372 页。

③ 李宜江:《改革开放以来我国中小学教师队伍建设的政策取向分析》,《教师发展研究》2018 年第 3 期。

教育事业的战略措施"。1999 年《中小学教师继续教育规定》指出:"参加继续教育是中小学教师的权利和义务","中小学教师继续教育原则上每五年为一个培训周期"。《2001 基础教育改革决定》提出"健全教师培训制度","加强中青年教师的培训工作"。在这一阶段,乡村教师专业发展支持服务体系的服务供给机制主要是政府主导提供。在中小学教师学历教育,非学历教育的培训项目、主题、内容、方式等往往是教育行政主管部门通过指令性计划下达,学校和教师少有选择权利。

(二)以服务乡村教师学历提升和能力增强为主的阶段(2003—2014 年)

自 2003 年《2003 农村教育工作决定》印发至 2015 年《2015 乡村教师支持计划》颁发之前,我国乡村教师专业发展支持服务体系的服务目标定位主要是服务乡村教师学历提升和能力增强。据统计,2003 年,我国小学专任教师 5702750 人,其中,高中及以上学历教师 5580184 人,占比 97.85%,专科及以上学历教师 2310977 人,占比 40.52%。① 我国初中专任教师 3466735 人,其中,专科及以上学历教师 3190834 人,占比 92.04%,本科及以上学历教师826019 人,占比 23.83%。② 因此,在这一阶段,提升在职中小学教师,特别是乡村教师的学历,逐步提高小学教师中专科学历比重、初中教师中本科学历比重成为本阶段支持服务的主要目标之一。同时,为了更好地推进素质教育,推进新课程改革,适应教育改革发展的新要求、新挑战,提升乡村教师实施素质教育的能力,贯彻落实新课程改革理念、实施新课程的能力成为本阶段支持服务的另一主要目标。

《2003 农村教育工作决定》强调要"明确农村教育在全面建设小康社会中的重要地位,把农村教育作为教育工作的重中之重","加快推进农村中小学人事制度改革,大力提高教师队伍素质","拓宽教师来源渠道,逐步提高新聘教师的学历层次"。2004 年,《2003—2007 年教育振兴行动计划》③(以下简称"《2004 教育振兴计划》")指出:"重点推进农村教育发展与改革","加快推

---

① 数据来源:《2003 年小学专任教师学历情况》,2003 年 5 月 10 日,见 http://www.moe.gov.cn/s78/A03/moe_560/moe_564/moe_595/201002/t20100226_9343.html。

② 数据来源:《2003 年普通初中分课程专任教师学历情况》,2003 年 5 月 10 日,见 http://www.moe.gov.cn/s78/A03/moe_560/moe_564/moe_595/201002/t20100226_2699.html。

③ 《国务院批转教育部 2003—2007 年教育振兴行动计划的通知》,2004 年 3 月 3 日,见 http://www.gov.cn/gongbao/content/2004/content_62725.htm。

进农村中小学教师队伍建设","加强农村教师和校长的教育培训工作"。2007 年,《国务院批转教育部国家教育事业发展"十一五"规划纲要的通知》①指出:"切实加强教师队伍建设,全面提高教师队伍素质","强化教师培训,提高师资特别是农村师资水平","加强教师培训,进一步提高教师专业水平和学历水平"。2007 年 10 月,党的十七大报告提出:"加强教师队伍建设,重点提高农村教师素质。"②这是中华人民共和国成立以来,在党代会的报告中首次专门提及"提高农村教师素质"。2010 年,《国家中长期教育改革和发展规划纲要(2010—2020 年)》③(以下简称《2010 教育规划纲要》)指出:"以农村教师为重点,提高中小学教师队伍整体素质","国家制定教师资格标准,提高教师任职学历标准和品行要求","对专科学历以下小学教师进行学历提高教育,使全国小学教师学历逐步达到专科以上水平"。2011 年,《教育部关于大力加强中小学教师培训工作的意见》④(以下简称"《2011 教师培训工作意见》")指出:"以中青年教师为重点,努力提升教师学历水平……到 2012 年,小学教师学历逐步达到专科以上水平,初中教师基本具备大学本科以上学历。"2012 年 8 月,《国务院关于加强教师队伍建设的意见》⑤(以下简称"《2012 教师队伍建设意见》")指出:"修订《教师资格条例》,提高教师任职学历标准、品行和教育教学能力要求。"2012 年 9 月,教育部等联合印发《关于大力推进农村义务教育教师队伍建设的意见》⑥(以下简称"《2012 农村教师队伍建设意见》")指出:"各地要把农村义务教育教师队伍建设作为一项重大而紧迫的战略任务,摆在重中之重的战略地位。"这是改革开放以来,国家层面

①　《国务院批转教育部国家教育事业发展"十一五"规划纲要的通知》,2007 年 5 月 18 日,见 http://www.gov.cn/gongbao/content/2007/content_660411.htm。

②　《胡锦涛在中国共产党第十七次全国代表大会上的报告》,2007 年 10 月 15 日,见 http://cpc.people.com.cn/GB/64162/64168/106155/106156/6430009.html。

③　《国家中长期教育改革和发展规划纲要(2010—2020 年)》,2010 年 7 月 29 日,见 http://www.moe.gov.cn/jyb_xwfb/s6052/moe_838/201008/t20100802_93704.html。

④　《教育部关于大力加强中小学教师培训工作的意见》,2011 年 1 月 4 日,见 http://www.moe.gov.cn/srcsite/A10/s7034/201101/t20110104_146073.html。

⑤　《国务院关于加强教师队伍建设的意见》,2012 年 8 月 20 日,见 http://old.moe.gov.cn//publicfiles/business/htmlfiles/moe/moe_1778/201209/141772.html。

⑥　《教育部　中央编办　国家发展改革委　财政部　人力资源社会保障部关于大力推进农村义务教育教师队伍建设的意见》,2012 年 11 月 8 日,见 http://www.moe.gov.cn/srcsite/A10/s3735/201211/t20121108_145538.html。

出台的首个专门加强农村义务教育教师队伍建设的规范性文件。

在这一阶段,乡村教师专业发展支持服务体系的服务内容主要是以学历提升和以师德、业务能力为核心的素质的提升,其中,业务能力主要是指实施素质教育和落实新课程改革的教育教学能力。所以,《2003 农村教育工作决定》指出:"加强农村教师和校长的教育培训工作……开展以新课程、新知识、新技术、新方法为重点的新一轮教师全员培训和继续教育。"《2004 教育振兴计划》指出:"组织实施以新理念、新课程、新技术和师德教育为重点的新一轮教师全员培训。"《2012 农村教师队伍建设意见》提出,到 2020 年"造就一支师德高尚、数量充足、配置均衡、城乡一体、结构合理、乐教善教、稳定而充满活力的高素质农村教师队伍"。在这一阶段,乡村教师专业发展支持服务体系的服务方式主要是以各级各类培训为主的非学历教育与实施专科及以上层次的学历教育协调发展。《2003 农村教育工作决定》提出"加强农村教师和校长的教育培训工作"。《2011 教师培训工作意见》强调"以农村教师为重点,有计划地组织实施中小学教师全员培训","采取集中培训、置换脱产研修、远程培训、送教上门、校本研修、组织名师讲学团和海外研修等多种有效途径进行教师培训",提出"探索建立教师非学历培训与学历教育课程衔接、学分互认的机制"。在这一阶段,乡村教师专业支持服务体系的服务供给机制主要是政府主导并开始引入市场竞争机制。

(三)以服务乡村教师专业发展和素质全面提升为主的阶段(2015 年至今)

自《2015 乡村教师支持计划》印发至今,我国乡村教师专业发展支持服务体系的服务目标定位主要是服务于乡村教师专业发展和素质全面提升。

《2015 乡村教师支持计划》指出,"乡村教师队伍面貌发生了巨大变化,乡村教育质量得到了显著提高,广大乡村教师为中国乡村教育发展作出了历史性的贡献。但受城乡发展不平衡、交通地理条件不便、学校办学条件欠账多等因素影响,当前乡村教师队伍仍面临职业吸引力不强、补充渠道不畅、优质资源配置不足、结构不尽合理、整体素质不高等突出问题,制约了乡村教育持续健康发展"。要"全面提高乡村教师思想政治素质和师德水平","全面提升乡村教师能力素质",到 2020 年,"努力造就一支素质优良、甘于奉献、扎根乡村的教师队伍,为基本实现教育现代化提供坚强有力的师资保障"。2016 年,《国务院关于统筹推进县域内城乡义务教育一体化改革发展的若干意见》提出要"全面提高乡村教师运用信息技术能力"。2018 年,《中共中央国务院关于全面深化新时代教师队伍建设改革的意见》①(以下简称"《2018 新时代教师意见》")指出"造就党和人民满意的高素质专业化创新型教师队伍",要"全面提高中小学教师质量,建设一支高素质专业化的教师队伍"。经过 5 年左右努力,"教师队伍规模、结构、素质能力基本满足各级各类教育发展需要","深入实施乡村教师支持计划……优化乡村青年教师发展环境,加快乡村青年教师成长步伐"。为贯彻落实《2018 新时代教师意见》,教育部等五部门联合印发《2018 教师教育振兴计划》。该文件提出"全面提升教师素质能力",经过 5 年左右努力,"教师综合素质、专业化水平和创新能力显著提升",实施"乡村教师素质提高行动","为乡村学校培养'下得去、留得住、教得好、有发展'的合格教师","为义务教育学校培养更多接受过高质量教师教育的素质全面、业务见长的本科层次教师"。2019 年,《中共中央国务院关于深化教育教学改革全面提高义务教育质量的意见》②(以下简称"《2019 义务教育质量意见》")指出:"按照'四有好老师'标准,建设高素质专业化教师队伍。""进一步实施好'国培计划',增加农村教师培训机会,加强紧缺学科教师培训。实施乡村优秀青年教师培养奖励计划。"

在这一阶段,乡村教师专业发展支持服务体系的服务内容主要是以师德为首的专业发展和以适应新时代教育改革发展要求的业务能力为核心的综合素质的全面提升。《2015 乡村教师支持计划》指出:"将师德教育作为乡村教师培训的首要内容。"《2018 新时代教师意见》指出:"改进培训内容,紧密结合教育教学一线实际,组织高质量培训,使教师静心钻研教学,切实提升教学水平。"《2018 教师教育振兴计划》指出:"建立健全乡村教师成长发展的支持服务体系,高质量开展乡村教师全员培训,培训的针对性和实效性不断提高","培训内容针对教育教学实际需要,注重新课标新教材和教育观念、教学方法培训"。《2019 义务教育质量意见》指出:"大力提高教育教学能力。突出新课程、新教材、新方法、新技术培训,强化师德教育和教学基本功训练,不

① 《中共中央国务院关于全面深化新时代教师队伍建设改革的意见》,2018 年 1 月 31 日,见 http://www.gov.cn/zhengce/2018-01/31/content_5262659.htm。
② 《中共中央国务院关于深化教育教学改革全面提高义务教育质量的意见》,见 http://www.moe.gov.cn/jyb_xxgk/moe_1777/moe_1778/201907/t20190708_389416.html。

断提高教师育德、课堂教学、作业与考试命题设计、实验操作和家庭教育指导等能力。"在这一阶段,乡村教师专业发展支持服务体系的服务方式主要是全员培训与分层培训相结合。《2015 乡村教师支持计划》指出:按照乡村教师的实际需求改进培训方式,采取顶岗置换、网络研修、送教下乡、专家指导、校本研修等多种形式,增强培训的针对性和实效性。《2018 新时代教师意见》指出:"开展中小学教师全员培训……实行线上线下相结合的混合式研修。"《2019 义务教育质量意见》强调"实施全员轮训"。在这一阶段,乡村教师专业发展支持服务体系的服务供给机制主要是把乡村教师培训纳入基本公共服务体系,强化省级人民政府统筹规划和市、县级人民政府的实施主体责任。《2015 乡村教师支持计划》指出:要把乡村教师培训纳入基本公共服务体系,保障经费投入,确保乡村教师培训时间和质量。省级人民政府要统筹规划和支持全员培训,市、县级人民政府要切实履行实施主体责任。整合高等学校、县级教师发展中心和中小学校优质资源,建立乡村教师校长专业发展支持服务体系。《2018 教师教育振兴计划》指出:"建立健全乡村教师成长发展的支持服务体系,高质量开展乡村教师全员培训,培训的针对性和实效性不断提高。"

二、乡村教师专业发展服务体系政策演进的动力

(一)乡村战略地位不断提升是政策演进的根本动力

进入 21 世纪以来,随着全面建设小康社会奋斗目标的提出,乡村作为社会主义现代化建设的薄弱环节和发展短板,日益受到党中央、国务院的高度关注。2002 年,党的十六大报告指出:"统筹城乡经济社会发展,建设现代农业,发展农村经济,增加农民收入,是全面建设小康社会的重大任务。""统筹城乡经济社会发展"首次写进了党代会的报告,表明了党中央着力破除城乡二元结构的决心。党的十六大以来,农业、农村和农民问题(常简称"三农"问题)开始成为党中央关注的头等大事,自 2004 年以来,每年中央一号文件都是以解决"三农"问题为主旨,迄今已经连续印发 17 年了。2007 年,党的十七大报告指出:"统筹城乡发展,推进社会主义新农村建设。解决好农业、农村、农民问题,事关全面建设小康社会大局,必须始终作为全党工作的重中之重。"2012 年,党的十八大报告指出"推动城乡发展一体化"。2017 年,党的十九大报告指出:"实施乡村振兴战略。农业农村农民问题是关系国计民生的根本性问题,必须始终把解决好'三农'问题作为全党工作重中之重。"

改革开放以来我国经济社会发展经历了较长时期的城乡二元结构,到 2002 年党的十六大报告提出"统筹城乡经济社会发展",2007 年党的十七大报告提出"统筹城乡发展",再到 2012 年党的十八大报告提出"推动城乡发展一体化",最后到 2017 年党的十九大报告提出"实施乡村振兴战略",不断提升和凸显了乡村在社会主义现代化建设中的战略地位,不断深刻地认识到农业、农村、农民问题是关系国计民生的根本性问题。党中央、国务院关于乡村战略地位确立和落实的一系列政策,构成了乡村教师专业发展支持服务体系政策演进的根本动力,根本上推动了乡村教师专业发展支持服务体系从不独立到独立、健全,从弱化支持到优先保障支持、精准支持,从单一支持到全社会、全方位支持的发展与完善。

(二)乡村教育与城市教育发展不平衡是政策演进的基础动力

早在 1982 年党的十二大报告中就指出:全国要在 1990 年以前以多种形式基本实现初等教育的普及。这个任务对全国广大农村是比较艰巨的,然而为了农业和农村的发展,又是必须完成的。各级学校教师,特别是全国农村的小学教师,他们的工作十分艰苦,又十分崇高。2001 年,《2001 基础教育改革决定》指出:"我国基础教育总体水平还不高,发展不平衡","农村义务教育量大面广、基础薄弱、任务重、难度大,是实施义务教育的重点和难点"。为此,要"切实重视和加强农村义务教育","推进农村义务教育持续健康发展"。2003 年,《2003 农村教育工作决定》指出:"我国农村教育整体薄弱的状况还没有得到根本扭转,城乡教育差距还有扩大的趋势,教育为农村经济社会发展服务的能力亟待加强。"为此,要"明确农村教育在全面建设小康社会中的重要地位,把农村教育作为教育工作的重中之重"。2010 年,《2010 教育规划纲要》指出"面对前所未有的机遇和挑战,必须清醒认识到,城乡、区域教育发展不平衡",为此,要"加快缩小城乡差距。建立城乡一体化义务教育发展机制,在财政拨款、学校建设、教师配置等方面向农村倾斜。率先在县(区)域内实现城乡均衡发展,逐步在更大范围内推进"。2012 年,《2012 农村教师队伍建设意见》提出:"加快农村义务教育教师队伍建设,建立城乡一体化义务教育发展机制,从根本上解决农村教育发展的突出问题,促进教育公平。"2015 年,《2015 乡村教师支持计划》指出:"当前乡村教师队伍仍面临职业吸引力不强、补充渠道不畅、优质资源配置不足、结构不尽合理、整体素质不高等突出问题，制约了乡村教育持续健康发展。"为此，"必须把乡村教师队伍建设摆在优先发展的战略地位"，"实施乡村教师支持计划，解决当前乡村教师队伍建设领域存在的突出问题，吸引优秀人才到乡村学校任教，稳定乡村教师队伍，促进教育公平、推动城乡一体化建设、推进社会主义新农村建设"。2016 年，《国务院关于统筹推进县域内城乡义务教育一体化改革发展的若干意见》指出："在许多地方，城乡二元结构矛盾仍然突出，乡村优质教育资源紧缺，教育质量亟待提高。"为此，要"统筹推进县域内城乡义务教育一体化改革发展"，"统筹城乡教育资源配置，向乡村和城乡结合部倾斜，大力提高乡村教育质量"。强调要"把统筹推进县域内城乡义务教育一体化改革发展作为地方各级政府政绩考核的重要内容"。

（三）乡村教师专业发展需求是政策演进的直接动力

2002 年之前，乡村教师专业发展的基本需求主要是合格的学历和合格的岗位胜任力。1986 年，《1986 教师培训工作意见》指出："当前，教师数量不足，队伍不稳定，尤其是教师的业务文化水平比较低，已成为实施九年制义务教育和提高基础教育水平的突出矛盾。我国基础教育师资队伍的这种状况必须迅速加以改变。"[1]1993 年，《1993 教育规划纲要》指出，"中小学要由'应试教育'转向全面提高国民素质的轨道"，"教育的改革和发展对教师提出了新的更高的要求"。为此，"要制定教师培训计划，促进教师特别是中青年教师不断进修提高，使绝大多数中小学教师更好地胜任教育教学工作"。1999 年，《中共中央国务院关于深化教育改革，全面推进素质教育的决定》[2]指出："把提高教师实施素质教育的能力和水平作为师资培养、培训的重点。"《2001 基础教育改革决定》指出："建设一支高素质的教师队伍是扎实推进素质教育的关键"，要"制订适应中小学实施素质教育需要的师资培养规格与课程计划"。

2002 年以后，随着新课程改革的逐步推广实施，乡村教师专业发展的基

---

① 何东昌：《中华人民共和国重要教育文献（1976—1990）》，海南出版社 1998 年版，第 2372 页。

② 《中共中央国务院关于深化教育改革，全面推进素质教育的决定》，1999 年 6 月 13 日，见 http://old.moe.gov.cn/publicfiles/business/htmlfiles/moe/moe_177/200407/2478.html。

本需求主要是实施新课程、推进素质教育的能力。2004 年,《2004 教育振兴计划》指出:"深化基础教育课程改革","基础教育课程改革是全面实施素质教育的核心环节","组织实施以新理念、新课程、新技术和师德教育为重点的新一轮教师全员培训"。2004 年,《教育部关于进一步加强基础教育新课程师资培训工作的指导意见》指出:"各级教育行政部门必须进一步提高对新课程师资培训工作重要性和紧迫性的认识,将开展新课程师资培训作为当前和今后一个时期中小学教师继续教育的主要任务切实抓紧抓好。"2011 年,《2011教师培训工作意见》指出,新时期中小学教师培训的总体要求是:以提高教师师德素养和业务水平为核心,以提升培训质量为主线,以农村教师为重点,开展中小学教师全员培训,全面提高教师素质。

2012 年以来,乡村教师专业发展的基本需求是实现自身专业发展的健康可持续。2013 年,《教育部关于深化中小学教师培训模式改革全面提升培训质量的指导意见》指出:"中小学教师培训要以实施好基础教育新课程为主要内容,以满足教师专业发展个性化需求为工作目标,引领教师专业成长。"《2018 教师教育振兴计划》指出:"培训内容针对教育教学实际需要,注重新课标新教材和教育观念、教学方法培训,赋予乡村教师更多选择权,提升乡村教师培训实效。"

三、乡村教师专业发展支持服务体系政策展望

(一)在服务目标定位上,更加重视服务乡村教师的终身学习和自主发展

乡村教师专业发展支持服务体系的服务目标定位,在经历了服务乡村教师学历合格和能力胜任、学历提升和能力增强之后,当前以服务乡村教师专业发展和能力全面提升为主,今后一段时期内,将会更加重视服务乡村教师的终身学习和自主发展。《2018 新时代教师队伍建设意见》提出要"开展中小学教师全员培训,促进教师终身学习和专业发展……推行培训自主选学"。《中国教育现代化 2035》指出:"夯实教师专业发展体系,推动教师终身学习和专业自主发展。"教师是最需要终身学习的职业之一,这不仅是知识本身发展的要求,更是教师的教育对象——学生的发展性、复杂性、独特性所致。在当前乡村教师物质待遇还不够高的情况下,激发乡村教师内在自主发展的意愿,在教书育人中收获自身专业的发展和精神世界的丰富,也是乡村教师职业幸福感、获得感的另一种体现。

（二）在服务内容上，更加重视乡村教师的教育情怀和身份认同

据统计，2018 年，我国小学专任教师中具有专科及以上学历5878227 人，占比 96.5%；具有本科及以上学历 3599470 人，占比 59.1%。① 初中专任教师中具有本科及以上学历 3137592 人，占比 86.2%。② 可见，当前义务教育阶段专任教师的学历问题已经不再是突出的问题。同时，通过"国培计划"、全员培训、校本研修等一系列的培训，乡村教师的教育教学能力也得到了极大的提升。因此，稳定乡村教师队伍，增强乡村教师的职业吸引力，激励乡村教师扎根乡村，热爱乡村教育事业，留得住、教得好、有发展，激发乡村教师的教育情怀，提高乡村教师的身份认同，是当前及今后一段时期乡村教师专业发展支持服务体系的重要服务内容。《2018 新时代教师队伍建设意见》指出，要"大力提升乡村教师待遇。深入实施乡村教师支持计划，关心乡村教师生活……拿出务实举措，帮助乡村青年教师解决困难，关心乡村青年教师工作生活，巩固乡村青年教师队伍"。到 2035 年，"尊师重教蔚然成风，广大教师在岗位上有幸福感、事业上有成就感、社会上有荣誉感，教师成为让人羡慕的职业"。这些都表明，乡村教师专业发展支持服务体系在服务内容上将围绕教师的教育情怀和身份认同来提供支持服务。

（三）在服务方式上，更加重视乡村教师培训的常态化和个性化

乡村教师的专业发展是教师在职期间持续不断成长的过程，是一个不断学习、不断实践、日积月累的过程。因此，乡村教师专业发展支持服务体系的服务方式将会越来越重视培训的常态化和个性化，特别是在培训的个性化方面，结合教育改革发展趋势和乡村教育实际，提供给乡村教师适合的培训服务，满足其专业发展个性化需求。《2018 教师教育振兴计划》指出，要"高质量开展乡村教师全员培训，培训的针对性和实效性不断提高……发挥'国培计划'示范引领作用，加强教师培训需求诊断"。2019 年，教育部办公厅、财政部办公厅《关于做好 2019 年中小学幼儿园教师国家级培训计划组织实施工作的通知》指出："各省（区、市）要加强分层分类施训，准确把握教师专业成长的关

---

① 数据来源：《小学分课程专任教师学历情况》，2019 年 8 月 9 日，见 http://www.moe.gov.cn/s78/A03/moe_560/jytjsj_2018/qg/201908/t20190812_394196.html。

② 数据来源：《初中分课程专任教师学历情况》，2019 年 8 月 10 日，见 http://www.moe.gov.cn/s78/A03/moe_560/jytjsj_2018/qg/201908/t20190812_394259.html。

键阶段,通盘设计新教师入职培训、青年教师提升培训、骨干教师研修和卓越教师领航等,提升教师各阶段核心素养和关键能力。"这些都表明,乡村教师专业发展支持服务体系在服务方式上将越来越重视因材施训。

(四)在服务供给机制上,更加重视乡村教师培训服务供给优质化

《2015乡村教师支持计划》提出"要把乡村教师培训纳入基本公共服务体系"。现代政府职能转型的核心是强化社会管理和公共服务,提高基本公共服务能力是建设公共服务型政府的重要内容。根据《2015乡村教师支持计划》的要求,省级人民政府要负责乡村教师培训的统筹规划,市、县级人民政府要切实履行实施乡村教师培训的主体责任。乡村教师培训主要是县级人民政府履行主体责任。为此,县级人民政府需要不断增强公共服务意识,建立健全乡村教师专业发展支持服务供给制度安排与设计,提高政府提供基本公共服务的效率与效果。从供给侧结构性改革的视角来看,我国当前乡村教师培训的供给体系与需求侧还存在着不相适应的情形。一方面,有针对性和实效性的优质培训资源供给不足;另一方面,一些不能切合乡村教师发展需求的中低层次的培训又存在着一定程度的重复和资源浪费现象。因此,在今后一段时期,县级人民政府要减少无效和低端的乡村教师培训供给,扩大有效和中高端培训供给,增强培训供给结构对乡村教师需求变化的适应性和灵活性,增加优质培训资源供给,通过购买服务等方式提供多样化、高品质的乡村教师培训服务,让每一位乡村教师都能获得优质的培训服务。

乡村教师专业发展支持服务体系虽是一个较新的概念,但是各级政府致力于构建促进乡村教师专业发展的一系列制度保障和政策实践始终没有停止,并随着经济社会发展要求和教育改革发展需要不断完善。梳理乡村教师专业发展支持服务体系政策的演进,不仅可以更加清晰地看清曾经走过的路,也可以给进一步完善乡村教师专业发展支持服务体系提供借鉴。

第三章　乡村教师专业发展服务体系的现状分析

第一节　乡村教师专业发展服务体系的现状调查

从乡村小学教师专业发展支持服务体系的目标定位、类型、内容、途径与方法四个维度设计调查问卷、编制访谈提纲,对 A 省 Q 县乡村小学教师专业发展支持服务体系的现状展开调研,分析 Q 县乡村小学教师专业发展支持服务体系存在的主要问题,剖析原因并提出相应的对策建议。Q 县位于 A 省南部,现有小学(包括教学点)57 所,其中乡村小学(包括教学点)53 所,占全县小学总数的 93%。本研究以 A 省 Q 县为例,采取问卷调查和访谈的形式开展调查、搜集数据。采用现场发放和网络发放两种方式,对 Q 县 20 所乡村小学的 110 名教师发放问卷,回收 108 份,有效问卷 104 份,有效率为 94.5%。编制访谈提纲,选择了 10 位乡村小学教师进行个别访谈。[①]

一、Q 县乡村小学教师基本情况分析

紧紧围绕安徽省 Q 县乡村小学教师专业发展,我们对 Q 县乡村小学教师基本情况做了如下调研统计:

1. 教师性别比例

Q 县乡村小学教师性别比例为:女教师占 72.12%,男教师仅为 27.88%。据了解 Q 县各乡村小学女教师人数明显超过男教师,且存在男教师数量为零的情况,男女教师比例失衡。

2. 教师年龄情况

Q 县乡村小学教师的年龄结构相对比较合理,30 周岁及以下的教师占30.77%,31 周岁至 40 周岁的教师占 29.81%,41 周岁至 50 周岁的教师占

---

①　本节与第二节主体内容之前已经发表,本书选用时略有改动。详见李宜江、吴双:《乡村小学教师专业发展支持服务体系的现状、问题及对策——基于安徽省 Q 县的调查分析》,《当代教育与文化》2020 年第 5 期。

21.15%,51 周岁以上的教师占 18.27%。其中 30 周岁及以下的教师所占比重最多,40 周岁以下教师超过 60%,51 周岁以上教师比重不超过 20%,说明 Q 县乡村小学教师队伍相对比较年轻。

3. 教师教龄情况

Q 县乡村小学教师教龄情况为,工作 11 年到 20 年的属于成熟型教师,占总数的 59.62%,接近 60%;工作 5 年及以下的属于新手教师,占总数的 27.88%;工作 6 年到 10 年的属于成长型,占总数的 8.65%;工作 20 年以上的属于老教师占总数 3.85%。可见,Q 县乡村小学教师教龄差距比较明显,5 年到 10 年过渡时期教师流失量大。

4. 教师职称情况

Q 县乡村小学教师高级职称教师占总数的 7.69%,中级职称教师占总数的 51.92%,初级职称的占总数的 22.12%,无职称的占总数的 18.27%,由数据可见,一半的教师处于中级职称状态。

5. 教师学历情况

Q 县乡村小学教师普遍学历偏低,硕士及以上教师为 0,本科学历教师占总数的 37.5%,大专学历教师占总数的 59.62%,另外还有 2.88%的教师为中专学历。据调查了解,Q 县乡村教师学历准入门槛较低,近几年才开始要求学历为本科及以上,学校大部分教师是专科出身。少数本科学历也非全日制本科,多数是在职非全日制学历教育取得的。代课教师的学历水平更是参差不齐,多数代课教师只是由于学校缺教师而临时雇佣。

6. 教师最关心的问题

Q 县乡村小学教师最关心的问题是职称的晋升,占总数的 39.42%;其次是自身教学能力,占总数的 35.58%;再次是学生的成绩,占总数的 19.23%;最后是工作的稳定,占总数的 5.77%。

二、乡村教师专业发展服务体系的目标定位

(一)保障教师合法权利

根据《中华人民共和国教师法》,教师享有如下权利:教育教学权、科学研究权、管理学生权、获取报酬权、民主管理权和培训进修权。Q 县建立乡村小学教师专业发展支持服务体系,就是要保障乡村小学教师合法权利,使乡村小学教师依法享有法定权利。

（二）提升教师教育教学能力

Q县乡村小学在编教师学历整体偏低,本科学历占比37.5%,大专学历占比59.62%,仍有2.88%的教师为中专学历,无硕士及以上学历教师。2016年前后才开始对新入职的教师要求本科及以上学历,现有本科学历的教师多数通过非全日制学习方式在职获得。仍有一定数量的代课教师,因学校缺教师而临时聘用。因此,Q县乡村小学教师支持服务体系建立的主要目标定位就是,着力提升教师的教育教学能力,促使乡村小学教师能够胜任教育教学工作。

（三）提高乡村学校办学质量

Q县通过建立乡村小学教师专业发展支持服务体系,提升乡村小学教师的教育教学能力,最终在于提高乡村小学办学质量,稳住乡村小学的生源,甚至希望通过乡村小学办学质量的提升来实现生源"回流",真正实现城乡义务教育一体化发展。

三、乡村教师专业发展服务体系的类型

Q县乡村小学教师专业发展支持服务体系包括学历教育和非学历教育两大类,非学历教育包括"国培计划""省培计划"、教育局组织的各级各类培训和以学校为单位开展的校本研修等。

（一）学历教育

针对Q县乡村小学教师整体学历水平不高的现状,县教育局采取措施积极鼓励教师通过自考、成人高考、网络远程教育等学历教育形式提升学历。但是由于专科及以下学历的教师年龄多数在40周岁以上,他们提升学历的愿望不强烈、压力也不大,所以,学历教育并不是Q县乡村小学教师专业发展支持服务体系的主要类型。

（二）非学历教育

1."国培计划"

"国培计划"即中小学教师国家级培训计划,包括"中小学教师示范性培训项目"和"中西部农村骨干教师培训项目"两项内容。"国培计划"自2010年开始全面实施,旨在重点支持中西部农村教师培训,显著提高农村教师队伍素质,促进教育公平。[①] Q县为响应"国培计划"要求,提升乡村小学教师教育

---

① 李宜江:《"国培计划"实施需要协调好六种关系》,《当代教育论坛》2016年第3期。

教学水平,每年会根据相关要求选派一些教师参加"国培计划"培训项目。

2. "省培计划"

"省培计划"是配合"国培计划"以提高教师队伍素质为目的的省级教师培训计划。由各省自主安排学习培训内容,与"国培计划"相比,"省培计划"具有一定的灵活性,教师的参与面更广。Q县"省培计划"主要以网络培训课程为主,所有在编教师根据自身发展需要选择相应课程,利用寒暑假及其他空余时间观看教学视频,参与教学社区讨论,学满一定学时并提交该课程教师布置的相关作业,成绩满60分即为合格。在编教师教师资格证每五年审核一次,其中一项要求就是:最低要求学满360个培训学时或等量学分。

3. 教育局组织的各级各类培训

Q县教育局根据"国培计划""省培计划"总体安排和要求,统筹县域教师培训工作,开展新教师培训、岗前培训、在职培训、骨干教师培训等一系列培训项目。

4. 以学校为单位开展的校本研修

Q县乡村小学所占比重大,各小学(教学点)相对比较分散,为了更好地发展乡村小学教育,乡村相邻学校间成立"兄弟校",组织教学研讨活动。另外,将乡村小学与城区小学联合,建立"帮扶校",适时组织城区小学教师去乡村教学,鼓励青年教师下乡支教,同时邀请乡村小学教师到城区小学参与观摩课或教研活动。此外,每学期都会举办县级教育教学技能大赛、素养大赛等,择优推荐参加市、省级比赛,激励小学教师提升教育教学能力。在小学校内,强调全员参与校本培训,各小学能根据校情组织形式多样观摩课、示范课、教研课等。

四、乡村教师专业发展服务体系的内容

据调研所得资料看,为了促进义务教育均衡发展,落实《2015乡村教师支持计划》和上级有关文件精神,Q县制定了相应的小学教师专业发展支持服务内容,包括师德师风、教育教学能力、教育科研能力和学生管理能力。

(一)师德师风

Q县制定了加强教师职业道德的培训,新入职的教师必须参加职业道德培训,撰写学习心得并参加培训考试。一部分小学根据教师整个学期整体表现选出"师德标兵",三年内不得重复;还有一部分小学每月会评选出"感动校园园丁教师",并在晨会上宣讲该教师的典型事迹,激励其他教师,以此来强化师德师风。

（二）教育教学能力

考虑到本县乡村教师整体学历水平偏低,有一部分教师从非师范院校毕业,故 Q 县加强了专业知识、专业能力、专业理念培训,其中包括集中培训和自主学习。首先,区片乡村小学联合打造特色学校,将开展校内外活动和班级管理相结合,促进学校管理,狠抓教学教研。通过校内师徒结对,提升青年教师素养,开展多校青年教师教学大赛,邀请教学名师来校讲座,注重教师培养学生核心素养的能力。其次,每年春节前夕都会组织教师举行"教师基本功——钢笔字比赛",鼓励教师积极参与其中,提升自身专业基本技能。除此之外,城区学校组织部分优秀中青年教师赴薄弱小学进行支教工作,促进乡村小学教师队伍整体水平和教育教学质量的进一步提高。

（三）教育科研能力

在教育科研能力培养上,Q 县乡村小学教师自身教科研能力不强,科研意识较弱。为此 Q 县组织几所中心小学对乡村教师进行教科研培训,并对申报教科研课题的教师给予支持帮助和一定的物质奖励,将教科研成果作为职称评定的依据之一。在课题申报上,各小学在学校官网上或微信群、QQ 群中及时发布各类课题申报通知并提供申报平台供教师申报,同时由学校信息技术教师对申报材料进行格式把关。在课题实施过程中,各小学为课题申报成功的教师购买相应的图书资料,由教师自行填写,学校统一购买。在课题结题后,学校会根据要求对研究成果进行评审,作为教师个人科研成果,并可作为职称评定依据,对较为优秀的成果会向市或省推荐上报,为教师争取更大的荣誉。

（四）学生管理能力

Q 县乡村小学学生多为留守儿童,父母外出务工,由祖父母或外祖父母抚养,在思想、行为和生活习惯上都存在着一定的问题。由于祖辈基本没有接受过学校教育,缺乏必要的教育理念与知识,对留守儿童的教育就必然落到了乡村教师的头上。学生管理上 Q 县教师培训内容主要包括对学生思想及行为的引导,对生活上的关心等。在思想上,主要培训教师如何正确引导学生"三观",做学生成长路上的引路人和人生导师,在面对"问题"儿童时如何科学地应对,开导学生,提高沟通能力,帮助学生树立正确的世界观、人生观、价值观。在行为上,主要培训教师如何科学有效地运用奖惩措施对学生的"问题"行为进行有效的教育,使其真正认识到自身的错误并不再犯。在生活上,主要是安排教师对留守儿童,尤其是贫困留守儿童进行家访慰问,关注这一类学生的生活状况,留心他们的日常行为习惯,使教师能够灵活主动地融入留守儿童的生活当中。除此以外还学习相关的内容,以提高教师有效应对日常教学中出现各类问题能力,尤其是对突发事件的有效处理能力。

五、乡村教师专业发展服务体系的实施途径与方法

(一)开展继续教育,促进专业发展

为使新入职的教师尽快熟悉业务内容,提高教学实践能力,树立正确的教育观念,形成良好的职业道德,熟知教育政策法规,丰富专业知识,提升践行岗位职责能力,每年寒暑假 Q 县都要求新入职教师参加新教师集中培训。培训内容有:新课标解读、教育政策与教育法规、教师的职业信仰、为什么做教师等。除寒暑假集中培训外,还有相应的网络学习课程,网络培训课程内容形式丰富多样,分为两大类:通识课与专业课。通识课有教师道德与儿童观、教师道德与教师幸福、教师职业的心理特征、教师职业生涯规划、做快乐的教师等。专业课按学科划分为语数英及综合课程。网络学习课程设置了一定的考核项目,在线学习时长必须达到一定标准,还需提交研修作业、研修简报、教学设计、研修讨论等,所有考核成绩累计满 60 分为合格,低于 60 分需继续学习。据调研,2017 年 Q 县参加网络培训课程的教师 794 人,成绩合格人数 615 人,成绩合格率为 77.46%,登录人数为 786 人,参训率为 98.99%,有效学习人数为 782 人,学习率为 98.49%。

通过调查及问卷数据分析发现:从学习需求来看,Q 县乡村小学教师认为最需要提升的专业发展内容是实施有效教学策略的占比 89.42%,教师心理健康调适的占比 66.35%,现代教育技术培训的占比 63.46%,学习教育理论知识的占比 54.81%。此外,教师管理政策、教育科研方法、制定教师个人发展计划、教育法律法规等内容的学习需求占比均低于 50%,分别为 41.35%、38.46%、32.69%、15.38%。

与此同时,通过问卷数据分析发现:从实际培训所包含的内容来看,Q 县乡村小学教师在职培训中实施有效教学策略的培训内容占比最大为

85.58%,学习教育理论所占比重紧随其后为 83.65%,现代教育技术的培训内容占比为 52%,教师心理调适的培训内容占比 40%,教育法律法规的培训内容占比 42.31%。这与对 Q 县乡村小学教师培训内容需求的调研有些不相符合,在教师心理调适、现代教育技术等培训内容的安排上未能充分满足教师的培训需求,在教育理论知识、教育政策法规等培训内容的安排上又显得供大于求。当然,这里可能也存在着教师培训需求的应然与实然问题,即教师应该是需要加强教育理论知识和教育法律法规等内容的学习,但是受乡村小学教师实际的工作需求以及这些理论课程主讲教师水平等因素影响,教师在表达出来的实然需求时认为并不需要那么多。因此,有可能存在着不是乡村小学教师不需要那么多的教育理论和教育政策法规培训,而是不需要现有供给水平的那么多教育理论和教育政策法规培训。这一点是值得进一步去思考和分析的,不能仅从数据来分析,也要透过数据进行综合考虑。

学历进修方面。据调研,Q 县乡村小学基本上都鼓励教师进行学历提升,并将学历与工资挂钩。鼓励教师攻读双学位,取得双学位或硕士学历的教师在职称评定的过程中可直接定为一级教师。各乡村小学校、县教育局、县政府也积极鼓励教师提升学历,并通过奖励办法留住优秀人才。Q 县通过在职培训和学历进修的方式在较大程度上提升了部分教师的专业知识与能力。

(二)校内师徒结对,以老带新

Q 县各乡村小学均成立了"师徒帮扶对子",即学校为每一位新入职的教师安排一位经验较为丰富的教师作为指导教师,两人结为师徒关系。规定每星期作为指导教师的师父至少要为结对帮扶的新教师——徒弟准备一堂示范课,徒弟每星期至少要给师父上两堂汇报课,并在课后对示范课和汇报课进行评价、研磨,以此来促进师徒双向专业发展。此外,师父每学期都要检查徒弟的教案至少三篇,对教案进行悉心指导并上交教导处备案。徒弟听完示范课要做好听课笔记并撰写听课心得。

(三)校际互动联合,合作共赢

Q 县已经形成了以城区四所小学为中心的校际师徒结对课堂教学研讨活动,四所城区小学分别与其他乡村小学结成帮扶,而城区 S 小学又是四所城区小学的中心学校。以此 Q 县形成了以 S 小学为中心逐层向外扩展的网格体系。城区小学每年会安排一定数量的教师去乡村小学支教,支教期为三年,三年期满后可自行选择回本部学校或者继续留任乡村小学。除此之外,每月举行校际师徒结对课堂教学研讨活动,在校际课堂教学研讨中教师们共同学习交流,同课异构,师徒一起"蹚水",共同体验磨课的艰辛,共同切磋教材的处理。课后,师徒及其他听课教师展开热烈的研讨,在思考中创新,在交流中反思,教师们这样面对面的交流更有实效性,更能够促进新教师迅速成长,也能促进老教师不断接触新事物,更新教育方法手段。

(四)小学与高校联合,协同共进

据调查,Q县与市级一所职业技术学院合作,请该学院的教师到小学讲课或者送相关教师去该学院参加学习。另外该学院会安排部分师范生进入Q县各乡村小学进行教育实习、见习,参与小学课堂教学实践,形成比较良好的、长期的合作关系。

第二节 乡村教师专业发展服务体系 存在的问题及成因分析

一、乡村教师专业发展服务体系存在的问题

Q县乡村小学教师专业发展支持服务体系在促进乡村小学教师专业发展方面取得了积极的成效,但调研中也发现,Q县乡村小学教师专业发展支持服务体系在目标设置、内容选择、途径方法等方面存在一些不容忽视的问题,这些问题不同程度地制约着乡村小学教师专业发展支持服务体系作用的发挥。

(一)目标设置缺乏针对性

Q县乡村小学教师专业发展支持服务体系设立的目标有三:保障教师合法权利;提升教师教学能力;提高乡村小学办学质量。Q县作为山区县具有特殊性,制定的教师专业发展支持服务体系三大目标过于笼统、概括,目标设置上缺乏针对性。首先,保障教师合法权利,将教师合法权利笼统为《教师法》规定的教师权利,没有实地调查本县乡村小学教师哪些合法权利得不到保障,需要在实际工作中加以突出。其次,提升教师教学能力,忽视了乡村教师教科研能力、师德素养、乡村教育情怀等其他方面的提升。再次,提高乡村小学办学质量,这样的目标设置过于宏大,实施起来较为困难,也没有相对科学、客观的评价标准。

（二）内容选择与实际需求有一定差异

Q县乡村小学教师专业发展支持服务体系的内容主要包括：师德师风、教育教学能力、教育科研能力、学生管理能力。

1. 师德师风培训脱离了教师心理发展需求

Q县经济相对落后，教师整体的素质不高，单纯强调教师要讲师德讲奉献不免脱离实际。更多的时候，乡村小学教师顶着更大的压力在工作，自身心理调适都无法得到满足，更难加强师德师风建设。据调查，Q县乡村小学教师中认为自己需要心理健康调适的教师占调查总数的66.35%。从一定意义上说，教师的人格素养比教师的专业知识更为重要，教师在教授学生知识的同时更是在塑造学生的人格，教师自身的人格对学生会产生一种潜移默化的影响。正如党的二十大报告强调的"育人的根本在于立德"，而立德最有效的方式就是教师以自身的良好道德去涵养、滋养学生的良好道德。

根据调查，Q县98%的教师在其专业发展上有一定的压力，仅有2%的教师表示没有压力。其中77%的教师表示在自身专业发展上有一定的压力，但是还在可承受的范围内。据问卷调查统计教师压力的来源发现，80.77%的教师认为教学任务太重，58.65%的教师压力主要来自其自身发展的需要，51.92%的教师压力主要来自职称的评定。这三方面压力来源数据都超过了50%，也就是说，有一半以上的教师承受了不止一种压力。但是在调查中发现，Q县并没有切实开展针对教师心理健康调适的措施，多数教师只能靠自己来顶住这些压力。

访谈一：

笔者：在自身专业发展方面您感到有压力吗？您的压力主要来自哪里？

M小学C老师：有一定的压力。我是一名有13年工作经验的教师，带过四届毕业班，多数是从三年级接手的班级。为什么没有跟班上，而是选择接手他人的班级，因为在教师考核中有一条带毕业班可以加2分，这样有利于我自己的职称评定，学校考核的成绩决定了我是否可以调入城区学校。但是在接手他人班级的时候会出现各种不同的问题。首先孩子的性格摸不透，其次家长也不信任你，最后如果升学考试没有考好下一学年就没办法再带毕业班。自己心里的压力只有自己知道，也没地方倾诉，只能自己默默忍受着,自己再慢慢地消化掉。如果学校能够提供减压学习就好了。

访谈二:

M 小学 W 老师:肯定有压力,我去年才入职,面对不断涌来的各项考核、各种比赛有点吃不消。年轻教师需要多学习,所以县、市等举办的各种技能大赛、素养大赛、才艺大赛,我都得去参与,还要兼顾本班级的教学任务。有时候忙的饭都没时间吃。只能每天自己暗示、鼓励自己我可以的。

2. 教育教学能力培训与教师教学实际需求还需进一步匹配

调查发现,Q 县乡村小学教师在其专业发展上最迫切需要的内容是实施有效教学的策略,占总体数据的 89.42%,将近 9 成教师的需求并没有得到满足。由此可见,专业知识、专业能力、专业理念的培训为乡村教师提供切实的帮助不足。

笔者:请问您认为专业知识、专业能力、专业理念培训存在的主要问题是什么?

Y 小学 A 老师:每年学习的内容都一样,一点新意都没有。

笔者:请问在教师专业发展方面您存在的主要问题,以及您希望得到哪些支持?

L 小学 B 老师:学习的这些理论知识过于高大上,无法运用到实际当中,参加过多次的培训,但是对于自己的教学能力没有多大的提升。

笔者:请问在教师专业发展方面您存在的主要问题有哪些?

Z 小学 T 老师:这几年为新入职教师进行培训,其实说实在的新教师不想听,我也不愿意讲,每年都拿相同的内容读一读,确实很枯燥乏味。

S 小学 H 老师:我觉得应该是在科研的道路上,我虽然通过学校申报了省级课题,但是学校在课题完成过程中仅仅是帮助买了几本书,其他任何帮助都没有提供。而自己由于是第一次承担这样的课题写作,自己没有经验,不知道如何开展,实施的过程中遇到了极大的困难。

在教育教学能力上,有关现代教育技术的培训内容过少。在访谈及调查中,发现年轻教师现代信息技术的运用能力明显高于老教师,多数能熟练掌握课件制作的方法。对于老教师而言,他们使用电脑较为困难,制作教学课件所花时间长,基本上不能独立制作教学课件。

笔者:请问您现在最需要的专业发展内容是什么?

S小学骨干教师P:电脑真的很让我头疼,很多时候我宁愿手写也不愿意使用电脑,太麻烦了,但是在课堂上,生动有趣的教学课件又能很快地抓住学生的注意力,起到事半功倍的效果。私下里我也会主动去学习一些简单的电脑知识、现代信息技术知识,但自己慢慢摸索、尝试的效率太低了,占用了我大量的时间,所以我非常希望学校能够提供现代信息技术集中学习的机会,让我能够紧随时代的步伐。

可见,现代信息技术的培训是多数老教师迫切需要的。但是在调查访谈中发现现代信息技术的培训并没有切实开展,多数是通过网络平台进行学习,需要学习的老教师并不习惯网络平台的学习形式,学习效果甚微。

3. 学生管理能力培训如何更好解决学生问题还需探索

近年来一直强调家校合作,使家庭教育和学校教育之间形成合力,从而发挥出最大的教育效果。但是在Q县这种教育合力难以达到,教师在学生管理上主要以惩罚禁令为主,但在实际教学中很难解决学生在学校学习生活中的各种实际问题,很难提升对学生教育管理的成效。

(三)途径与方法实施缺乏有效机制

1. 继续教育内容枯燥乏味

Q县职前培训专门针对新入职的教师,在每年8月底9月初对新入编的教师进行集中培训,培训的内容大多是一些教育理论知识,多数教师觉得枯燥乏味,因此培训效果不好。在职培训分为集中授课和网络课程的学习,集中授课多数是每所乡村小学选出几位教师代表来听一些讲座和报告,讲座和报告结束,培训也就随之结束,没有形成交流和反馈机制。教师代表回各自学校也没有将学习内容进行全校分享。

在学历进修上仅是鼓励教师进行学历进修,为有意愿提高学历的教师提供的实质性帮助不足。Q县多数教师学历水平普遍偏低,想要通过自身努力提升学历实际上有很大困难。加上乡村小学教师资源不足,多数教师都是身兼数门学科教学任务,有些教学点甚至实行"包干"制度,一名教师教某一个年级所有的科目。日常教学任务繁重,教师精力有限,提升学历也就难上加难。

2. 师徒结对缺乏监督、激励机制

首先,Q 县各乡村小学教师人数少,很多教师身兼数门学科教学,教学任务重,没有过多的精力去准备示范课和汇报课,一星期至少三次的课程,实际操作有时竟是一个月一次,甚至一学期一次。其次,师父自身的教学水平总体上也不高,没有能力对新入职教师进行专业指导。再次,由于"结对帮扶"没有形成一套有效的激励、监督制度,"以老带新"中没有给予老教师一定的物质回报,并且交上去的材料无人查看与反馈,使得这种结对交流流于形式,难以收到实质性的效果。

3. 校际互动交流机会实际很少

虽然校际交流合作这样的形式确实能起到优质资源共享的效果,但是在实际操作中,由于 Q 县各乡村小学、教学点分散,学校与学校之间的横向交流次数实质上很少,并没能取得预期的效果。有时候一学期才一次,甚至一学年一次。每个学校参加这类形式教研的教师人数有限,去参加这类交流活动的多是学校领导、学科组长、年级组长等,他们参加完此类交流活动并没有在其所在学校共享。所以,校际互动交流的形式并不具有普及性,受益面狭窄。

二、乡村教师专业发展服务体系问题的成因

(一)校领导主动作为意识不强,工作存在应付性

"国培计划""省培计划"作为乡村教师专业发展最基本的政策支持,每一位教师都应该享有这项支持服务。然而,在调查中发现,Q 县有 22.12% 的教师并不知道"国培计划"和"省培计划",说明这两项计划在 Q 县小学教师中并非人人知晓。校领导未能"把专业性支持和乡村教师内生性发展有机结合起来,把帮扶性专业输入转化为基于乡村教师自身实际的校本生长模式"。[①] 工作中被动应付的多,主动作为、主动思考的少,导致制定出来的工作目标往往脱离了实际的情况,使得"国培计划""省培计划"并未能很好地发挥促进乡村小学教师专业发展的作用。

(二)教育经费投入不足,教学条件有待改善

"建构农村教师专业发展的外部支持体系当务之急就是建构切实能够满

---

① 庄玉昆、褚远辉:《乡村教师专业发展的支持体系建设》,《教育科学》2020 年第 1 期。

足当地农村教师外部利益需求资源的支持体系。"①Q县位于山区,经济文化落后、信息匮乏、交通不便,基础教育水平较低。没有充足的教育经费支持,Q县乡村小学教师专业发展支持服务体系只能成为一纸空谈。在与高校的合作中,由于自身经济落后,学校教学设施条件差,很少有高校愿意与Q县合作。尤其在教育实习上,师范生不愿意过来实习,各小学也不愿意接收实习生,双向都存在抵制心理。教育经费的短缺制约了乡村小学的发展,在调查中,当问到"您所在学校在教师专业发展培训上是否有资金保障时",26%的教师表示没有或不知道。在教师专业发展上,Q县教育局制定了一系列的政策,并采取了一定的措施来推动政策的实施,但是经费保障不够,多数经费需要学校从有限的办公经费中支出。

(三)乡村小学教师主动进修意识薄弱,内生动力不够

虽然Q县为乡村小学教师提供了培训进修机会,但总体机会少,教师参与度不高,多数教师在思想上和专业技能上都无法更新,他们主动进行自我进修的意识薄弱,尤其是一些老教师不愿意去接受新的事物。"乡村教师专业发展内生动力不足,缺乏主体性和持续性。"②另外,由于Q县乡村小学教师资源匮乏,很多都是临时聘请的代课教师,这类代课教师是无法参加各类政府组织的培训进修,也无须参加各类考核评价,自身又缺乏主动发展的意识,存在不思进取,得过且过。但是正式在编教师他们的自主进修意识也非常薄弱,对于继续教育培训,完成最低要求即可。

　　笔者:请问您觉得网络培训课程怎么样? 您是如何完成网络培训课程的? 您觉得网络培训课程实施效果如何?

　　D小学X老师:我觉得这样的网络培训课程就一般,每天的教学工作已经很累了,还要花心思来学习这个。我已经工作十多年,刚开始入职的时候观看有的老师上课还挺有趣,现在对于我个人来说,我觉得没有什么效果。

　　R小学临退休教师D:我马上就要退休了,工作了这么多年,年年都

①　刘文霞:《基于利益冲突视野的农村教师专业发展支持体系的建构研究》,《当代教育科学》2017年第1期。
②　谢小兰:《乡村教师专业发展支持体系的构建》,《中国成人教育》2019年第20期。

要完成这个指标完成那个任务,年轻的时候还好一点,年纪大了就什么都不想干了,带完这一届学生我就该退休了,这些新鲜的内容就交给你们年轻人去做吧。

(四)继续教育内容针对性不强,培训缺乏实效性

"教育行政机构未能落实教师培训职能,乡村教师培训流于形式。"①据了解,Q县为乡村小学教师提供的支持服务项目主要为暑期集中培训课程和网络共享课程。每个学校选出教师代表参加这样的培训,几十人坐在一间教室里,往往要接受一整天或好几天的培训,中间休息的时间很少,越到后来教师们的积极性越小。笔者借着教育实习的机会曾参与过一次这样的培训,时间为半天,从早上8:00到中午12:00,总共4小时,在这四小时里一共休息了两次,每次十分钟,其他时间都是安静地坐在下面听上面的教师讲课。讲课内容是新课标的解读(2011版本新课标),2011版课标至今已经出台多年,而培训的内容仍然不变,缺乏时代性。并且在培训过后,教师们便自行离去,没有后续的交流、答疑解惑。笔者第一次参加这样的培训,还有一定的积极性,但是培训结束也并没有从中获得新的见解,反而觉得这一上午的时间就这么浪费了。这样的培训多来几次,估计教师们都不愿意来参加了。

笔者:请问,您喜欢这种"报告式"培训吗?为什么?

R小学某老师:没有实用性。这些内容自己在家翻翻书就能了解,我想要的培训就是真真实实地告诉我,怎样提高学生的写作水平?怎样让一堂课生动有趣?怎样教才能培养学生的思维能力?怎么做才能提高学生的考试成绩?

第三节　乡村教师专业发展服务体系的影响因素

社会的政治变革、经济发展、文化变迁、科技进步、环境变化必然会给教育的结构与功能、方法和内容带来巨大的变化。乡村教师专业发展服务体系作为教育中的一环,自然也会受到这些因素的影响。

一、政治因素

政治因素对乡村教师专业发展服务体系的影响是多层面、深刻的,而且乡

---

① 王艺娜:《乡村教师专业发展支持体系的困境及构建》,《教学与管理》2019年第6期。

村教师专业发展服务体系也不可能脱离社会政治因素的影响。党和国家历来对乡村教师的专业发展高度重视,出台了一系列的政策法规,采取了有针对性的措施办法,支持引领乡村教师发展,不断建立起乡村教师专业发展的支持服务体系。① 政治因素对乡村教师专业发展服务体系的影响主要表现为以下几个方面:

（一）教师地位的认识

教师的地位是指社会给予教师的政治经济待遇以及社会对教师工作的认可程度。教育大计,教师为本。教育是一种培养人的社会活动,关乎着国家的未来、关乎民族的命运,而教师的地位如何,可以从侧面反映出国家和社会对教育的重视程度。教师的地位受一定的政治因素制约,在不同生产力发展阶段,教师的地位是不同的。

纵观中国教育史,尊师重教是主流思想,教师职业一直被人们所推崇。中华人民共和国成立后,在党和国家领导人的倡导下,教师地位得到空前提高。改革开放后,国家通过一系列教育法制建设对教师队伍包括乡村教师队伍进行制度化和专业化,如《教师法》《教师资格条例》《2015 乡村教师支持计划》《关于加强新时代乡村教师队伍建设的意见》等法律法规和政策的颁布,确定了教师的专业人员地位,对教师的权利和义务、任职资格等以法律的形式进行规定,从法律上保障了教师的权益,并从制度和法律体系上给予农村教师一定的倾斜。

党的十八大以来,中共中央、国务院从新时代发展的要求出发,对教师的地位与价值给予高度肯定并作出更加深刻的阐释,这都集中体现在中共中央国务院《关于全面深化新时代教师队伍建设改革的意见》(以下简称"《新时代教师意见》")中。《新时代教师意见》指出:"教师是教育发展的第一资源,是国家富强、民族振兴、人民幸福的重要基石。"②这一表述充分体现了党和国家对教师的高度重视,并且从教育事业发展、国家富强、民族振兴、人民幸福等多重维度高度肯定了新时代教师的地位与价值。尤其是在 2019 年,中共中央国

---

① 李宜江:《改革开放以来乡村教师专业发展服务体系政策演进与展望》,《教师发展研究》2020 年第 2 期。

② 《中共中央国务院关于全面深化新时代教师队伍建设改革的意见》,2018 年 1 月 31 日,见 http://www.moe.gov.cn/jyb_xwfb/moe_1946/fj_2018/201801/t20180131_326148.html。

务院印发的《中国教育现代化 2035》中的第七条就非常明确地提出了要提高教师的政治地位、社会地位和职业地位。强调要突出教师职业的公共属性,强化教师承担的国家使命和公共教育服务的职责,确立公办中小学教师作为国家公职人员特殊的法律地位。同时还大力宣传教师中的"时代楷模"和"最美教师",开展国家级教学名师、国家级教学成果奖评选表彰,重点奖励贡献突出的教学一线教师,并做好乡村学校从教 30 年教师荣誉证书颁发工作;维护教师职业尊严和合法权益,关心教师身心健康,克服职业倦怠,激发工作热情。以上一系列的政策及措施都充分体现了政治因素对教师地位具有明显作用。

(二)教师队伍建设的发展

振兴乡村的基础在教育,振兴教育的基础在教师。党和国家历来高度重视乡村教师队伍建设,在稳定和扩大规模、提高待遇水平、加强培养培训等方面采取了一系列政策举措。乡村教师队伍面貌发生了巨大变化,乡村教育质量得到了显著提高。

《乡村教师支持计划(2015—2020 年)》指出:"发展乡村教育,教师是关键,必须把乡村教师队伍建设摆在优先发展的战略地位。"[1]并从思想政治素养和师德水平、补充渠道、生活待遇、教职工编制、职称(职务)评聘、教师交流、能力素质和荣誉制度八大方面来推进乡村教师队伍建设。这些举措对提高乡村教师社会地位,增强乡村教师荣誉感、使命感具有重大意义。党的十八大以来,乡村教师队伍建设的重要性愈加凸显。在 2018 年的全国教育大会上,习近平总书记对我国教育事业的规律性认识概括为"九个坚持",其中就包括"坚持把教师队伍建设作为基础工作"[2]。《新时代教师意见》指出:"坚持兴国必先强师,深刻认识教师队伍建设的重要意义和总体要求。"这项政策文件的印发,把教师队伍建设提升至前所未有的战略高度,其中乡村教师队伍建设是重要一环。随着中国特色社会主义进入到新时代,新的教育发展历史方位与新的发展征程对教师素质也提出了更高更全面的要求。2019 年,中共中央国务院印发的《中国教育现代化 2035》中指出:"高素质专业化创新型教

---

① 《乡村教师支持计划(2015—2020 年)》,2015 年 6 月 1 日,见 http://www.Moe.gov.cn/jyb_xxgk/moe_1777/moe_1778/201506/-0612_190354.html。

② 《习近平主持召开学校思想政治理论课教师座谈会强调 用新时代中国特色社会主义思想铸魂育人 贯彻党的教育方针落实立德树人根本任务》,《人民日报》2019 年 3 月 19 日。

师队伍是加快教育现代化的关键。要坚持把教师队伍建设作为基础工作。"①2020年,教育部等六部门联合印发《关于加强新时代乡村教师队伍建设的意见》强调:"乡村教师是发展更加公平更有质量乡村教育的基础支撑,是推进乡村振兴、建设社会主义现代化强国、实现中华民族伟大复兴的重要力量。"提出要"努力造就一支热爱乡村、数量充足、素质优良、充满活力的乡村教师队伍"。②

以上一系列关于乡村教师队伍建设的重要举措,促进了乡村教师专业发展,使乡村教师队伍的整体质量显著提升。但是,目前我国乡村教师专业发展仍面临资源匮乏、支持不足以及内生力不强等诸多现实障碍,乡村教师队伍建设任务仍然艰巨,乡村教师发展仍有较大提升空间。广大教师是打造乡村振兴人才队伍的筑梦人,加强乡村教师队伍建设的道路还任重道远,为此,应做好乡村教师发展的顶层设计,积极搭建乡村教师发展平台,为乡村教师发展创设有利条件,让优秀教师"下得来",让乡村教师"留得住"。

(三)乡村振兴战略的实施

为实现中华民族伟大复兴,全面建成小康社会,在党的十九大报告中,习近平总书记首次提出要实施乡村振兴战略,推动城乡义务教育一体化发展,并要高度重视农村义务教育,努力让每个孩子都能享有公平而有质量的教育。③近几年来,国家有关部门通过发布多项政策文件来加强乡村振兴战略的落实和实施。2018年9月,中共中央、国务院发布《乡村振兴战略规划(2018—2022年)》提出:"要继续把国家社会事业的重点放在农村。""统筹规划布局农村基础教育学校,保障学生就近享有有质量的教育。科学推进义务教育公办学校标准化建设,全面改善贫困地区义务教育薄弱学校基本办学条件,加强寄宿制学校建设,提升乡村教育质量。"④2021年1月4日,中共中央、

---

① 《中共中央、国务院印发〈中国教育现代化2035〉》,2019年2月23日,见http://www.moe.gov.cn/jyb_xwfb/s6052/moe_838/201902/t20190223_370857.html。

② 《教育部等六部门关于加强新时代乡村教师队伍建设的意见》,2020年7月31日,见http://www.gov.cn/zhengce/zhengceku/2020-09/04/content_5540386.htm。

③ 朱旭东、胡燕等:《中国改革开放40年教师教育卷》,北京师范大学出版社2019年版,第250页。

④ 《中共中央、国务院印发〈乡村振兴战略规划(2018—2022年)〉》,2018年9月26日,见http://www.gov.cn/zhengce/2018-09/26/content_5325534.htm。

国务院《关于全面推进乡村振兴加快农村农业现代化意见》进一步指出:"要坚持把解决好'三农'问题作为全党工作重中之重,把全面推进乡村振兴作为实现中华民族伟大复兴的一项重大任务,举全党全社会之力加快农业农村现代化,让广大农民过上更加美好的生活。""推进县域内义务教育学校校长教师交流轮岗,支持建设城乡学校共同体。"①这些政策的有效实施能够极大补齐农村教育的质量短板。

实施乡村振兴战略,必先振兴乡村教育;振兴乡村教育,必先提升教师素质。乡村教师的专业发展与乡村振兴战略的实现息息相关、休戚与共。乡村教师的专业发展既能为乡村振兴提供优质教育,又能为乡村振兴构建活力文化,还可以为乡村振兴造就现代农民。实施乡村振兴战略为乡村教师专业发展提供了机遇与挑战。乡村振兴将乡村的发展放在了重要位置,让乡村社会、经济、文化获得了公平而有质量的发展,为乡村教师专业自主、自觉、可持续性发展创造了良好的条件,提供了许多激励因素,使乡村教师具有改造社会的精神和能力。然而,在城镇化过程中,乡村价值理念以及乡村文化精神不断地被冲击和稀释,部分乡村教师从乡村走向城市,致使乡村教师队伍建设与稳定面临着诸多现实困境。由于事物的发展总是内外因共同作用的结果,所以政治因素对乡村教师专业发展的影响并非总是积极的、进步的,有时也会产生消极的作用。因此,乡村教师的专业发展除了需要乡村振兴政策的支撑,更需要乡村教师积极利用现有的条件创造专业发展的机会,不断提高自身的专业素养,增强内在驱动力。

二、经济因素

经济因素对教师专业发展有着直接的推动作用,对乡村教师专业发展服务体系亦是如此。经济因素对乡村教师专业发展服务体系的制约主要表现为以下几个方面:

(一)经费投入

教育经费投入是教育事业发展的必要条件。"教育在经济增长中发挥作用的大小不仅仅是由教育单方面决定的,它还依赖于经济增长……,

① 吴云鹏:《乡村振兴视野下乡村教师专业发展的困境与突围》,《华南师范大学学报(社会科学版)》2021年第1期。

经济的增长有利于教育投资,如果经济长期没有得到增长,那么教育的经济效益也会下降。"①同样,在乡村地区亦是如此,乡村教育功能的发挥、乡村教师专业的发展也离不开乡村经济的持续增长和充足教育经费的投入。

农村教育投入体制决定了农村教育事业投入的规模、结构与效益,决定着我国农村教育事业的体量、速度和质量。改革开放40年来,深受宏观社会背景变化、财税制度变革影响,我国农村教育投入体制依次经历了五个不同阶段:第一个阶段是在1978年至1984年:"公办与民办共举,两条腿走路"时期;第二个阶段是在1985年至2000年:"分级办学,乡村自给"时期;第三个阶段是在2001年至2005年:"地方负责,以县为主"时期;第四个阶段是在2006年至2012年:"以县统筹,多级共担"时期;第五个阶段是2013年至今:"跨区域统筹,城乡一体化"时期。② 随着我国经济的快速发展,财力增加,农村教育投入机制逐渐健全,为乡村教师专业发展提供了物质保障。然而,乡村教师队伍仍是整个教师队伍中最为薄弱的环节,加大对乡村教师队伍建设的经费投入,找准教师队伍建设的短板,才能确保新时代教师队伍整体质量的提升。

事实上,针对经费投入问题,党中央和国务院采取了一系列举措,有序推进了我国乡村教师队伍建设进入全面质量提升的新阶段。《2015乡村教师支持计划》提出:"要把乡村教师培训纳入基本公共服务体系,保障经费投入,确保乡村教师培训时间和质量。从2015年起,'国培计划'集中支持中西部地区乡村教师校长培训。鼓励乡村教师在职学习深造,提高学历层次。"③教育部等六部门发布《关于加强新时代乡村教师队伍建设的意见》指出:"加强经费保障。健全以政府投入为主、多渠道筹集经费的投入机制。中央财政继续对中西部地区予以重点支持,地方要切实发挥省级统筹作用,强化县级政府管理主体责任,将乡村教师队伍建设作为教育投入重点予以优先保障。严格经

① 杨卫安、邬志辉:《我国农村教育促进农村经济发展的机制及局限性分析——基于人力资本的视角》,《教育与经济》2010年第4期。
② 邬志辉等:《中国农村教育:政策与发展(1978~2018)》,社会科学文献出版社2018年版,第155页。
③ 《乡村教师支持计划(2015—2020年)》,2015年6月1日,见http://www.Moe.gov.cn/jyb_xxgk/moe_1777/moe_1778/201506/-0612_190354.html。

费管理,规范经费使用,提高资金使用效益。"①当下,虽然我国乡村教师专业发展的教育经费投入得到了一定的保障,整体的教师专业发展取得了一定成效,但是仍然存在对乡村教师队伍教育投入保障政策落实不到位,经费使用管理制度不完善,经费使用效益不高等问题。

"可靠的资金和人力、物力资源保障是支撑农村教师支持体系可持续性的基础。"②因此,要持续加大对教育事业的投入,尤其是要加大对乡村教育的支持力度。树立优先支持乡村教师发展的理念,优化经费投入结构,努力改善乡村教师的工作环境,进一步提高乡村教师的生活待遇和社会地位,让乡村教师能够安心从教、幸福从教。

(二)人力资本

人力资本主要指凝聚在劳动者身上的知识、技能及表现出来的能力,具有长期性、隐效性、滞后性和可增值性,劳动者通过教育和训练所获得的技能和知识就是资本的一种形式。人力资本在收入分配中的作用增加,教育收益率的相应上升,将成为农村地区教育收益率上升的另一个重要动力。③ 人力资本投资是经济增长的源泉,而获取人力资本的核心是发展教育。"乡村教师是乡村教育的主导者、组织者、传播者,与基层农民有着最为广泛、直接、密切的关系,通过促进乡村学生的发展,可以将潜在的生产力转化为现实的生产力,最大限度地发挥人力资本的价值。"④然而,目前乡村人力资本价值出现严重的贬值问题,乡村教师劳动收益低下,人力资本价值无法得到进一步提升,这是造成乡村教育质量不高的一个重要原因。

乡村教师人力资本的升值途径主要通过培训和学历进修等途径,然而农村教育投入和城市教育投入差距较大,导致农村教师人力资本贬值相对于城市教师更加严重。对于乡村教师来说,他们的工资收入偏低,进修机会少且成本高,继续教育经费等方面得不到保障。虽然国家鼓励乡村地区开展"走出

① 《关于加强新时代乡村教师队伍建设的意见》,2020 年 8 月 28 日,见 http://www.moe.gov.cn/srcsite/A10/s3735/202009/t20200903_484941.html。
② 刘静:《农村教师专业发展支持体系——发展中国家的实践》,《比较教育研究》2014 年第 36 期。
③ 赵力涛:《中国农村的教育收益率研究》,《中国社会科学》2006 年第 3 期。
④ 田罡、丁莹莹:《乡村教师人力资本价值提升的障碍及对策分析》,《教育理论与实践》2017 年第 14 期。

去"培训,让更多乡村教师获得前往发达地区研修、跟岗学习的机会。但即使一部分乡村教师的人力资本价值得到提升,这部分的教师也很容易向人力资源更丰富的地区转移,使得乡村优质的人力资源难以留住。在城市化进程中,乡村教师已经在潜移默化中把城市教育作为标准,认为城市教育比乡村教育现代化,忽视了乡土文化对乡村教育的重要性,在城市化取向的乡村教育中,乡村教师不能从本土历史文化中去反思和批判教育教学行为,丧失了独立自主和创新精神,其自身的专业发展受到限制,乡村教师对于乡村地区的人力资本价值难以充分体现。① 此外,由于乡村学生学业基础较为薄弱,乡村教师在教学工作中往往需要投入更多精力,却难以达到期望的教学效果,并且在当前的考核评价体系下,乡村教师无法通过教育业绩体现自己的劳动价值,由此产生的职业成就感越来越低,职业倦怠感反而越来越强,教师人力资本的低价值实现直接拉低了乡村教师的职业认同感。

人力资本理论肯定了教育投资在经济增长和提高个人收入方面的积极作用,但是教育投资作为人力资本投资的主要形式,也必须受到人力资本投资特性的制约,如果不注意分析这些制约条件,而盲目地发展教育,不仅不能很好地促进经济的发展,相反,还会造成教育资源的浪费。教师人力资本的发挥具有滞后性,这就增加了投资回收期的时间间隔,导致教育投资回报远滞后于教育投资行为的发生。所以国家在制定政策和经费保障方面要注意连续性投资,发挥好对市场的宏观调控作用,鼓励社会力量投资乡村教师教育,健全乡村教师培训机制,充分发挥乡村教师人力资本价值,使其更好地为乡村教师专业发展体系服务。

三、文化因素

文化通过教育的传递、传播和创造得以保存和发展。一直以来,文化都是维护社会秩序的重要组成部分。"乡村教师是乡村文化建设的主体,不仅浸润在乡村文化之中,而且还参与着乡村文化建设,引导着乡村文化的走向。"② 文化因素对于乡村教师专业发展服务体系的建设具有深远的影响作用。

---

① 王莹莹、曲铁华:《农村教师人力资本价值提升的困境与出路》,《学术探索》2014 年第 1 期。

② 李森、崔友兴:《乡村教师专业发展现状调查研究——基于对川、滇、黔、渝四省市的实证分析》,《教育研究》2015 年第 7 期。

(一)尊师重教的传统文化思想

尊师重教是中华民族的传统美德,在源远流长的中华文明发展史中,承担开启民智天职的教师历来享有崇高的地位,其中蕴含的人文精神是维持教育和谐的一个重要因素。"国将兴,必贵师而重傅",强国必先重教,重教必先重师。党和政府始终重视尊师重教。2018 年,习近平总书记在全国教育大会上强调:"长期以来,广大教师为国家发展和民族振兴作出了重大贡献。"[①]2020年 9 月,教师节前夕,习近平总书记再次强调:"各级党委和政府要满腔热情关心教师,让教师真正成为最受社会尊重和令人羡慕的职业,在全社会营造尊师重教的良好风尚。"[②]然而,随着社会变革,物质极大丰富,传统的尊师重教思想在乡村社会日渐颓败,出现"重教不尊师"的现象,乡村教师的权威和地位受到挑战。

近年来,党和国家相继发布了多项政策文件,进一步重视加强教师队伍建设,大力弘扬尊师重教新时代风尚。《关于全面深化新时代教师队伍建设改革的意见》指出:要"坚持兴国必先强师,深刻认识教师队伍建设的重要意义和总体要求","时代越是向前,知识和人才的重要性就愈发突出,教育和教师的地位和作用就愈发凸显"。[③]《关于加强和改进新时代师德师风建设的意见》明确指出:"加大教师权益保护力度,倡导全社会尊师重教,激励广大教师努力成为'四有'好老师,着力培养德智体美劳全面发展的社会主义建设者和接班人。"[④]然而,尊师重教的相关条文时常出现在国家宏观层面教育政策文件中,但在具体落实层面和较为完备的保障体系方面做得还不够,影响了国家教师政策的落实落地。另外,随着传播媒介多样化、信息碎片化,部分媒体报道与新时代教育发展的要求存在偏差。再加上当前我国教师自我身份认同度

---

① 习近平:《坚持中国特色社会主义教育发展道路 培养德智体美劳全面发展的社会主义建设者和接班人》,2018 年 9 月 10 日,见 http://www. 12371. cn/2018/09/10/ARTI1536580965577973. shtml。

② 《在教师节到来之际习近平向全国广大教师和教育工作者致以节日祝贺和诚挚慰问》,2020 年 9 月 9 日,见 http://www. gov. cn/xinwen/2020 - 09/09/content_5541866. htm? ivk_sa = 1023197a。

③ 《教育部等六部门关于全面深化新时代教师队伍建设改革的意见》,2018 年 1 月 31 日,见 http://www.gov.cn/xinwen/2018-01/31/content_5262659.htm。

④ 《教育部等七部门印发〈关于加强和改进新时代师德师风建设的意见〉的通知》,2019 年 12 月 16 日,见 http://www.gov.cn/xinwen/2019-12/16/content_5461529.htm。

不高,教师身份社会认同度失衡,制约着尊师重教社会风尚的营造和形成。[①]尤其是在乡村地区,由于相对落后的设备和资源,尊师重教的问题就更加凸显,不利于乡村教师的专业发展。

传统的尊师文化为乡村教育振兴提供了精神力量,这是实施乡村振兴战略的灵魂,也是振兴乡村教育的"根"。大力弘扬中华民族尊师重教、崇智尚学的优良传统势在必行,应不断提高教师的社会地位与收入待遇,增强乡村教师的职业认同感,营造尊师重教、教育公平的社会氛围,提升教师的责任心和荣誉感,让更多的好教师积极主动投身于教育事业特别是乡村教育事业中去,成为孩子们真心喜爱、敬重、信任的良师益友。

(二)争做"人上人"的民族文化心理

随着城镇化进程的推进,以城市文化和欧美文化为代表的现代文化不断冲击着传统乡村文化,"吃得苦中苦方为人上人"成为乡村社会流行的一种价值观念,这种价值观念在市场经济浪潮中逐渐演化为物质第一甚或至上。在市场经济的快速发展以及经济利益的驱动下,农村人更加向往城里人的生活,大量的乡村人口选择外出打工和补贴家用,越来越多的年轻人愿意留在城市或者尽量减少回乡的次数,乡村逐渐成为老人和小孩的聚居地,进而乡村人民的故土情结也渐渐淡化。

乡村教师是乡村教育的中坚力量。然而,随着城市文化在乡村文化中逐渐占据主导地位,评判和引领着乡村政治、经济、文化和教育的发展,乡村教师在专业发展过程中被强制离开所处的乡土文化,甚至在自身专业发展过程中被剥夺了话语权和选择权。[②] 更为重要的是,在市场经济的影响下,人的动机往往由利益驱动,出人头地、相互攀比,争做"人上人"的民族文化心理在乡村地区不断凸显。由于乡村优质资源的匮乏以及乡村教师的福利待遇较差,工资低,乡村教师岗位流动性强,很多乡村教师把在乡村地区教书的工作作为寻找更好工作的一种过渡,更多的乡村教师有着离开乡村、走进城市的强烈愿望,他们想要通过自身的努力摆脱农村贫苦的出身,想要出人头地,成为"城里人",这

① 蒋书同、潘国文:《新时代尊师重教存在的主要问题及治理策略》,《衡阳师范学院学报》2020 年第 5 期。

② 朱胜晖、孙晋璇:《乡土文化转型与乡村教师专业发展》,《当代教育科学》2018 年第 8 期。

也是农村留不住优秀教师的重要原因之一,严重影响乡村教育的质量。

在当下农村学校的诸多问题中,只要能解决人才质量的问题,其他的都不是问题。因为在教育实施过程中,教师永远起着主导作用,唯有优秀的教师才能提高农村学校的教育质量。[①] 乡村教师在教书育人的同时,也要不断提高自身的专业道德修养,要认识到乡村教师职业所赋予的荣誉和责任,致力于乡村教育事业。

四、科技因素

随着人类社会的发展,科技的进步与革新对乡村教师专业发展的影响日益加剧,尤其是当代新技术革命,对乡村教师专业发展服务体系构建起着直接的推动作用,主要表现为以下几个方面:

(一)人工智能推动乡村教师专业发展服务体系的智能化

当前社会发展日新月异,人工智能带来了信息技术的进步和人们生活的便利,也为乡村教师专业发展带来了新的机遇和发展前景。[②] 在人工智能时代,知识的获取和传授方式发生深刻变革,传统的教育理念、教育体系、教育内容等已难以适应多样化的学习需求,人工智能对教与学提出了新挑战。

由于地理、交通、时间、经费等因素,乡村教师难以接触到优质资源,从而制约了乡村教师专业发展。近年来,国家鼓励有条件的地区先行探索,促进信息技术、智能技术与教育教学的深度融合,通过完善全国教师管理信息系统,更好地为乡村教师发展服务。随着人工智能技术的深入推进,乡村学校的教学条件逐渐得到了改善,从政府出资帮助学校采购现代化教学设备、教学软件,到学校针对教师进行课改、实践,利用教学资源库和教学平台进行智慧教学,智能化、信息化逐渐走进乡村学校的课堂,信息技术与教育教学正在逐渐融合,为乡村教师教学能力的发展既提供了良好的基础和条件,也提出了新要求和新挑战。

乡村教师们逐渐认识到在智慧课堂上,师生交流的方式可以变得多样化、教学形式可以变得更加丰富,教学内容也不仅仅局限于书本上的知识,而是可以利用视频、音频、多媒体等设备进行教学,使得枯燥的知识变得生活化和形

---

① 刘文霞:《基于利益冲突视野的农村教师专业发展支持体系的建构研究》,《当代教育科学》2017 年第 1 期。

② 张玲、何德:《"互联网+教育"赋能乡村教师队伍建设:宁夏示范实证》,《教师教育学报》2021 年第 1 期。

象化。另外,基于互联网的"在线学习培训""同上一堂课""线上会议"等,也为乡村教师学习培训提供了便捷有效的路径,教育信息化、智能化缩小了城乡之间的差距、缩小了课堂体验的差距、缩小了教研和培训的差距,农村学校同样能享受城市教学资源,解决了教育公平发展与教育质量提高的难题,提高了乡村教师教学信息化水平。

(二)大数据推动乡村教师专业发展服务体系的数字化

当下,数字经济已成为拉动经济增长的强大动力,科学技术为社会经济的发展带来了新的变化,"教育领域也因为信息化产生了大量数据,包括在线学习产生的数据、学习相关应用产生的数据、情境感知数据(学校数据采集系统,如摄像头)、学习生活产生的数据等,通过数据之间的清洗、整合等,能产生极大的聚集效应,为教育赋能"。[1]《教师教育振兴计划(2018—2022年)》明确指出要"充分利用云计算、大数据、虚拟现实、人工智能等新技术,推进教师教育信息化教学服务平台建设和应用,推动以自主、合作、探究为主要特征的教学方式变革"[2]。对乡村教师来说,较高的数字化水平,可以实现教育资源的有效整合、教学数据的科学分析、教学能力的显著进步。数字化建设是乡村教师专业发展支持服务体系建设的一个重要组成部分,大数据技术为乡村教育事业的稳定发展提供帮助,也为乡村教师专业发展开拓了新通道。

首先,大数据应用在教育上,使得一切教学活动变得数字化、可视化。在学习过程中,大数据系统能够对乡村教师个体的学习给予即时性评价,学习结束时提供一份数据详尽的专业发展分析报告。例如,什么样的教学流程能产生更好的学习成效;教师在课堂上常用的口头语是什么;学生什么样的行为预示着哪些教育问题。大数据能够为教育提供更好的解释和预测,为教师优化教学决策、提升教学活动可变性、准确评价学生的学习成效提供了支持。[3] 其次,当前乡村教育存在短板,如资源并没有得到充分且合理的利用,而大数据具有优化整合乡村教育资源配置的能力,为学校的布局、经费的投入、师资的

---

[1]　张伟、孙小伟:《大数据支持乡村教育振兴的愿景与路径》,《成人教育》2020年第40期。

[2]　《教育部等五部门印发〈教师教育振兴行动计划(2018—2022年)〉》,2018年3月22日,见 http://www.moe.gov.cn/srcsite/A10/s7034/201803/t20180323_331063.html。

[3]　席梅红:《人工智能支持的乡村教师专业发展未来构想》,《现代基础教育研究》2020年第3期。

培训等提供了技术条件,提升了乡村资源利用效率,改进了乡村教育中不合理的资源错配问题,进而促进乡村教师的专业发展。再次,大数据为乡村教育政策制定提供数据支持,为乡村振兴奠定良好的基础。随着科技不断进步,大数据技术逐渐在乡村振兴战略中广泛应用,利用大数据技术能够实现决策的科学性,有效为决策者提供更加全面的思维方式,同时也利用相应的数据整合、挖掘和运算技术实现了利用数据化推动相关决策的重要战略,保障乡村教育的基本建设以及乡村教师的合法权益。

综上所述,大数据技术是实现乡村振兴、促进乡村教师专业发展的重要技术手段和工具,大数据技术的应用必将有力支撑美丽乡村、校园和智慧课堂的建设,同时也将为乡村教育发展提供手段革新和技术赋能。

(三)互联网推动乡村教师专业发展服务体系的个性化

随着"互联网+"时代的到来,以网络技术为代表的现代信息技术发展迅速,极大地影响着教育领域,在学习方式、课程开发、教师培训等方面带来了巨大变化。德国哲学家莱布尼茨说过:"世上没有两片完全相同的树叶。"对于教师来说,学生也不可能是千篇一律的,整齐划一的教学方式没办法针对每个人的个性来进行。早在春秋战国时期,孔子就提出了因材施教的教育理念,而互联网技术的进步为促进人的个性化发展更加提供了可能。

传统的教学环境往往是由教师主导,强调课堂纪律、教学活动稳定有序,但在互联网环境下的教学则以学生为中心来构建教学和学习环境,着眼于学生个性化的发展,挖掘学生的自主学习潜力,在充分协作的教学过程中获取知识和经验,教师通过利用互联网技术,能够获取大量相关数据和分析结果,从而更好地了解学生的掌握情况,发现学生的学习倾向,有针对性地调整教学方式,实现个性化课堂管理,最大限度地发挥学生潜能。同时,互联网技术也开发了乡村教师培训的新模式,"开展信息技术培训,采取差异化培训和菜单式课程,乡村教师需要什么就教什么,怎么效果好就怎么教,让乡村教师学得会,用得好。注重校本测评,学校制定出校本测评方案,每一位教师都能从测评方案中找到适合自己的方法"①。互联网为乡村教师提供了个性化分析的精准

---

① 龚金喜、赵国圣、龚易帆:《互联网条件下教师专业发展支持服务体系建构研究》,《继续教育》2017 年第 8 期。

教学,也为在线培训提供了鲜活多样的素材,乡村教师在专业能力上会有一定程度的提高。

在智能环境下,流水线式的教学和培训方式已不再适应乡村教师专业发展的需要,互联网技术丰富了教师的学习形式,推动网络研修与校本研修整合,有效激发了参与培训教师的内在动力,提升教师专业发展的自觉性和自主性,为乡村教师的专业发展体系提供良好技术环境。

五、环境因素

20世纪90年代,法国社会学家布迪厄提出"场域理论",在布迪厄看来,社会世界由大量具有相对自主性的场域构成,社会科学真正的研究对象应该是场域,且"场域"内的功能主体具有相互依存的特征。① 在不同的场域中,场域环境和场域结构对行为主体的发展产生重要影响。从场域理论角度出发,乡村空间可视为一个场域,乡村教师作为我国教师队伍的弱势群体,其成长离不开乡村社会场域环境,乡村教师的专业发展也离不开学校场域的"主阵地"。②

一方面,乡村社会环境是乡村教师物质生活和精神生活的场所,社会环境支持体系是乡村教师专业发展的外生性力量,为其提供自然资源、文化资源、社会资源和教学资源,乡村教师在社会场域内成长并受其制约。

首先,乡村经济发展比城市经济发展相对缓慢,乡村经济投入比城市经济投入相对较少,在这样的社会场域下,乡村教师专业发展必然会受到限制,相对落后的客观条件影响着乡村教师专业知识与专业技能的获取和发展,其主要的表现就是乡村教师社会地位与其应有的地位不相符;培训和进修的机会较少;优秀乡村教师流失严重。

其次,乡村教师作为乡村社会的一员,未能充分利用乡土资源促进自身的专业成长,明确在乡村社会中的社会身份。在当下的乡村社会中,乡村教师除了完成日常的教学任务,与乡村家长的交流仅限于孩子的学习情况,很少会主动谈及乡村事务,很多乡村教师没有把自己看作是乡村社会的成员,他们和农

---

① [法]布迪厄、[美]华康德:《实践与反思:反思社会学导引》,李猛、李康译,中国编译出版社2004年版,第9页。

② 吴支奎、胡小雯:《场域视野下乡村教师生涯发展的困境与出路》,《中国教育学刊》2017年第5期。

民仿佛是生活在两个平行世界,基本上没有实质上的交集,从而导致乡村教师在乡村社会中的存在感不高,成为被忽视的对象,在乡村事务中缺少话语权。①

再次,布迪厄强调教育场域的资本就是文化资本,教育场域的权利就是文化权力。乡村文化具有特殊性,它不可能、也不应该与城市文化完全一致,但目前乡村文化资源未被重视,城市文化正在侵蚀乡村文化,逐渐主导着他们的思维方式、生活方式和工作方式。然而,乡村教师实际生活的文化环境却是乡村文化,因而容易导致乡村教师文化出现"双重边缘化"的困境,乡村教师常常会出现身份和角色等方面的矛盾、冲突和混乱。② 因此,要不断改良乡村教师所处的乡村社会环境,增加乡村社会环境的资源投入,提升乡村社会环境的文化影响力和学习功能,通过改良和净化乡村教师的"生存土壤",不断地改变乡村教师的现实生存状态,以此唤醒他们改变专业发展不良境遇的情感,激发他们的自主成长意识,激励他们以自身能力实现内生性发展。

另一方面,乡村学校是乡村教师进行教育教学工作的主要场所,为乡村教师提供平台和场域支持,是教师专业发展的主阵地。③

首先,乡村教师在专业发展方面的问题是由历史和现实等多重因素所导致,其中一个重要原因就是乡村教师对自我身份的不明确和不认同,而这种身份认同危机是在乡村学校场域下产生的。乡村教师工资收入低、高级职称评聘条件达标难、工作环境竞争力较差,诸如此类的现实问题打消了一部分乡村教师的从教热情;并且与城市教师相比,乡村教师的整体专业发展水平较低,心理落差大。另外,乡村教师在教育体系中被边缘化,他们长期生活在乡村,受当地乡土文化的影响,而教师评价体系以城市文化为倾向,乡土资源没有被充分开发,乡村教师的身份认同感被逐渐削弱。

其次,在学校场域内,以"90后""00后"为代表的新生代乡村教师与其他老教师之间存在代际阻隔性、与学生之间存在关系疏远性。"60后"或"70后"乡村教师从小深受乡村社会文化的影响,熟知乡村社会资源,他们的生活

---

① 周桂:《场域视野下乡村教师身份认同的危机与出路——基于陕西省 WN 市四县的调研反思》,《当代教育科学》2019 年第 8 期。
② 张典兵:《新时代乡村教师发展的现实困境与超越》,《继续教育研究》2021 年第 4 期。
③ 庄玉昆、褚远辉:《乡村教师专业发展的支持体系建设》,《教育科学》2020 年第 1 期。

方式和价值体系与乡民之间有共同的话语基础。新生代乡村教师则相反,他们出生过程中受市场经济以及城乡二元结构发展模式的影响,在他们价值观形成的关键时期也恰是"离农""离乡"价值观在学校教育系统中占据垄断性地位的时期。这导致新生代乡村教师与其他老教师之间在对待乡村社会、乡民、学生、乡土文化等方面存在着明显的差异,不同代际乡村教师之间缺乏有效沟通,未能建立起有效的专业发展共同体。① 而且乡村教师面对的教育对象很多是留守儿童且家庭经济条件困难的学生,如果没有对他们付出更多的信任和关爱,乡村教师与乡村学生之间的社交距离和心理冲突会加大。

再次,乡村教师具有保守性习惯,在学校场域中竞争意识淡薄。"青年教师因为年纪轻、进取心强,再加上有晋职的压力,所以必须参加一些评价活动以积累资本,一旦评上了中级职称,大多数教师便认为'船到码头车到站',不仅不再钻研业务,有的甚至连基本的备课也达不到要求。"②由于乡村学校没有激烈的职业竞争压力,一些学校同级同学科教师的人数太少,教学业绩难以对比,导致部分自主专业发展意识不强的乡村教师安于现状、得过且过,在日常工作中缺乏上进心也能应付。同时,由于乡村学校教学环境和教学条件的相对制约,乡村教师逐渐淡化了自身在学校场域中教学和研究的参与意识。

---

① 塞世琼、彭寿清、冉隆锋:《由"他者"走向"我者"——新生代乡村教师的乡村社会融入困境与破解路径》,《四川师范大学学报(社会科学版)》2021年第3期。

② 张建桥:《农村中小学教师评价的五大困境、归因及建议——基于布迪厄场域理论的思考》,《教育理论与实践》2011年第17期。

第四章 乡村教师专业发展内生型服务体系的内涵与实践要义

　　近年来,围绕如何提升乡村教师整体质量,政府在改善乡村教师的工作环境、提高乡村教师的物质待遇、加强乡村教师的学习培训等方面出台了一系列激励和保障措施。尽管国家、政府与教育主管部门越来越重视乡村教师的专业发展,但是仍然难以有效提升我国庞大的乡村教师队伍的总体质量。《乡村教师支持计划(2015—2020 年)》指出:"全面提升乡村教师能力素质。整合高等学校、县级教师发展中心和中小学校优质资源,建立乡村教师校长专业发展支持服务体系。"该文件更多强调的是建立一个以学历提升、非学历教育培训、物质保障等服务内容为主的乡村教师专业发展"外部支持"服务体系。然而,随着我国乡村振兴战略的全面深化,现有的乡村教师专业发展服务体系在种类、方式、质量上均日益无法满足乡村教育发展对多层次、个性化、高质量乡村教师队伍的需求。同时,在"外源型"的乡村教师专业发展服务体系之下,乡村教师专业发展逐渐呈现出自主性不强、自觉性不够、持续性不足等问题。在此种形势之下,乡村教师专业发展迫切需要建立一个以政府为主导,学校积极参与,社会广泛关注,旨在促进和提升乡村教师专业自主发展、自觉发展和可持续发展的内生型服务体系。《2018 教师教育振兴计划》提出:"建立健全乡村教师成长发展的支持服务体系,高质量开展乡村教师全员培训,培训的针对性和实效性不断提高","加强县区乡村教师专业发展支持服务体系建设,强化县级教师发展机构在培训乡村教师方面的作用"。2020 年 7 月,教育部等六部门发布《关于加强新时代乡村教师队伍建设的意见》①,该文件指出

---

① 《关于加强新时代乡村教师队伍建设的意见》,2020 年 8 月 28 日,见 http://www.moe.gov.cn/srcsite/A10/s3735/202009/t20200903_484941.html。

"激发教师奉献乡村教育的内生动力",需要"厚植乡村教育情怀"和"让乡村教师享有应有的社会声望"。这表明,国家和政府逐渐开始重视激发乡村教师的内生动力、重塑乡村教师扎根乡村的教育情怀。全面推进乡村振兴战略,必须下好乡村教育这步先手棋,因为乡村振兴的关键与核心就是乡村及与乡村建设密切相关的人的振兴,而办好乡村教育则是实现这一目标的必由路径,办好乡村教育的关键又在教师,打通教育现代化的"最后一公里",需要充分依靠乡村教师,因此乡村教师专业发展成为乡村全面振兴的战略需要。

第一节　乡村教师专业发展更加需要内生型服务体系

国家和政府颁布的一系列关于乡村教师队伍建设工作的政策文件,在乡村教师的师资来源、生活保障、非学历教育、师德师风以及编制职称等方面,构建了一套相对完整的支撑乡村教师专业发展的"外源型"服务体系。不可否认的是,现有的乡村教师专业发展服务体系在改善乡村教师工作环境,提高乡村教师物质待遇等方面发挥了积极的作用。然而,在当前乡村教师专业发展服务体系之下的乡村教师专业发展依然面临着诸多困境,主要体现为乡村教师专业发展自主性不强、自觉性不够、持续性不足。因此,乡村教师专业发展困境的消解亟待构建一套不断完善的以乡村教师终身学习、自我教育、可持续发展为目标的内生型服务体系。

一、乡村教师专业发展服务体系以"外源型"为主

教育功能的实现与发挥,需要许多必要的保障措施。其中,教师队伍是第一要素。一段时期以来,作为教育功能实现的重要影响变量——教师,一直是作为一种"资源"被配置。[1] 一方面,在吸引优质师资方面。在《乡村教师支持计划(2015—2020 年)》推动下,通过扩大乡村特岗教师规模、采取多种方式定向培养乡村教师、鼓励城镇退休的优秀教师到乡村学校支教讲学等手段,乡村学校的优质师资来源得到了多渠道拓展,各方面待遇得到了较好保障,职业吸引力得到了很好的提升。然而,东北师范大学农村教育研究所对全国 11 个省 23 个区县 185 所中小学的 5900 名教师进行问卷调查的结果显示,有

---

[1]　阮成武:《教育民生论》,人民出版社 2021 年版,第 197 页。

64.7%的教师最初来乡村任教是被动因素所致,主动性因素仅占28.4%。[①]可见,外部的支撑保障体系对解决乡村教师"引得来"问题确实大有裨益,但却无法真正触及乡村教师"留的住""用心教""教得好""持续学"等内生动力问题。

另一方面,在教师专业培训方面。国家和政府不仅采取诸如乡村教师职称评聘政策倾斜、教师荣誉制度等措施来表达对乡村教师的认可和鼓励,而且为乡村教师提供了更多的专业培训发展机会。例如,为了提升乡村教师的培训实效,出台了一系列以"国培计划""省培计划""校本培训"等为主体,多种形式相结合的培训计划。具体包括专题培训、体验式培训、工作坊研修、实地考察等。据了解,2015—2019年,中央财政投入100亿元,实施国培计划、中西部项目和幼师国培计划,培训乡村教师校园长950万余人次。[②] 并规定了乡村教师在培训过程中的职责,教师必须"认真参加""积极参与""认真进行个人反思和总结"。这说明在乡村教师专业发展方面,教师仍然处于被动的被支配地位,在培训过程中教师始终充当着"局外人"和"忠实执行者"角色,而没有意识到自己应该向"局内人"和"自觉发展者"角色转换。教师培训计划作为教师继续学习的一种形式,提供优质的教育教学能力训练是一部分,更为重要的是应该注重教师观念的更新、态度的转变,引导乡村教师树立自我教育、自我发展、终身学习的理念,同时以自己的实际行动诠释热爱乡村、情系教育的初心和使命。"外源型"的专业发展服务体系成效始终不是很明显,究其原因在于此种服务体系没有真正激发出乡村教师自主发展的动力,这就决定了外源型的服务体系带来的效果始终是短暂而非持久的。因此,有学者认为,"乡村教师培训应关注乡村教师的终身发展性",而不是当作任务去安排、去执行、去完成。在培训的目标、内容、方式上要关注乡村教师专业发展的整体性、系统性提高。[③] 因此,"内生型"服务体系的乡村教师培训计划应该持续推

---

① 东北师范大学农村教育研究所:《如何提高乡村教师职业吸引力》,《教师博览》2014年第12期。

② 《"国培计划"5年投入100亿950万乡村教师接受培训》,2020年9月4日,见 http://www.moe.gov.cn/fbh/live/2020/52439/mtbd/202009/t20200904_485348.html。

③ 张嫚嫚、魏春梅:《乡村教师培训存在的问题分析及对策思考》,《教师教育研究》2016年第5期。

进教师培训信息化建设,大力构建培训资源的数据库和培训学分的管理平台,以此来提升培训的效果。同时基于乡村教师发展的需求推进培训自主化、个性化,赋予教师自主选择培训信息的权利,满足不同层次、类型的需要,而不是扶贫式地灌输给予。这样就将乡村教师专业发展服务体系和教师专业发展的内在需求相结合,将外部培训和教师的教育实践相结合,从而激发乡村教师参与教育实践反思的积极性,最终引导他们在"外塑—内生"的过程中持续成长。

同时,在教师物质待遇保障方面。目前,我国城乡教育水平差距依旧明显,尽管原因有很多,但根本原因还在教师的差距。长期以来,我国的大部分乡村学校由于办学条件艰苦、物质条件匮乏,既吸引不到优秀人才从教,又留不住优秀教师从教,更难以激发现有乡村教师扎根乡村、奉献乡村的教育情怀。为了稳定乡村教师队伍,调动乡村教师的工作积极性,国家正在大力提升乡村教师的物质待遇,着力改善乡村教师的生活条件。如依法保证教师平均工资水平不低于或者高于国家公务员的平均工资水平,建立和当地公务员工资联动机制等。进入 21 世纪以来,专门针对乡村教师的补贴政策逐渐增多。为了加大对"三支一扶"的支持力度,国家分别于 2012 年和 2015 年提高了中央财政补助标准,中央财政补助中部、西部地区标准由最初的每人每年 1 万元、1.5 万元分别提高到 1.8 万元、2.5 万元。四川省南充市高坪区除了乡村教师补助以外,还有乡镇教师补贴、交通补贴、年终奖。其中该区 39 所农村学校教师享受农村教师补贴,其标准为每月 400 元;交通补贴每月 50 元—150元;年终目标奖 2016 年为 1.1 万元,2017 年约为 2 万元,以此推算,高坪区农村教师新增收入达到 2400 元—2500 元。[①]

然而,乡村教师物质待遇的改善,能否点燃乡村教师内在的工作激情,能否激发乡村教师自我发展的内在动力,这是当下乡村教育发展面临的新挑战,也是乡村教师专业发展服务体系由外源转向内生的新机遇。展望教育现代化,随着乡村教师专业发展的经济社会背景变化,乡村教师专业发展的服务体系重心应该由"外源型"转向"内生型"。建立健全适应乡村教师专业发展的内生型服务体系,是促进乡村教师队伍总体质量提升的必由之路。

---

① 范先佐等:《中国教育改革 40 年:农村教育》,科学出版社 2018 年版,第 91 页。

二、乡村教师专业发展自主性不强

"所谓'自主性',就是主体在作用于客体的过程中所外化的'主人'性质,它是我们每一个人都可以感受到、经验到的。"①自主性是乡村教师专业发展过程中个体觉醒的主要表现,教师会把自我成长、自我发展作为其内在需求和终极目的,这种成长发展不是"被塑造""被培训""被计划",而是"自主求索""自主生成"的。因此,通过完善乡村教师专业发展的外部保障体系来唤醒乡村教师专业发展的主体意识至关重要。与此同时,这种自主性又推动乡村教师主动追求专业成长、积极参与乡土文化培育、恪守落实立德树人任务,最终朝着教育的美好理想而砥砺前行。

班尼斯曾指出:"教育中存在着两类改革:一是自上而下的强制性变革,二是自下而上的主动性变革。"②此种变革下的教师专业发展则有两种方式:外塑型和内生型。在"外源型"的乡村教师专业发展服务体系之下,教师的专业发展则以外塑型的各种保障措施为主,较少关注乡村教师专业发展的主体——教师自我,较难激发乡村教师专业发展的内部动力,从而导致乡村教师专业发展陷入自主性缺失的困境。因为,外源型的乡村教师专业发展服务体系必须通过内生型服务体系来产生作用,外部的服务体系目标指向是推动教师"要你教""要你学",内生型的服务体系终极目标是激发教师"我要教""我要学"。换言之,以外部的激励和制度保障措施为主的乡村教师专业发展外源型服务体系是初级阶段,以内生的教育情怀塑造和教育信念激发为主的内生型服务体系则是高级阶段,或是一种理想样态。显然,当下的乡村教师专业发展服务体系还是以外源型为主,其难以真正触及教师的内在需求,进而也就难以真正激发教师自主学习、主动发展的动力。自主性不强集中表现为乡村教师对专业发展缺乏主动性和积极性,在专业发展过程中总是处于"被动的接受者"。例如,部分乡村教师培训经常把各种教师培训学习"任务化""形式化"。有调查显示,38.7%的农村教师认为参加培训学习是为了完成教育部门的教育任务,因为上级教育部门把教师的学习作为教师考核晋级的一个指标,上至部门领导下至普通教师,大多将培训当成一个必须完成的任务。甚至一

---

① 李为善、刘奔:《主体性和哲学基本问题》,中央文献出版社 2002 年版,第 4 页。
② 施良方:《课程理论——课程的基础、原理和问题》,教育科学出版社 1996 年版,第71 页。

些教育主管部门或教师只关心参加继续学习的数量,但不在意质量,教师的专业学习竟异化为外在的行政指令,而不是他们内心自主产生的实践需求和内生动力,导致相当一部分乡村教师在参加学习的目标上产生偏差,他们不再将之视为自主专业成长的必然途径,而将之异化为对培训学分的追求。因此,30.4%的农村教师认为学习是为了学历达标和职称评定,19.4%的农村教师认为学习是为了适应新课程改革而避免教学失败,而真正将学习视为实现自身生命价值和教育理想的农村教师仅占 5.4%。[1] 可见,缺乏对自我身份和职业的高度认同是乡村教师专业发展自主性不强的重要原因。

　　一方面,乡村教师的自主参与是教师专业发展的必要条件。窦桂梅认为在教师专业发展过程中自身是关键,利用 9 年的时间,她从函授的专科一直读到研究生。多年来,记下了 20 多万字的读书笔记、50 多万字的文摘卡片、100 多万字的教育教学笔记,不断地自我成长已经成为窦桂梅的自主行为。[2] 她的成长经历说明,教师必须自发追求,只有自身务实进取、积极开拓,才能在教育实践中找到自己个性化的成长路径。同时必须自悟提升,要有突破传统教学理念的勇气,自觉成为课堂的建构者、创生者,大胆尝试探索。然而,外源型的乡村教师专业发展服务体系很容易忽视教师自身的本体价值,忽视教师在乡土文化中的地位和需要,过分地强调教师专业发展的工具性。

　　另一方面,乡村教师的个体需求是教师专业发展的内生动力。例如,在教师专业培训方面,一切外在的教育培训都要基于乡村教师的真正需求来进行,根据他们的教育教学实践需要,把"常规性"和"个性化"设计相结合。《2018 新时代教师意见》中提出:"推行培训自主选学,实行培训学分管理,建立培训学分银行,搭建教师培训与学历教育衔接的'立交桥'。"让乡村教师自主选择最需要的培训,激发个体参训动力,形成良性运行的专业发展机制将是今后教师培训的目标和方向。

　　乡村教育振兴是乡村振兴战略的内在要求,乡村教师是乡村振兴之源,补齐乡村教育发展短板是推进乡村教育发展的首要目标。近年来,国家出台了各种保障乡村教育健康发展的激励性政策举措,构建了比较完善的乡村教师

---

　　[1]　肖正、林正范等:《农村教师的发展状况和保障机制研究》,浙江大学出版社 2014 年版,第 124 页。
　　[2]　杨晓:《教师专业发展》,北京师范大学出版社 2013 年版,第 53 页。

专业发展体系,城乡教育体系在物质条件方面的差异正在逐步缩小。但是,由于城市的优质资源对个体具有本质上的吸引力,导致城乡教师队伍主体之间的教育信念和教育情怀差异正在逐渐拉大。因此,重塑乡村教师的理想信念,涵养其长期从教的职业情怀迫在眉睫。然而,乡村教师职业理想和教育情怀的形成往往需要一个较长的曲折的历程,在此过程中起关键性作用的因素就是乡村教师对乡村教育事业的热爱、对乡村学生的关爱。迈克尔·富兰认为:"变革是非直线的,充满着不确定性,有时还违反常理。"[①]面对乡村教育振兴带来的巨大风险和挑战,是顶住压力继续前行还是安于现状停滞不前考验着乡村教师的自主性和自觉性,同时更关乎乡村教育发展的好坏。

三、乡村教师专业发展自觉性不够

所谓"自觉性"就是主体"把自己的生命活动本身变成自己的意志和自己意识的对象"[②]。教师专业成长的关键在于"自觉",自觉把阅读作为终身的习惯,把进修培训作为成长的机会,把反思研修作为日常教学的常态。自觉不是一个静态的过程,而是一个动态的过程,这一过程伴随着教师个体生命的成长和专业的发展。自觉性体现在教师对教学过程的主动把握,对教育实践的主动反思,对个体专业发展的主动规划。乡村教师的专业发展自觉性是指其对自身从事的教育工作的清晰认识,并且在教育教学实践活动中自觉改进和提升教育教学理念和方法,有目的、有意识、有计划地促进自我专业成长,并不断提升自身专业发展水平的一种精神追求。长期以来,由于城乡二元结构的长期分化,城乡之间的个体收益和发展机会差距与日俱增,乡村教师角色单一,同时乡村教师普遍面临工资水平低、教学任务重、发展前景不明朗等问题,导致乡村教师的价值得不到自身和社会的认同,其职业荣誉感、责任感低下,从而造成乡村教师专业发展自觉性危机,即乡村教师专业发展的自觉性不够。因此,急需唤醒乡村教师的主体意识,实现乡村教师专业发展自觉性的回归。

如何提升乡村教师专业发展的自觉性呢?一方面,建构"要我发展"的外在保障机制和政策体系。自改革开放以来,政府出台了一系列支持乡村中小学教师专业发展的政策保障与实践举措,然而大多数的政策内容均缺乏对乡

---

① [加拿大]迈克尔·富兰:《变革的力量:深度变革》,教育科学出版社 2004 年版,第 33 页。

② 《马克思恩格斯文集》第 1 卷,人民出版社 2009 年版,第 162 页。

村教师精神维度上的支持,导致乡村教师专业发展的自觉性不够。这种精神缺失带来了政策优惠和个人动机之间的博弈。如国家及地方的公费师范生政策,主要内容包括:为学生报销大学期间的学费、住宿费并补贴一定的生活费。类似地,"硕师计划"脱产学习期间享受免缴学费的政策优惠,"三支一扶"的优惠政策侧重于服务期满后的就业优惠。可见,在乡村教师人才筛选和培养上,激励性政策普遍存在,但却缺乏明确的精神支持,因此出现了个人动机偏离政策目标的情况。一些乡村教师对教育事业并无热情,并不想留在乡村,只是由于家庭条件困难,并受到优惠政策的吸引而选择加入乡村教师队伍。由于功利性的价值取向,这些人往往难以对乡村教育倾尽全力,教学动力不足,自觉进行专业成长的动力缺乏。① 自觉是一种生命状态,是一种职业追求,更是一种教育智慧。拥有自觉主动之信念,在职业生涯中将永远保持激情的状态、保持自我发展的动力。缺乏自觉性的乡村教师很难融入乡村环境,极易成为乡村社会的过路人,无法在乡土社会中找到归属感,也无法体会到自己作为乡村教师的价值、使命和意义。②

　　基于上述情况,四川省阆中市的做法可能会对如何激发乡村教师专业发展的自觉性提供一些新的思路和方法。四川省阆中市在不断的实践尝试中逐步总结凝练出"内生性"的乡村教育发展理念,用乡村能给的尊重留住教师。2011 年到 2013 年三年里,招募的 596 名特岗教师,服务期满后有 520 人转正留下,服务期满转正留在农村工作的比例高达 87%。为了留住招聘来的特岗教师,阆中教育系统在关心乡村教师个人问题上下了很大功夫,他们发现很多教师不愿意到农村工作的主要原因就是家庭问题,年轻教师一旦能在从教的乡村成家,在乡村立业自然也不成问题,这样他们离开的概率会大大降低。为此,阆中市教育系统每年都会举行阆中市青年教师联谊活动,参加的对象主要是新招聘的特岗教师。另外,他们还利用网络组建了阆中特岗教师工作 QQ群,借助这些平台经常举办一些书画、诗歌联谊活动,给青年教师创造相识相爱的平台。在努力促成青年教师稳定成家的同时,阆中还实行了一些人性化

---

① 朱旭东、胡艳等:《中国教育改革 40 年:教师教育卷》,北京师范大学出版社 2019 年版,第 306 页。
② 叶菊艳:《农村教师身份认同的影响因素及其政策启示》,《教师教育研究》2014 年第6 期。

的关怀,比如将分隔较远的恋人或夫妻调到同一个片区工作,为夫妻双职工提供套房式的教师宿舍。阆中市用乡村特有的资源去建好乡村学校,用乡村的真情实意稳定了教师队伍,引导当地的乡村教育迈向了一种良好的教育生态。阆中的经验启发我们要真正想教师之所想,开展的培训要立足于乡村学校实际,关注乡村教师的切实需求,培训目标应该极具针对性。例如,开展有关阅读、课堂教学与管理、校本课程资源等方面的培训。唤醒乡村教师沉睡的主体性,必须激活乡村的内在优势,重树乡村文化的自信,重建乡村文化的尊严,挖掘乡村文化中的价值理念:善良、自由、淳朴等。从乡村实际出发,自觉构建一种适合学生成长、教师发展、乡村建设的乡土育人模式,从而实现教育最美好的理想。①

另一方面,引导乡村教师树立"我要发展"的专业成长理念。观念是行为的先导,乡村教师观念的转变能够在教师专业发展中起到"火车头"的牵引作用。教师的专业成长与其敬业精神、自我发展需求和对教育教学的反思密不可分,教师的专业成长更大程度上取决于自身的钻研与努力。乡村教育振兴战略的实施,给予了教师主动发现自我,增强自信,焕发出专业发展的机会,找回了作为一名乡村教师的自尊与自豪,这大大表明乡村教师具有自觉发展的巨大动力和空间。乡村教师应自觉进行内涵式、自主式的发展,从知识学习走向经验建构,自由选择教师专业发展的路径,经常对自我教育生活进行自觉反思、感悟、总结,进而形成一套完整的属于自己的经验体系,从而在自我经验的不断生发中实现专业的自我成长。教师自觉对课堂内外突发的教学灵感、创生的教学环节,教育过程中的细节、得失进行总结反思,久而久之将逐渐体会到自觉反思的必要性和志趣所在。研究表明,经常性地反思性研究是教师专业成长最有效的途径,教师要充分发挥主观能动性,强化自主教育实践活动,通过撰写成长笔记、自我反思,分析研究对自己专业成长影响较大的关键因素,在教育实践中研究,在反思过程中成长。经常性的反思,在教学和实践中激发自觉性,将会对教师职业有更深刻的体会,带来人格的丰满、灵魂的进化、境界的升华,自身的成长也伴随着反思而日生日成,最终享受乡村学校教书育

---

① 邬志辉、秦玉友等:《中国农村教育发展报告 2016》,北京师范大学出版社 2017 年版,第439 页。

人的生命绽放过程。

四、乡村教师专业发展持续性不足

当前,在我国乡村教师政策中,以"工程""项目""计划"形式为主的支持保障性政策居多,此种外源型为主的政策在一定程度上影响了乡村教师专业发展的内生性动力,导致乡村教师专业发展持续性难以维持。从马斯洛的需要层次理论来看,当乡村教师的生存需要和安全需要等物质层面的需要得到保障后,其身份认同和自我发展需要等精神层面的需要才会出现。此时,乡村教师会发展成为具有自我更新和自我创造的专业工作者,而不是仅仅将教师这份工作视为一种工具性职业。因此,各级政府和教育主管部门不仅需要切实提高教师的物质待遇,更要重点关注教师的精神状态,加强乡村教师的职业认同感,提升乡村教师对乡村环境的归属感,为教师队伍的可持续发展制定完善的政策措施。[①]

首先,乡村教师专业发展的持续性体现在知识与能力的不断更新。即"善教":具备扎实的专业知识和教学技能,具有一定的教学研究能力。乡村教师作为知识与文化的持有者,理应保持对新知识的持续渴求,保持对新理念的持续接纳,一次性的学历教育、单一的培训是无法实现的,树立并践行终身学习的理念将是维持乡村教师专业发展动力的一剂良方。常态化的乡村教师专业发展支持计划是推动教师知识与能力提升的重要途径,然而有些政策在制定过程中缺乏对实际情况的充分考虑,导致政策在执行过程中出现了问题。例如,有教师反映:"很多专业培训都设在周末、暑假等节假日,培训自然而然就成为了负担。"[②]这表明,教师培训政策在执行过程中应进行充分的调研,切实考虑乡村教师的现实需求。以教师个人教学水平和能力提升为目标,激发教师的自我发展需求,因为教师的自我发展需求是教师专业持续性成长的动力。

其次,乡村教师专业发展的持续性还体现在教师教育理念与教育情怀的不断提升。即"乐教":具备优良的师德师风,坚定的奉献乡村的教育信仰、教

[①] 朱旭东、胡艳等:《中国教育改革 40 年:教师教育卷》,北京师范大学出版社 2019 年版,第 295 页。

[②] 李有学:《政策过程视域下的乡村教师专业发展支持服务体系:政策演变、结构困境与体系优化》,《当代教育论坛》2019 年第 6 期。

育情怀。相比而言,教师队伍最迫切需要提升的不是学历而是教师的教育理念和教育情怀。没有科学的教育理念和深厚的教育情怀,拥有再高的学历、再渊博的知识都不足以成为一名优秀甚至是合格的教师。教育理念和教育情怀是判断一位教师是否具有"专业性"的重要标准,教育理念主要体现在教师是否熟悉并遵循教育教学规律和人才成长与培养规律,能否用专业的眼光来思考和践履立德树人初心;教育情怀主要体现在教师是否乐意做教师,是否喜欢学生,是否有淡泊名利执着从教的定力与豁达。① 2014 年教师节,习近平总书记在同北京师范大学师生代表座谈时就如何做一名好老师提出的四点要求,即要有理想信念、有道德情操、有扎实学识、有仁爱之心。② "四有好老师"集中体现了党和国家对新时代教师初心和使命的期望和要求。

再次,乡村教师专业发展的持续性还体现在教师终身学习、自我创新发展完善上。即"学教学":具备不断自我发展、自我学习、自我更新、自我超越的终身学习理念。教师是最需要终身学习的职业之一,不仅因为知识本身的日新月异,更是一届又一届、一年又一年处在不断发展变化中的学生提出的要求与挑战,面对知识的更新、学生动态的发展变化,教师唯有学而不厌、自我革新、自我完善方能更好地促进学生的健康成长,做学生终身发展的引路人。③党的十九大报告强调要"加快建设学习型社会,大力提高国民素质"。学习型社会因其学习的便捷、开放等特点,在打破既往学习时空的限制,让学习时间更加机动、学习空间更加多样、学习内容更加丰富、学习方式更加灵活的同时,也让学习时间变得更加碎片,学习空间变得更加随性,学习内容变得更加零碎,学习方式变得更加娱乐。这样充满对立统一、辩证的学习状态,比以往任何时代都更加迫切需要学习者学习的研究性、选择性和创新性。只有通过研究性、选择性、创新性学习,才能提高自身的辨别力、选择力和创造力,在便捷、开放、复杂、多样的学习环境中保持一份睿智、定力与理性选择。教师作为学生学习的激发者、引导者和示范者,首先要学会学习,学会研究性、选择性、创新性学习,成为自主学习、终身学习和自我完善创新发展的先行者、并行者和

① 李宜江:《党的十八大以来教师政策的内涵阐释》,《教师发展研究》2021 年第 1 期。
② 习近平:《做党和人民满意的好老师——同北京师范大学师生代表座谈时的讲话》,《人民日报》2014 年 9 月 10 日。
③ 李宜江:《党的十八大以来教师政策的内涵阐释》,《教师发展研究》2021 年第 1 期。

推行者。面对学习型社会带来的诸如信息量大、知识更新快、学生个性化需求多、创新驱动日益迫切、信息技术快速变革等诸多挑战，教师进行自主、自觉、持续性的专业发展无疑是新时代教师应对学习型社会诸多挑战的一种理性选择。正所谓"修己方能安人"，教己亦方能教人。教育的最高境界不是教师刻意地去教别人，而是教师不断教自己，并且以自己扎实丰富的知识、进取乐观的态度、幸福优雅的人生来唤醒和影响学生，与学生共享自己的生命故事，先教己后教人，以教己成教人。① 保持"学—教—学"不断循环往复的内在转化与相互促进，进而保持自我生命在日生日成过程中的生动活力与成长态势，践行"学—教—学"的教师专业自主、自觉、可持续性的成长模式。最终实现乡村教师教育信仰的回归：从"教书匠"走向"教育者"；实现文化使命的传承：从"边缘人"走向"传承者"；实现乡土情怀的重塑：从"异乡人"走向"主人翁"；实现内生动力的养成：从"受雇人"走向"建设者"。

最后，乡村教师专业发展的持续性离不开教育信息化的支持。教育信息化是实现优质资源共建共享、促进教育均衡发展、创新教师专业发展模式、推进终身学习的重要依托。② 《2018 新时代教师意见》指出："开展中小学教师全员培训，促进教师终身学习和专业发展。转变培训方式，推动信息技术与教师培训的有机融合，实行线上线下相结合的混合式研修。"信息技术与教育的融合突破了时间、地域、原有制度的限制，构建了以信息化平台为载体的精准供需模式，形成了优质教育资源与服务供给的政府、市场、社会多元主体共同参与的运行机制，在精准识别个体教师专业发展需求、提供个性化的专业发展方案、合理配置优质教育资源方面成效显著。例如，福建省专门为开展中小学教师培训搭建了"中小学教师远程研修平台"，以优质培训资源与名师网络指导对接为基础，以在线互动交流与过程质量监控为驱动，实现远程平台、网络课程、个性研修"三位一体"来提高培训的针对性和实效性。平台为每位教师设定了任务驱动式研修模块，包括名师视频、自主阅读培训资源、优质资源共享等。因此，在教育信息化背景下，教师角色由原来的"被动接受者"转变为

---

① 柳丽娜：《教学匠：学习型社会教师职业形象及其塑造》，《上海教育科研》2018 年第10 期。
② 王卫军、韩春玲、蒋双双：《教育精准扶贫对教育信息化的价值求索》，《电化教育研究》2017 年第10 期。

"主动探寻者",有效提升了乡村教师专业发展的质量和实效。①

"教师是教育生态阈中最为重要和活跃的生态因子,其可持续性发展直接关系到教育生态整体目标和功能的实现。"②在乡村教育生态环境中,通过对学校实际问题开展有针对性的教育科学研究,教师的教科研能力得到了提高,进一步加深了对问题的认识,更加有效地运用教科研成果去解决教育教学中面临的实际问题。因此,大部分乡村教师在完成课题的过程中实现了从单纯的"知识传播者"向"知识加工者"和"知识批判性学习者"的转变,并在教育教学过程中发挥着研究型、学者型的教师角色,并持续地自我发展、自我成长。

第二节　乡村教师专业发展内生型服务体系的涵义

中国教育发展的难点和薄弱点在乡村教育,而乡村教育发展的关键则在于乡村教师队伍的良性发展。长期以来,公费师范生政策、特岗教师政策、"三支一扶"计划等为乡村地区输入了大量的优秀教师,加之国家一系列教师职后培训项目的实施,如国培计划、省培计划、中小学校长培训项目等,乡村教师的整体素质获得了较大的提升,但与城市教师专业发展相比仍存在着不小的差距。③ 2019 年 2 月,中共中央、国务院印发的《中国教育现代化 2035》④指出:"强化职前教师培养和职后教师发展的有机衔接。夯实教师专业发展体系,推动教师终身学习和专业自主发展。"那么如何推动乡村教师队伍专业发展呢? 我们不能一味地以"强者"的姿态来俯视乡村教师,认为只需要给乡村教师提供充足的物质保障和政策支持,乡村教师就能走上良性发展之路,而是要帮助乡村教师挖掘其自我发展的潜在优势,引导和激励乡村教师立足教育实践,在自觉地学习、总结与反思中实现自我发展,这对乡村教师来说才是

① 范光基:《"互联网+"教育背景下中小学教师培训模式探索及策略思考——以福建基础教育网为例》,《中小学教师培训》2016 年第 3 期。
② 王鑫、张卫国:《教育生态学视阈下的教师发展研究》,《教育理论与实践》2015 年第 19 期。
③ 赵垣可、刘善槐:《改革开放以来我国农村教师队伍建设问题研究》,《理论月刊》2019 年第 1 期。
④ 《中共中央、国务院印发〈中国教育现代化 2035〉》,2019 年 2 月 23 日,见 http://www.moe.gov.cn/jyb_xwfb/s6052/moe_838/201902/t20190223_370857.html。

一条正确的专业成长之路。唯物辩证法认为,内因是事物发展的主要因素,乡村教师队伍建设的关键在于激发教师专业发展的自觉性,使教师的专业成长由外部驱动转为内生支持。因此,构建一套支持乡村教师专业发展的内生型服务体系是不可或缺的。

一、内生型服务体系的目标定位

长期以来,我国的教师专业发展模式主要采取职前培养和职后培训两段分离的模式。随着乡村教育改革的不断深入,以学历教育为主的职前培养模式极易造成理论与实践的脱节,与此同时,职后教师培训模式又存在培训内容与实际需求不一致、忽略乡村教师的主体地位等问题,所以教师专业发展模式的转型势在必行。[①] 为了满足学习型社会对乡村教师专业发展的要求,亟待建立一个职前培养和职后教育相衔接的乡村教师专业发展内生型服务体系。这一体系以服务乡村教师专业发展和素质全面提升为基础目标定位,以服务乡村教师的终身学习和自主、自觉、可持续性发展为根本价值追求。

第一,乡村教师专业发展内生型服务体系以服务乡村教师专业发展和素质全面提升为基础目标定位。《2018 教师教育振兴计划》提出要"全面提升教师素质能力",经过 5 年左右努力,"教师综合素质、专业化水平和创新能力显著提升",实施"乡村教师素质提高行动……为乡村学校培养'下得去、留得住、教得好、有发展'的合格教师……为义务教育学校培养更多接受过高质量教师教育的素质全面、业务见长的本科层次教师"。所以,国家和政府应加大保障乡村教师专业发展政策措施的实施力度。一方面,通过持续探索公费师范生政策、特岗教师政策、"硕师计划"和"三支一扶"等乡村教师培养和补充项目,提高乡村教师供给质量,为乡村教育输入优秀的教师人才,支持鼓励优秀教师到乡村开创事业。据统计,15 年来,"特岗计划"共为中西部地区 22 个省份 1000 多个县的 3 万多所乡村学校和教学点补充 95 万名中小学教师。通过"特岗计划"直接或间接补充的教师,是新中国成立以来数量最多、学历最高、待遇保障最为齐全的新一代乡村教师。[②] 可见,通过各类乡村教师队伍支

---

① 朱旭东、胡艳等:《中国教育改革 40 年:教师教育卷》,北京师范大学出版社 2019 年版,第 244 页。

② 《点亮万千乡村孩子的人生梦想,特岗教师的奉献与坚守》,2020 年 9 月 27 日,见 ht-tp://www.moe.gov.cn/jyb_xwfb/s5147/202009/t20200927_491575.html。

持计划,从源头上提升了乡村教师队伍的专业发展水平,为全面推进乡村教育振兴、加快农村教育现代化提供人才和智力支持。另一方面,通过深化乡村教师培训的供给侧改革,扭转现有培训模式与乡村教师实践需求存在错位的局面,提升乡村教师培训实效,给予乡村教师专业发展更加精准化、个性化的支持。① 2021 年,教育部、财政部发布了《关于实施中小学幼儿园教师国家级培训计划(2021—2025 年)的通知》②,该文件指出:"打造高水平教师培训机构;建强专业化教师培训队伍;加强培训资源和平台建设,健全教师发展支持服务体系。"国家和政府正在不断完善教师专业发展服务体系,加强乡村教师队伍专业发展方面的支持力度。同时,乡村教师专业发展还需要配套的制度支持,如完善教师职称评聘制度、全面推进"县管校聘"管理制度改革、统筹乡村教师编制的合理配置等。在广泛的保障型政策措施和制度建设的支持下,构建起全方位的以服务乡村教师专业发展和素质全面提升为基础目标定位的支持体系,进而实现乡村教师专业发展服务体系从对教师的"控制与塑造"向"支持与合作"形式的过渡,实现乡村教师队伍逐渐从合格教师向卓越教师的转型发展。

第二,乡村教师专业发展内生型服务体系以服务乡村教师的终身学习和自主、自觉、可持续性发展为根本价值追求。乡村教师专业发展服务体系的服务目标定位,在经历了服务乡村教师学历合格和能力胜任、学历提升和能力增强之后,当前以服务乡村教师专业发展和能力全面提升为主,在今后一段时期内,将会更加重视服务乡村教师的终身学习和自主、自觉、可持续性发展。③《2018 新时代教师意见》提出,要"开展中小学教师全员培训,促进教师终身学习和专业发展……推行培训自主选学"。2019 年 2 月,中共中央、国务院印发的《中国教育现代化 2035》④指出:"夯实教师专业发展体系,推动教师终身学

---

① 王晓生、邬志辉:《乡村教师队伍稳定机制的审视与改进》,《教育科学》2019 年第 6 期。

② 《教育部　财政部关于实施中小学幼儿园教师国家级培训计划(2021—2025 年)的通知》,2021 年 5 月 13 日,见 http://www.moe.gov.cn/srcsite/A10/s7034/202105/t20210519_532221.html。

③ 李宜江:《改革开放以来乡村教师专业发展支持服务体系政策演进与展望》,《教师发展研究》2022 年第 2 期。

④ 《中共中央、国务院印发〈中国教育现代化 2035〉》,2019 年 2 月 23 日,见 http://www.moe.gov.cn/jyb_xwfb/s6052/moe_838/201902/t20190223_370857.html。

习和专业自主发展。"教师是最需要终身学习的职业之一,这不仅是知识本身发展的要求,更是教师的教育对象——学生的发展性、复杂性、独特性所致。教育是一门永无止境的学问,每一个学生都是鲜活的个体,指望靠掌握永恒的知识和方法去教育千百个学生是不现实的,教师需要不断修炼自己的教育教学本领。同时,在当前乡村教师物质待遇还不够高的情况下,激发乡村教师内在自主发展的意愿,在教书育人中实现自身专业的发展和精神世界的丰富,是一种觉悟,更是一种境界,也是乡村教师职业幸福感、获得感的另一种体现。在乡村教育振兴背景下,不仅要继续贯彻落实有关乡村教师稳定向好发展的各项保障措施,还要通过满足教师群体精神层面的内在需求来引导乡村教师树立扎根乡村的教育信念和终身学习的追求,激发乡村教师自我专业发展的内生驱力,赋予教师足够的自我成长空间,培养教师关于日常教育教学实践活动和师生关系应对方面的批判性反思能力和意识,鼓励教师自主阅读、自主规划、自我反思和自我超越。简言之,加强实施乡村教师本土化培育,营造良好的乡土文化氛围,切实提高乡村教师的社会地位,唤醒社会对乡村教师的尊重,进而激发乡村教师专业发展的内生动力,唤醒教师生命自觉、自我实现的生命追求,从而融入乡土文化,奉献乡村教育。在积极的引导型政策措施和文化建设的支持下,构建起全方位的以服务乡村教师的终身学习和自主、自觉、可持续性发展为根本价值追求的服务目标,进而实现乡村教师专业发展服务体系从对教师的"激励与推动"向"引导与共生"形式的过渡,实现乡村教师队伍逐渐从卓越型向超越型教师发展的转型跨越。

2016 年教师节前夕,习近平总书记在北京市八一学校考察时提出:"让广大教师安心从教、热心从教、舒心从教、静心从教,让广大教师在岗位上有幸福感、事业上有成就感、社会上有荣誉感,让教师成为让人羡慕的职业。"①我国历来就有尊师重教的优良传统,新时代更要形成全社会尊师重教的良好氛围。乡村教师专业发展不仅要依靠保障型政策的制定、完善和实施,更为重要的是整个社会提供一个支撑乡村教师专业发展的文化环境。其一,通过持续推进乡村教师培养项目和培训计划,切实服务乡村教师专业发展和素质全面提升。

---

① 《习近平在北京市八一学校考察时强调全面贯彻落实党的教育方针努力把我国基础教育越办越好》,2016 年 9 月 9 日,见 http://www.gov.cn/xinwen/2016-09/09/content_5107047.htm。

其二,通过提升乡村教师社会地位、激发乡村教师专业发展的内生动力,着力服务乡村教师的终身学习和自主、自觉、可持续性发展。其三,构建一个职前培养和职后教育相衔接的乡村教师专业发展的内生型服务体系是乡村教师队伍建设的实践要义,也是乡村教育振兴的内在要求。

二、内生型服务体系的服务内容

乡村教师专业发展服务体系的内容涵盖乡村教师专业发展的各个方面,以满足不同乡村教师群体专业发展的不同需求。具体包含:师德师风的培养;教育教学能力的培养;教育科研能力的培养;学校管理能力的培养等。

(一)师德师风

《2015 乡村教师支持计划》明确提出:

> "将师德教育作为乡村教师培训的首要内容,推动师德教育进教材、进课堂、进头脑,贯穿培训全过程。""开展多种形式的师德教育,把教师职业理想、职业道德、法治教育、心理健康教育等融入职前培养、准入、职后培训和管理的全过程。落实教育、宣传、考核、监督与奖惩相结合的师德建设长效机制。"

2018 年 5 月,习近平总书记在北京大学师生座谈会上的讲话中指出:"评价教师队伍素质的第一标准应该是师德师风。师德师风建设应该是每一所学校常抓不懈的工作,既要有严格制度规定,也要有日常教育督导……要引导教师把教书育人和自我修养结合起来,做到以德立身、以德立学、以德施教。"[1]新时代要健全乡村教师师德养成长效机制,引导广大乡村教师以德立身、以德育人,提升乡村教师师德践行能力,从而不断坚定扎根乡村的教育理想信念和教育情怀,潜心求学问道、教书育人。基于此,乡村教师专业发展服务体系的首要内容就是全面加强乡村教师师德师风建设,厚植乡村教师的乡村教育情怀,坚定乡村教师振兴乡村教育的自信。

首先,在服务内容上要注重弘扬高尚师德师风,树立优秀榜样引导、鼓励乡村教师,尤其是要宣扬乡村教师队伍中的先进典型,及时制定并落实内在发展、榜样示范、教育引导、社会支持、监督与奖惩相结合的师德建设长效机制。

---

[1] 《习近平在北京大学师生座谈会上的讲话》,2018 年 5 月 3 日,见 http://cpc.people.com.cn/n1/2018/0503/c64094-29961631.html。

引导广大乡村教师以德立身、以德立学、以德施教、以德育人,尤其是要增强乡村教师的身份认同感,爱岗敬业,立德树人。将师德表现作为教师考核、聘用、评价的重要内容,实现师德教育的制度化、科学化和常态化,增强师德教育的实效性,结合舆论监督约束教师的育人行为。乡村教师师德师风的建设还要依靠学生、家长和社会对乡村教师的评价,以此监督乡村学校教师师德师风建设,奖励先进榜样,纠正师德师风建设中存在的问题。[①]

其次,在服务内容上要坚持不懈地用中国特色社会主义理论体系武装乡村教师头脑。深入贯彻学习习近平总书记对教师的殷切希望和要求,牢记使命、不忘初心,爱岗敬业、教书育人,改革创新、服务社会,努力成长为党和人民满意的高素质专业化创新型人民教师。进一步建立健全乡村教师政治理论学习制度,增强思想政治工作的针对性和实效性,不断提高教师的理论素养和思想政治素质,引导乡村教师形成正确的人生观、世界观和价值观。切实加强乡村教师队伍党建工作,基层党组织要充分发挥政治核心作用,进一步关心教育乡村教师,适度加大发展党员力度。同时,开展多种形式的师德教育,把教师职业理想、职业道德、法治教育等融入职后培训和日常管理的全过程。引导乡村教师认识到乡村教育对于中国发展的重要性,扎根中国大地,为中国的乡村教育振兴贡献力量。

再次,在服务内容上要更加重视乡村教师的教育情怀和身份认同。正确的理想信念是教书育人、播种未来的指路明灯。教师的教育理想信念集中体现在相信人是可教的,只要目标适度、内容适切、方法适当、时空适应,每位学生都可以在原有的基础上教得更好,直至充分唤起学生学习的自信心和发展的自觉性。教师的教育情怀集中体现在教师是否热爱教育事业、热爱教师职业、热爱自己学生,是否有淡泊名利执着从教的定力与豁达。[②] 当前义务教育阶段专任教师的学历问题已经不再是突出的问题。同时,通过"国培计划"、全员培训、校本研修等一系列培训,乡村教师的教育教学能力也得到了极大的提升。因此,稳定乡村教师队伍,增强乡村教师的职业吸引力,激励乡村教师扎根乡村、热爱乡村教育事业,留得住、教得好、有发展,激发乡村教师的教育

① 蔡其勇、郑鸿颖、李学容:《新时代乡村教师队伍建设策略》,《中国教育学刊》2018 年第 12 期。

② 李宜江:《提升教师教书育人能力素质》,《教育发展研究》2021 年第 12 期。

情怀,提高乡村教师的身份认同,是当前及今后一段时期乡村教师专业发展服务体系的重要服务内容。①《2018 新时代教师意见》指出要"大力提升乡村教师待遇。深入实施乡村教师支持计划,关心乡村教师生活……拿出务实举措,帮助乡村青年教师解决困难,关心乡村青年教师工作生活,巩固乡村青年教师队伍"。到 2035 年,"尊师重教蔚然成风,广大教师在岗位上有幸福感、事业上有成就感、社会上有荣誉感,教师成为让人羡慕的职业"。这些都表明,乡村教师专业发展服务体系在服务内容上将围绕教师的教育情怀和身份认同来提供支持服务。

(二)教育教学能力

教师的教育教学能力是指教师运用学科知识、教育理论、教学技能和学生身心发展规律等知识来进行教书育人的能力。由于乡村教师所处学校环境的特殊性,对乡村教师的教育教学能力也提出了特殊的要求。国家和政府应当通过提供常态化和个性化相结合的教师培训服务来不断提升乡村教师的教育教学实践能力,鼓励乡村教师对自身的教育实践经验进行常态化反思,引导乡村教师树立并践行终身学习理念。

首先,在服务内容上,通过组织常态化和个性化相结合的培训来提升乡村教师的教育教学能力。《2018 新时代教师意见》中提出:"推行培训自主选学,实行培训学分管理,建立培训学分银行,搭建教师培训与学历教育衔接的'立交桥'。"可见,充分给予乡村教师自主选择所需培训的权利,激发个体参训动力,形成良性运行的专业发展机制应是乡村教师培训改进的方向。乡村教师的专业发展是教师在职期间持续不断成长的过程,是一个不断学习、不断实践、日积月累的过程。因此,乡村教师专业发展服务体系的服务内容应越来越重视培训的常态化和个性化,建构分层次、分类别的乡村教师培训内容,针对不同发展阶段、不同发展需求的教师,设计不同的内容体系,特别是在培训的个性化方面,结合教育改革发展趋势和乡村教育实际,提供给乡村教师适合的培训服务,满足其专业发展个性化需求。开展"自下而上"的培训规划,在培训项目设计上以需求为主导,在培训实施过程中进行动态调整。简言

---

① 李宜江:《改革开放以来乡村教师专业发展支持服务体系政策演进与展望》,《教师发展研究》2020 年第 2 期。

之,一切外在的培训内容都必须基于乡村教师来制定、实施并完善,只有符合乡村教师的需求,尊重乡村教师的现有水平,切合乡村教师的教育实践情境,才能不断提升他们的教育教学能力。在个性化设计上,以乡村教师的"问题—活动—案例"为核心编制培训教材,并把乡村教师的生活、乡村课堂教学、乡土文化资源等元素纳入培训内容中去,使得乡村教师的专业培训摆脱城市教师的影子示范,更多地建构在他们自身的教育实践基础上。这样的培训内容亲近乡村教师,更能唤起他们的学习情感,更有助于提升专业发展自信。[①]

其次,在服务内容上,通过鼓励乡村教师自觉性的反思成长来提升教育教学能力。反思,是指一个人的内省精神和行动。对教师而言,反思就是用批判和审慎的眼光仔细地观察、分析、反省自己的教育理念和行为,在此基础上做出专业的选择。教学反思是增强教师专业能力的重要途径,反思帮助教师对教学成效及其原因进行深思,促进教师增强问题意识和解决问题的能力,帮助教师以审慎的方式持续提高自己的教育教学水平。美国心理学家波斯纳把教师的专业发展概括为一个简洁的公式:"教师成长 = 经验+反思"。即教师通过对多种方式习得的间接经验和自身积累的直接经验进行批判性地思考才能促进自己的成长。[②] 教师的专业发展过程是一个不断地自我反思过程,反思是一种理智的行动,是对客观经历和主观经验的一种综合的、理性的审视,只有经过反思的经验才是教师专业成长路上的营养,才对教师专业发展具有意义。当下,乡村教师自觉性地反思能力有待提升。例如,许多刚入职乡村教师的毕业生,当他们踏入乡村中小学后,发现"理想很丰满,现实很骨感",巨大的心理落差导致他们难以全身心地投入工作,此时如果不进行及时的疏导,他们就会把教学视作一份谋生的工作,失去自我成长的动力。对于一些中老年乡村教师,特别是一些专业理论基础比较薄弱的中老年教师更容易出现职业倦怠现象,他们或安于现状,或缺乏工作热情,失去继续成长和发展的动力,缺乏反思的欲望和动机。譬如,不少教师的备课笔记、教学计划以及课堂总结的内容往往是一成不变的,很难见到根据学生情况的变化相应调整教学行为的

---

① 庄玉昆、褚远辉:《乡村教师专业发展的支持体系建设》,《教育科学》2020 年第 1 期。
② 李存生:《乡村教师专业发展引论》,人民出版社 2018 年版,第 174 页。

内容。① 总而言之，鼓励乡村教师经常对自己的教学过程、课程内容、教学方式进行反思，经常与自我对话、与初心对话，亲身体验自身进步与教育实践积极转化之间的关系，进而在不断地反思学习中探索出适合自身专业成长的方式方法。

再次，在服务内容上，通过引导乡村教师树立并践行终身学习理念来提升教育教学能力。乡村教师专业发展必须秉承自主发展的理念，最大程度地发挥教师在专业发展过程中的核心作用。"教师的专业发展，无非就是把种种可能变为现实，这注定是一个艰难的需要长期自我投入的事业。"②一方面，树立自我发展责任意识。构建学习型社会的关键在人，在于一批批具有持续不断学习、勇于善于学习的人，这些人需要教育的培养与熏陶。修己方能安人，同理，教己方能教人。终身学习不仅是教师榜样示范于学生的必要，也是教师维持教师身份的必需。孔子说"温故而知新可以为师矣"的深层涵义就是揭示了教师之所以为教师，其实质就是教师能够终身学习，保持对外部环境和内心世界的敏感性和谦虚学习态度，从而能够发现一年前发现不了的"故"中所蕴含的"新"。所以说，温故并不必然知新，只有不断学新的人才能由故知新。如今互联网时代，信息纷繁复杂、日新月异，终身学习理念是现代教师的必备素养之一。乡村教师要将自身视为自我专业成长的主体，自觉承担起发展自我的责任，从"被发展"的囹圄中解放出来，确定自身专业发展的理想，进而树立终身学习的理念。随着时代的发展，知识和信息的更新速度不断加快，对教师来讲，只有持续地学习最新的教育理念、教学技能和方法，才能更好地把课堂教学与现实生活联系起来。坚持终身学习的教师比其他群体拥有更高的教学热情，只有诚心诚意地进行自我教育的教师，才能诚心诚意地去教育学生。另一方面，教育信息化技术的持续进步为乡村教师的自我发展提供了手段支撑。教育信息化技术的开发应用为乡村教师专业发展提供了更多的资源与手段，教师可以主动利用互联网进行学习，通过观看"微课""名师课堂""精品课程"等视频资源来不断改进自身的教学，及时将所学的教学方法运用到教学

---

① 吴云鹏：《乡村振兴视野下乡村教师专业发展的困境与突围》，《华南师范大学学报（社会科学版）》2021年第1期。

② 李政涛：《重建教师的精神宇宙》，华东师范大学出版社2014年版，第89页。

实践中去。针对目前乡村教师在教育信息素养方面的薄弱环节,必须展开全面性、系统性和持续性的信息化培训,如信息筛选与分析能力、工具选择能力等。此外,完善各类提升教师信息化素养的软硬件设施,加快数字化校园的建设进度,这些都将推动乡村教师走上终身学习之路。

（三）教育科研能力

2019 年,教育部发布了《关于加强新时代教育科学研究工作的意见》指出:"教育科学研究是教育事业的重要组成部分,对教育改革发展具有重要的支撑、驱动和引领作用。"[1]乡村教师的教育科研是促进教师专业化发展的有力支撑,是乡村教育振兴的需求,是教师自身发展的需求。对于教师来讲,其教育教学能力和教育科研能力的培养应当是相辅相成、互相促进的关系,二者合力才能更好地推动教师专业素养的提升。但是,长期以来,乡村教师教育科研认知缺失、动力不足、能力较弱,同时缺乏专业和有效地引领和指导。教师的教育研究主要在于发现和解决日常教育教学实践中存在的问题,对可能符合教育教学规律的解决方案进行探索,有效提升个体的研究水平,找到科学的教学方式方法,不断促进教师自身专业成长和发展。可以说,教书匠型教师和专家型教师最本质的区别就是是否具备研究自身工作的能力。因此,加强乡村教师的教育科研意识,提高开展教育科研的自觉性和主动性,提升乡村教师的教育科学研究能力迫在眉睫。这需要我们重视教师科研意识的培育,依据教师科研需求展开培训,优化教师激励机制与科研管理制度。[2]

首先,重视乡村教师教育科研意识的培育。地方教育主管部门和学校要充分发挥教师在教育科研中的主体地位,鼓励和倡导乡村教师基于自身实践开展个性化研究,从自己实践体验和关心的实际问题入手,在日常工作中养成观察、总结、反思、研究的习惯,针对乡村教育面临的困境展开独特的情景式的研究,以此改进教学方法,提高教育质量。通过开辟多种渠道,强化乡村教师的体验感,提升他们教育科研的兴趣。高校、市级教科研机构、中小学校多方合作的过程是一个多向互动的动态过程,在协同研究中,可以通过工作坊研

---

① 《教育部关于加强新时代教育科学研究工作的意见》,2019 年 10 月 30 日,见 http://www.moe.gov.cn/srcsite/A02/s7049/201911/t20191107_407332.html。

② 刘文娜:《生存心态视域下中小学教师的科研素养提升研究》,《上海教育科研》2020 年第 8 期。

修、项目例会、学段研讨、定期指导和年会展示等多种形式及其配套制度的构建,为乡村教师搭建多种形式的理论学习、实践创新和展示交流平台,支持教师在协同研究中积极发声、主动作为。① 此外,针对乡村薄弱学校开展校本教研活动困难,无法开展高质量的集体备课等校本教研活动,各地可以从实际出发,充分利用教育信息化手段,构建教研共同体,探索教研活动新样态。推进城乡一体化的教师研修共同体建设,开展基于互联网的混合式教研活动探索,如可以乡镇中心学校为首成立学科教研组,定期开展线上线下相结合的教研活动,集中智慧解决乡村教师教育教学实践中面临的共性问题和突出的个性问题。

其次,依据乡村教师教育科研需求开展培训。在一定意义上,中小学教育科研也是一种科学研究,虽然其实践特征明显,但仍然没有脱离对教育规律的探索和科学研究方法的运用,由于历史和现实的诸多原因,相较城市教师,乡村教师教育科研整体水平较低,迫切需要开展全面系统地培训,切实提高乡村教师的教育科研能力和素养。构建系统化的培训体系,从课题申报、研究设计、资料收集、数据分析、结论等多方面、全过程加强指导,引导乡村教师教育科研规范实施的自主性,提升教师的科研能力。通过开办讲座、经验总结、外派学习考察等形式,开阔乡村教师教育科研的视野;通过开展思维拓展、问题发现、教育科研方法等方面的培训,提升乡村教师教育科研的能力;通过课题选题与申报辅导、写作实训等方面的培训,增强乡村教师教育科研的信心;通过参与科研学习交流,熟悉和掌握基础教育领域教育科研前沿动态,激发乡村教师教育科研的意识。此外,增加个性化培训服务,注重全方位的科研体验,强调跨学科、跨学校之间的团队合作,逐步提升乡村教师的教育科研能力。总之,在乡村教师教育科研能力培训过程中学校应该大力支持。一是要聘请有丰富经验的教师担任乡村学校教研活动的指导;二是要引导参加过培训且有一定能力的教师以"传、帮、带"的形式来带领"徒弟",扩充教研的量;三是要集中本校的优势力量进行校本培训。在乡村教师教育科研过程中,既要坚持问题导向,基于乡村教育实践展开,以教育教学问题为研究方向,寻求破解问题的有效策略与方法,还要坚持实践导向,基于乡村教育情境开展研究,坚决

---

① 李艳璐:《让教师在协同研究中拥有更多获得感》,《上海教育科研》2020 年第 6 期。

杜绝为搞教科研而搞教科研的形式主义。

再次，优化乡村教师激励机制与教育科研管理制度。一方面，针对乡村教师进行教科研要对症下药，构建有效的协同推进机制，充分发挥机制的规范引领和激励保障功能。地方教育行政部门要对申报教科研课题的教师给予正面激励和一定的经费支持，将教科研成果作为职称评定的依据之一。学校可以通过多种方式帮助教师获取各类课题申报信息，学校根据要求对研究成果进行评审，将教师个人教科研成果作为职称评定依据，对优秀的成果进行推荐上报。另一方面，传统的教育科研管理重结果，轻过程，结果高于过程，如只注重论文发表数量、课题申报数量等。以结果评价为主的教育科研管理取向和模式，实质上是已经背离了教育科研的初衷。因此，提升教育科研的实效性，加强教育科研过程管理是关键一步。在教育科研管理过程中，提升教育科研管理指导力和导向作用，规范科研活动，加强对中小学教育科研的过程评价，形成围绕教育科研的工作流程，进行内容驱动的项目管理，注重教育科研资料与成果的存档和成果推广，实现教育科研全过程痕迹化管理。[①]

乡村教师从事教育科研活动，不仅要注重激发教师热情，同时也要打造涵养教师教育科研素养的文化，增强乡村教师教育科研能力提升的实效性。现代教育呼吁"研究型教师"，提倡"研究式的教学"。教师不只是单纯的"教育者"，还是教育过程中的"研究者"，提高教师的研究意识与能力是促进教师专业发展的必由之路。[②] 教师积极参与教育科研活动，通过课题研究、工作室建设、名师论坛等方式开展主题多样、形式丰富的教育科研活动，不仅能促进乡村教师的专业化发展，也能切实提高基础教育教学质量。教师的研究与教学相互促进，当教师从自己的研究中找到有效的教学策略时，教育过程中遇到的各种问题也会得到解决。在教育科研中科学地进行教育教学工作，在教育教学工作中有针对性地开展教育科研，不仅能提高乡村教师的教书育人能力，更能促进乡村教师持续不断的专业成长。

（四）学生管理能力

乡村学校学生较之城镇学生有所不同，乡村学校中贫困儿童、留守儿童、

---

① 张玲:《高质量发展视阈下中小学有效教育科研的内涵、特征及提升策略》,《现代教育管理》2021 年第 5 期。

② 杨晓:《教师专业发展》,北京师范大学出版社 2013 年版,第 77 页。

单亲家庭子女的比例较高。2016 年的农村留守儿童摸底排查工作统计数据显示,全国不满 16 周岁且父母均外出打工的留守儿童有 902 万人。即使是家中父母均在,监护人也会受繁重的农活和工作影响,无法给予孩子太多关注,从这个角度来说,这类学生也是"隐形的留守儿童"。所以,面对特殊的教学对象,乡村教师需要花费更多的时间和精力去关注学生的学习和生活。乡村学生家庭教育严重缺位,在思想、行为和生活习惯上都存在着一定的问题,因而教师除了要承担日常的班级管理工作以外,往往还需承担诸多留守、贫困儿童的生活关爱以及家庭特殊儿童的心理疏导等工作[1],乡村教师还要与家长保持及时有效的沟通,以便更好地保证学生健康成长。因此,作为一名乡村教师,在提升教育教学能力素质的同时,还要不断提升学生管理能力,特别是针对乡村学生的家庭、思想和心理实际开展有效的学生思想行为管理,引导乡村学生向上向善。

乡村教师的学生管理主要包括对学生思想及行为的引导,对学生生活上的关心等。由于乡村教师数量少,大多乡村教师都担任过班主任,班级管理事务繁杂,除常规的教学考核、教研活动等工作外,他们还需承担众多卫生及纪律维持、主题班会开展、学生活动组织、与家长沟通、学生关爱等班级管理工作。乡村教师的学生管理能力还包括塑造学生价值观的能力、培养学生自主学习的能力、提升学生审美的能力、实施抗挫折教育的能力。可以说,乡村教师学生管理能力的强弱直接影响乡村教师教书育人使命实现的高低。当前,乡村社会的文化危机,乡村大量留守儿童的隔代抚养,乡村有识之士的"乡村逃离",再加上乡村社会相对独立、自由松散的场域惯习,让乡村学校学生的行为比较任性、散漫,乡村学校学生呈现出校内不服管、不好管,校外无人管、管不了,自我没有意识与能力管等特点。这些对乡村教师构成了巨大的挑战,若不能对乡村学生进行有效的教育管理,他们在"三观"形塑的关键年龄就会被扭曲,成为被社会过早"淘汰"的一群人。

在思想上,主要培训乡村教师如何正确引导学生"三观",做学生成长路上的引路人和真正的人生导师,能够影响学生积极情感、生活能力和道德价值

---

① 朱秀红、刘善槐:《我国乡村教师工作负担的问题表征、不利影响与调适策略——基于全国 18 省 35 县的调查研究》,《中国教育学刊》2020 年第 1 期。

观。尤其是在面对"问题"儿童时如何科学地应对、开导学生,提高沟通能力,帮助学生树立正确的世界观、人生观、价值观;在行为上,主要培训乡村教师如何科学有效地运用奖惩措施对学生的"问题"行为进行有效的矫正,使其真正认识到自身的错误并不再犯;在生活上,主要是安排乡村教师对留守儿童,尤其是贫困留守儿童进行家访慰问,关注这一类学生的生活状况,留心他们的日常行为习惯,使乡村教师能够灵活主动地融入留守儿童的生活当中。除此以外,乡村教师还应当学习其他相关的内容,提高教师有效应对日常教学中出现各类问题的能力,尤其是对突发事件的有效处理能力。

2014 年,习近平总书记在北京师范大学考察时讲道:"教师重要,就在于教师的工作是塑造灵魂、塑造生命、塑造人的工作。一个人遇到好老师是人生的幸运。"①对乡村教育来说更是如此,一个好的乡村教师可以用爱心和智慧阻断贫困的代际传递,点亮乡村孩子的梦想,让知识改变乡村孩子的命运,让教育成就乡村孩子的未来。

三、内生型服务体系的服务方式

乡村教师专业发展服务体系的服务方式可分为:学历教育和非学历教育两大类。非学历教育主要包括"国培计划""省培计划",以及教育行政部门组织的各级各类培训和以学校为单位开展的校本研修等,乡村教师专业发展服务体系主要以非学历教育为主要方式。内生型乡村教师专业发展服务体系的服务方式应以教师需求为本,符合乡村教师工作实际和专业发展需求,为其提供适切的服务支持。

(一)学历教育

近年来,通过公费师范生、"特岗计划""硕师计划""优师计划""三支一扶计划",公开招聘、定向培养、交流轮岗、"银龄计划"等多渠道培养和补充交流机制,大批优秀人才前往乡村任教、支教,大约每年有 4.5 万名公费师范生到乡村任教,极大地提升了乡村教师的学历层次。2006—2019 年,全国乡村小学教师本科及以上学历占比从 5% 提高到 49%,乡村薄弱学科专任教师的比例从 6% 提高到 17%。同时,为了解决优秀乡村教师"留不下"的现实问题,

---

① 《习近平在北京师范大学考察号召全国广大教师做党和人民满意的好老师》,2014 年 9 月 10 日,见 http://cpc.people.com.cn/n/2014/0910/c64094-25629944.html。

"十二五""十三五"期间,国家发展改革委累计安排中央投资超 200 亿元,支持建设了 40 多万套农村教师周转宿舍。在各项保障性政策支持下,特岗教师在岗率、服务期满后的留任率呈逐年上升趋势,近几年特岗教师的留任率都在 85%以上。① 随着上述政策的贯彻落实,乡村教师的学历水平和整体素质都在不断提升。然而,由于乡村及乡村学校整体上的弱势地位还没有得到根本性改变,乡村教师专业发展环境没有得到根本性地改观,乡村教师队伍稳定性较差,其专业发展的基础条件难以保证,以及乡村教师专业发展内生动力不足,缺乏主动性和持续性。因此,还需进一步激励乡村教师提高学历层次,组织部属师范大学和省属师范院校定向培养一批优秀师资。与此同时,加强教师教育体系建设,建设一批国家师范教育基地和教师教育改革实验区,推动师范教育高质量发展与巩固拓展教育脱贫攻坚成果,实施乡村振兴相结合,不断深化教师教育改革,努力培养更多德才兼备的优秀乡村教师。积极引导广大师范生牢固树立扎根基层、服务乡村、献身教育的精神;瞄准乡村中小学教师学历层次偏低、全科教师严重短缺等突出问题,改革课程设置,创新教学方法,着力提升师范生基本专业素质和教育教学实践能力;深入推进招生就业制度改革,继续实施好农村公费定向师范生培养计划,落实好"特岗计划""国培计划""支教计划",探索实施高层次高学历乡村教师培养方式,面向区域乡村基础教育培养更多高学历、高质量、一专多能的优秀教师。②

(二)非学历教育

非学历教育在广义上主要是指学历教育以外的,以提高学习者知识、技能和能力、兴趣爱好以及道德情操的教育。狭义上而言,非学历教育主要指各级各类岗位培训、专业技能和专题知识培训、职业技能培训以及社区教育等,教育内容注重实用性和学习者需求,旨在提高学习者知识、技能和能力水平,促进职业技能和专业技术水平的提升。③

乡村教师专业发展支持服务体系的构建需要"上挂下联"(上挂教育行

---

① 《新时代教师队伍建设呈现新气象》,2020 年 9 月 5 日,见 http://www.moe.gov.cn/jyb_xwfb/xw_zt/moe_357/jyzt_2020n/2020_zt16/meitibaodao/202009/t20200907_485980.html。

② 《为乡村振兴凝聚磅礴师范力量》,2020 年 11 月 23 日,见 http://www.moe.gov.cn/jyb_xwfb/moe_2082/zl_2020n/2020_zl57/202011/t20201123_501261.html。

③ 黄娥:《非学历教育认证的价值、经验与思考》,《成人教育》2019 年第 9 期。

政,下联学校、教师),由此建构的支持服务体系,应该在以下三个层面发挥相应功能:在宏观层面,教育行政部门制定教师专业发展的政策提供专业建议和业务参谋;在中观层面,基层学校开展的旨在促进教师专业成长的校本培训提供专业支持和师资保障;在微观层面,为中小学教师的学科教学和研究提供资源和具体的业务帮助。因此,还应该向两头继续拓展支持服务体系,涵盖"行政服务体系""培训服务体系""校本服务体系"三个模块内容。① 提升乡村教师专业发展的途径主要是指狭义的非学历教育,结合"上挂下联"的构建理念,可以概括为:政府层面、学校层面和个人层面三个方面的服务方式。政府层面的培训方式有:"国培计划""省培计划",紧缺学科的培训,重点骨干教师的培训等;学校层面的培训方式有:校本研修等;乡村教师个人层面主要是指个体自主、自觉、持续性地主动成长。总体而言,乡村教师专业发展支持服务体系的服务方式主要是通过非学历教育,而且从政府、学校、个人三个层面展开,三方面密切配合,形成合力,满足乡村教师的专业发展需求。

1. 政府层面:"国培计划"和"省培计划"

自 2009 年始,教育部、财政部开始组织实施"国培计划",即"中小学教师国家级培训计划",包括"中小学教师示范性培训项目"和"中西部农村骨干教师培训项目"两项内容。"国培计划"的实施是国家深化中小学教师教育的一项示范性举措,其财力、物力的集结之巨,人力、精力的投入之足,在我国教师教育发展史上前所未有。"国培计划"旨在重点支持中西部农村教师培训,显著提高农村教师队伍素质,促进教育公平。"省培计划"是配合"国培计划"以提高教师队伍素质为目的的省级教师培训计划。由各省自主安排学习培训内容,与"国培计划"相比,"省培计划"具有一定的灵活性,教师的参与面更广。

2010—2019 年,中央财政累计投入"国培计划"经费 172 亿元,其中中西部项目和幼师国培项目投入超过 159 亿元,占比 92%左右。10 年来,国培参训人均经费增长约 2.6 倍,已经覆盖全部深度贫困县以及贫困地区乡村教师。"国培计划"实施 10 年,已成为全球最大规模教师培训行动。"国培计划"坚持服务基础教育改革发展,坚决落实扶贫攻坚,强化分层分类施训,有针对性

---

① 薛国平:《基于教师专业成长的支持服务体系的建构策略》,《当代教师教育》2012 年第2 期。

地提升教师核心素养和关键能力。实施 10 年来,基本上所有中小学、幼儿园的教师都轮训了一遍以上,发挥了示范引领、雪中送炭和促进改革的作用。①

第一,鉴于此类培训计划的丰硕成果,应全面推进教师培训提质增效。各级教育行政部门统筹规划,完善制度,建立机制,有效利用国培、省培、市培经费对区县进行支持,依据培训质量标准,做好区县培训工作的指导、监管评估。发掘区县先进做法和典型经验,及时总结推广。各级承担培训责任的单位要切实提升培训能力,按照培训实施方案,高质量完成培训任务。帮助乡村教师梳理、研究课堂教学的突出问题,提出解决方法策略。创新培训方式方法,及时总结送培经验,有效推广送培成果。乡村教师培训是教师培训的"最后一公里"。乡村教师的发展和队伍建设是教师队伍建设的短板和当务之急。从培训的内容上需要做进一步变革,大力推行实践性培训课程,让培训能够接地气。实践性培训课程围绕教师教学能力的提升进行培训,一要接近实践;二要坚持常态,与教师工作常态结合;三要采用混合式培训模式,将面授、网络研修、现场观摩教学、跟岗研修等多种方式结合起来。

第二,教师在职培训作为教师继续学习的一种形式,提供优质的教育教学能力训练是一部分,更重要的应该注重教师观念的更新、态度的转变,引导乡村教师树立自我教育、自我发展、终身学习的理念,同时以自己的实际行动诠释热爱乡村、情系教育的初心和使命。在培训的目标、内容、方式上要关注乡村教师专业发展的整体性、系统性提高。② 因此,内生型服务体系的乡村教师培训应该持续推进教师培训信息化建设,大力构建培训资源的数据库和培训学分的管理平台,以此来提升培训的效果。同时,基于乡村教师发展的需求推进培训自主化、个性化,赋予教师自主选择培训信息的权利,满足不同层次、不同类型的教师需要,而不是扶贫式地单向给予。这样就将乡村教师专业发展服务体系和教师专业发展的内在需求相结合,将外部培训和教师的教育实践相结合,从而激发乡村教师参与教育实践反思的积极性,最终引导他们在"外

---

① 《"国培计划"蓝皮书(2010—2019)摘要》,2020 年 9 月 4 日,见 http://www.moe.gov.cn/jyb_xwfb/xw_zt/moe_357/jyzt_2020n/2020_zt16/guopeijihua/guopeilanpishu/202009/t20200907_485968.html。

② 张嫚嫚、魏春梅:《乡村教师培训存在的问题分析及对策思考》,《教师教育研究》2016 年第 5 期。

塑—内生"的过程中持续成长。

第三,在服务方式上,要更加重视乡村教师培训的常态化和个性化。乡村教师的专业发展是教师在职期间持续不断成长的过程,是一个不断学习、不断实践、日积月累的过程。因此,乡村教师专业发展服务体系的服务方式要更加重视培训的常态化和个性化,特别是在培训的个性化方面,结合教育改革发展趋势和乡村教育实际,提供给乡村教师适合的培训服务,满足其专业发展个性化需求。《2018 教师教育振兴计划》指出:"高质量开展乡村教师全员培训,培训的针对性和实效性不断提高……发挥'国培计划'示范引领作用,加强教师培训需求诊断。"2019 年,教育部办公厅、财政部办公厅《关于做好 2019 年中小学幼儿园教师国家级培训计划组织实施工作的通知》①指出:"各省(区、市)要加强分层分类施训,准确把握教师专业成长的关键阶段,通盘设计新教师入职培训、青年教师提升培训、骨干教师研修和卓越教师领航等,提升教师各阶段核心素养和关键能力。"这些都表明,乡村教师专业发展服务体系在服务方式上将越来越重视因材施训。

2. 学校层面:"校本研修"

国家、政府主导组织的培训是一方面,乡村学校的培训在乡村教师专业发展支持服务体系中也是非常重要的一环。乡村学校因其地理环境、教育资源等因素,每所学校各有特点,对乡村教师的专业发展也提出了不同的要求。所以,乡村学校借助乡村教师专业发展支持服务体系的政策和资金支持开展校本研修,可以更好地推动本校教师因校制宜,促进其专业发展,最终实现乡村教育的振兴。

首先,乡村学校制定本校实施方案,实现各类培训和校本研修有机统合。"将区县培训资源包和本校资源纳入校本研修课程,做好本校学科组和教师研修的过程监管和绩效评估。"②以便更好、更灵活地促进乡村教师专业发展。乡村学校相对比较分散,乡村相邻学校间成立"兄弟校"能更好地整合教育资

---

① 《教育部办公厅　财政部办公厅关于做好 2019 年中小学幼儿园教师国家级培训计划组织实施工作的通知》,2019 年 3 月 7 日,见 http://www.moe.gov.cn/srcsite/A10/s7034/201903/t20190315_373529.html。

② 《教育部办公厅关于印发乡村教师培训指南的通知》,2016 年 1 月 4 日,见 http://www.moe.gov.cn/srcsite/A10/s7034/201601/t20160126_228910.html。

源,组织教学研磨活动。其次,积极地推动乡村学校与城区学校联合,建立"帮扶校",适时组织城区中小学教师去乡村教学,鼓励青年教师下乡支教,同时邀请乡村中小学教师到城区中小学参加观摩课或教研活动。再次,乡村学校可以定期举办教育教学技能大赛、素养大赛,择优推荐参加市、省级比赛,以此来激励乡村教师的专业成长。在乡村学校,引导教师参与校本培训,组织形式多样地观摩课、示范课、教研课,并积极配合专家指导团队,找准本校存在的教育教学问题,探索出解决策略,并做好培训工作的总结。总之,不管是培训内容的变革,还是培训形式的创新,都更应该确保培训活动本身的实效性和针对性。

国家、政府、学校等多方合力推动乡村教师专业发展支持服务体系的构建并不意味着乡村教师个体在此过程中只扮演一个"被动接收者"角色。乡村教师在参与培训过程中也需积极配合,抓住展示自我教学能力的机会,优化自身教学设计,找准自身课堂教学存在的问题,还需配合研修的目标,制定出个人的研修计划。在培训结束后,每一位乡村教师都应当认真进行个人总结,梳理经验、反思问题、明确改进方向,制定下一步个人发展计划,并及时将培训所学用于课堂实践,切实提升课堂教学质量。

3. 个人层面:自我专业成长

乡村教师专业发展服务体系的构建除了要解决物质保障层面所面临的困难外,还有一个重大困难就是如何调动乡村教师的自我发展内驱力,如何实现乡村教师专业发展的自我内驱力与各项服务内容之间的有效衔接。没有乡村教师内生状态的改变,就不会实现乡村教师真正的专业成长。在长期稳定的、统一性的要求下,更加重视乡村教师个体化经验和情境性条件,支持教师从个体内部生发出积极、正面的情感和意愿。为教师成长提供精神上的支持性环境,培育学校人文环境、支持教师自主成长、激活教师的发展空间,将是未来一个时期教师教育政策调整、管理改革需要着重考虑的。因此,激发乡村教师进行自主、自觉、持续性的自我专业成长也是乡村教师专业发展服务体系的重要服务方式之一。

一方面,提升乡村教师的职业尊严和社会地位,从而激发自我成长的内生动力。在城乡二元结构背景下,乡村常被视为"贫穷""落后"的代名词,乡村教师也被贴上"生活朴素""环境艰苦""牺牲受罪"的形象标签。《2018 新时代教师意见》指出："各级党委和政府要切实负起中小学教师保障责任,提升教师的政治地位、社会地位、职业地位。"①实施乡村振兴战略为乡村教师立足乡村,进行专业自主发展提供了机遇。因为乡村振兴注重激发乡村的发展活力,关注乡村人才队伍建设的可持续性,尤其将乡村教育的主动发展放在了重要位置。所以,乡村教师不再是被动接受改造或教育,而是主动成长与发展。一是重构乡村教师文化的专业自信,促进乡村教师发展动力内生增长。增强其对自我职业的认同。引导教师发现并感受乡村环境与乡村生活中的美好,提高认同感,并在此基础上建立乡土文化自信,不断增强其发展动力。② 二是政府应出台可操作性的政策法规,完善运行机制,尊重乡村教师在乡村治理中的知识话语权,满足其在职业生涯中的多元需求和合理地位,增强乡村教师身份认同和职业吸引力。在研究制定涉及中小学发展政策、乡村治理规划等重大事项时,应邀请一定数量的乡村教师代表参加,充分听取乡村教师的意见,充分尊重并保障乡村教师在乡村治理中的话语权。三是加强对乡村教师精神层面的体察,乡村教师真正需要的尊重、尊敬和职业的荣誉感、幸福感,可能未必是物质上的,更多的应该是精神上的。关注乡村教师情感体验、价值观念的变化,提高乡村教师的存在价值,最大程度地发挥教师的自主性。动员全社会力量,开展关爱乡村教师行动,让其切实感受到作为一名乡村教师的尊严和荣誉。

　　另一方面,重塑乡土文化环境,培育乡村教师的乡土教育情怀,催生自我成长动力。受到城市化进程的虹吸效应以及城乡一体化的教育制度设计影响,乡村社会经济与文化出现严重的空心化发展趋势,乡村教师无论是在师范院校的职前培养期,还是在乡村教师的入职培训中都未曾有过深入或深刻的乡土情怀滋养或渗透,目前的教师培养制度基本都是基于当下城市的教师专业标准、教师资格证考试标准、师范专业认证等制度,按照师德师风要求、专业知识和能力等维度的普遍性要求进行培养,导致乡村教师陷入了追赶城市教师的漩涡。③ 在教师职前培养、职后培训过程中乡土文化的缺失致使乡村教

　　① 《中共中央国务院关于全面深化新时代教师队伍建设改革的意见》,2018 年 1 月 20 日,见 http://edu.gd.gov.cn/zxzx/xwfb/content/post_1600165.html。
　　② 乔晖:《乡村振兴背景下卓越教师专业化发展路径》,《南京农业大学学报(社会科学版)》2020 年第 3 期。
　　③ 塞世琼、彭寿清、冉隆锋:《由"他者"走向"我者"——新生代乡村教师的乡村社会融入困境与破解路径》,《四川师范大学学报(社会科学版)》2021 年第 3 期。

师难以对乡村教师职业产生强烈的职业认同感,因此急需培育乡村教师热爱乡土文化、热爱乡村教育的乡土情怀,从而引导他们发现并感受乡土文化环境中的美好,并在此基础上建立文化自信,不断提升自我成长内驱力。总之,培养具有乡土情怀的教师,不仅仅是为了"下得去""留得住",更是为了"教得好""持续教",教育情怀是乡村教师主动将其教育理想转化为教育行动和教学实践的内驱力。① 如何培育乡村教师的乡土教育情怀? 一是要在职前培养中加强师范生理想信念教育,涵养长期从教、终身从教的乡村教育情怀。同时,把乡土教育情怀作为乡村教师选拔和招聘的重要标准,突出乡村教师的乡土特质。二是要加大对优秀乡村教师事迹的宣传力度,树立优秀乡村教师典型,为乡村教师提供角色榜样,强化乡土情怀培育,激发乡村教师扎根乡村教育事业。三是要切实保障乡村教师的各项待遇,提升乡村教师岗位吸引力,重构乡村教育的自信,吸引优秀人才长期留任乡村。②

在乡村教育教学过程中,教师充分吸收当地风土文化,立足乡村大地,开发校本教育资源。还要特别关注留守儿童、特殊困难学生,通过家访、谈心谈话等方式,帮助学生健康成长。加强与学生家长交流沟通,指导开展家庭教育,形成家校共育合力,塑造新时代文明乡风。拥有乡土情怀的乡村教师会更加乐意积极参与乡村文化建设,深耕乡村文化教育,谋划乡村文化发展。在乡村教育活动与乡村社会活动的互动中,教师的自主、自觉、持续性的专业发展意识被充分唤醒,乡村教师持续不断的专业发展也将有力地推动乡村教育振兴。

四、内生型服务体系的服务供给机制

《2015 乡村教师支持计划》提出"要把乡村教师培训纳入基本公共服务体系"。现代政府职能转型的核心是强化社会管理和公共服务,提高基本公共服务能力是建设公共服务型政府的重要内容。可见,乡村教师专业发展支持服务体系的供给机制主要还是依托于各级政府,主要是县级人民政府为乡村教师的专业发展提供各种资源和保障。但是,相较于早期的服务体系大部分

---

① 沈伟、王娟、孙天慈:《逆境中的坚守:乡村教师身份建构中的情感劳动与教育情怀》,《教育发展研究》2020 年第 Z2 期。

② 王艳玲、陈向明:《回归乡土:我国乡村教师队伍建设的路径选择》,《教育发展研究》2020 年第 20 期。

是政府指令、政策计划来讲,目前乡村教师专业发展支持服务体系仅靠政府这一供给主体确实难以满足乡村教师群体的广泛需求,诸如存在对乡村教师培训需求识别不精准、供给方案缺乏个性化、资源配置流动与分配不够合理等问题,在资源与服务供给传递、对接、监管方面也缺乏有效平台与工具,亟须引入多元主体协作与技术嵌入机制,在制度层面保障服务体系的构建。为了能够更广泛地满足乡村教师专业发展需求的层次性,服务的供给机制也应与时俱进,应逐渐建立健全乡村教师专业发展支持服务体系资源与服务供给的政府、市场、社会多元主体协作运行机制,引进互联网技术,实现培训供给调适的系统化与精细化,完善乡村教师专业发展供给全链条,[1]合力构建更加系统化、更加精准化、更加个性化的乡村教师专业发展服务体系供给机制。

　　第一,政府要注重提供优质化、个性化的教师专业发展服务,提升服务供给的有效性和针对性。尤其是以"国培计划"和"省培计划"为主的,针对中西部边远贫困地区教师和乡村教师专业发展的培训计划。这些政府主导的培训计划以中西部贫困地区的农村教师队伍培训为重点,以提高乡村教师队伍的整体素质为目标。2010—2019 年,中央财政累计投入"国培计划"经费 172 亿元,十年来,国培参训人均经费增长了约 2.6 倍。其中,中西部项目和幼师国培项目投入超过 159 亿元,占比 92%左右,总参训人数为 1644 万人,直接使中西部 1.58 亿中小学幼儿园(包括特殊教育)学生受益,从而惠及本地区 8.95 亿常住人口,大幅度提升了中西部教师专业素养。[2] 由此可见,目前政府的政策计划仍然是有力提升乡村教师专业化发展最重要的手段之一。从供给侧结构性改革的视角来看,我国当前乡村教师培训的供给体系与需求侧存在着不相适应的情形。一方面,有针对性和实效性的优质培训资源供给不足;另一方面,一些不能切合乡村教师发展需求的中低层次的培训又存在着一定程度的重复和资源浪费现象。基于此,优化乡村教师专业发展服务体系的供给机制,

---

　　① 李宜江:《改革开放以来乡村教师专业发展支持服务体系政策演进与展望》,《教师发展研究》2020 年第 2 期。

　　② 《"国培计划"蓝皮书(2010—2019)摘要》,2020 年 9 月 4 日,见 http://www.moe.gov.cn/jyb_xwfb/xw_zt/moe_357/jyzt_2020n/2020_zt16/guopeijihua/guopeilanpishu/202009/t20200907_485968.html。

创新乡村教师专业发展服务体系,政府仍然需要不断增强公共服务意识,建立健全乡村教师专业发展支持服务供给制度安排与设计,提高政府提供基本公共服务的效率。一是要保证政府提供的资源和服务供给与受训乡村教师的专业发展需求相结合。今后,县级人民政府要减少无效和低端的乡村教师培训供给,扩大有效和中高端培训供给,增强培训供给结构对乡村教师需求变化的适应性和灵活性,增加优质培训资源供给,精准施策、分层施训。① 二是要进一步加大推进教育培训和信息技术的融合应用力度,作为"国培计划"和各地各校教师培训的重要内容,有针对性地开展好专题培训,加强教师培训学分银行建设,满足教师个性化的服务需求。三是要明确市县教育行政部门推进乡村教师专业发展的主体责任,对乡村教师专业发展提供全面支持,结合各校实际状况形成协同式、一体化的培训体系构建,组建一支高水平培训团队,集聚优质教育培训资源,明确配套的运行、管理和监测机制,保证乡村教师专业发展常态化。

第二,引入市场竞争机制,政府采购并监管优质公共教育服务,如互联网资源等。承担"国培计划"的单位大多是高等学校,尽管每个学校都尽可能给予参训教师最好的资源,但对于乡村中小学教师而言未必对口。② 一方面,乡村教师专业发展服务体系应立足于政府主导下的多元主体模式,积极推进教育服务供给方式变革,充分发挥政府力量和市场资源,在制定严格准入标准的前提下,开放教师培训市场,从全社会购买优质的教师培训服务。对在职教师的培训除了政府和高校提供的培训资源外,吸纳高水平、高质量的社会培训机构参与乡村教师培训,可以有效增加优质培训资源供给,通过政府购买、组织开发和征集遴选等方式提供多样化、高质量的乡村教师培训服务,让每一位乡村教师都能获得优质的培训服务。另一方面,推动制定互联网教育服务政府购买机制,探索"线上+线下"教育资源融合共生的乡村教师培训新模式。2020年,教育部等六部门发布的《关于加强新时代乡村教师队伍建设的意见》指出:"教师配置尚未达标的地区可通过政府购买服务等多种形式支持乡村教育事业,鼓励体育社会组织和专业艺术人才为乡村中小学提供体育、艺术教

---

① 左明章、向磊、马运朋、杨登峰:《扶志、扶智、扶学:信息化促进教育精准扶贫"三位一体"模式建构》,《电化教育研究》2019年第3期。

② 范宁雪:《囚徒困境:乡村青年教师在"国培"中》,《当代青年研究》2019年第5期。

育服务。"①互联网教育服务平台体系可以覆盖各类教师教育专题和各教材版本的学科课程资源体系,涵盖课程开发、教学应用、推进实施等方面的政策保障制度体系,还能开展便捷式的线上教育教学方法、学习规律、管理机制的研究与交流,发挥"一师一优课、一课一名师"活动示范带动作用,大力推广应用先进的教育教学方法。因此,其在制定培训目标、选择培训内容、实施培训评价上将更容易满足教师的个性化需求,尊重教师在培训中的主体地位,融合乡村教师的教育实践,以期实现乡村教师自主、自觉和可持续性的专业发展的目的。

第三,乡村学校广泛参与,社会力量大力支持。对乡村学校教师的培训,在供给方式上要由单一的"扶贫"式资源注入转向提升自身"脱贫"式能力的学习、指导和培训,让受训乡村教师的感受从"参与感"转化为"获得感"。乡村学校既是乡村教师的生活工作场所,又是教师专业发展的重要平台。首先,学校是政策指令的载体,没有学校的广泛参与,相关政策很难落实到位。其次,学校为教师的专业成长提供交流平台、教学资源、活动场所等物质性保障。再次,学校作为政府部门和教师个体之间的中介,起着上传下达、调节支撑作用。乡村学校的发展水平是极不均衡的,各校之间差异较大,因此,在促进教师专业发展过程中必须立足本校,以学校情况为基础,从教师现状出发确定本校的教师专业发展目标、方式和内容,进而有效提高本校教师的教育教学水平。例如,在教师培训方面,以往自上而下的培训经常带来理论与实践相脱节的弊端,这就导致教师学习起来枯燥无味。学校层面的校本培训可以基于学校实际情况实施,可以更加充分地利用学校现有资源,且具有灵活性、丰富性、较强的针对性和实效性。在校本培训过程中,培训教师和受训教师互相熟悉,可以根据每位教师的特点,贴近乡村教师的日常教育实践,有针对性地制定培训内容和方式,以解决学校教师面临的问题为起点,以问题的解决和教师的素质提升为归宿,其形式丰富多样,可以涵盖"名师讲座""学科组论坛""课题研究""教学观摩""案例学习"等。校本培训的本质在于以教师的需求为主,用多样化的方式来满足个性化的需求,更在于通过外在的培训来唤醒和激发教

---

① 《关于加强新时代乡村教师队伍建设的意见》,2020 年 8 月 28 日,见 http://www.moe. gov.cn/srcsite/A10/s3735/202009/t20200903_484941.html。

师的主体性,用共同的愿景和乡土文化氛围形成一种内在驱动力,引领教师自主发展。因为学校不仅仅是一个教书育人的场所,更负有传递文化和精神的重任。多样化的乡村教师队伍呈现出多样化的专业发展需求,目标不同、内容不同、类型也不同。因此,多样化的乡村教师专业发展服务体系既是服务于当前教育问题的解决,更是为教师的自我成长做准备。[①] 此外,还需充分发挥全社会教育资源的力量,构建资源丰富、形式多样的服务供给体系。

建立健全乡村教师专业发展服务供给的政府、市场、社会多元主体协作运行机制,形成计划和市场相结合、线上和线下相结合、外部保障与内部激励相结合的服务机制将是今后促进乡村教师专业发展的着力点。市场的介入将有效增加优质培训资源的供给,互联网技术的介入将有利于构建精准施训的教育信息化平台,外部保障体系的完善将极大地激发乡村教师专业发展的内生动力,从而形成教育培训资源与服务供给的政府、市场、社会多元主体协作与参与机制,实现服务供给机制的系统化与多元化。

五、内生型服务体系的服务成效评估

《2018 教师教育振兴计划》明确提出:"加强教师培训需求诊断,优化培训内容""建立教师培养培训质量监测机制""建立健全教师培训质量评估制度"。在深化教育评价改革和教师专业内涵式发展背景下,我国现有的教师专业发展服务体系的成效评估在设计、实施中存在怎样的问题,怎样优化服务体系成效评估设计,进而促进教师专业发展成为亟待关注的重要问题。科学的服务效果评估有助于发现服务过程中的不足,从而提出改进策略,为教师专业发展带来持续的活力,推动教师成长和教育质量提升。教师的专业化发展贯穿于教师职业生涯,成效评估需要以推动教师的自主性、自觉性、持续性专业发展为评估目的。可见,对乡村教师专业发展内生型服务体系的成效进行评估不仅是有意义的,也是十分必要的。

乡村教师专业发展服务体系的成效评估有其特殊性,考虑到教师专业成长的复杂性,具体可以采取以下评估思路:一是以乡村教师专业发展需求是否得到满足为评估出发点,内生型的乡村教师专业发展服务体系的成效评估主

---

① 陈时见、胡娜:《新时代乡村教育振兴的现实困境与路径选择》,《西南大学学报(社会科学版)》2019 年第 3 期。

张以教师需求的满足程度作为判断服务成效的主要依据,并通过供给调整来改进和提高教师专业发展的效果。二是评估主体要多元化。例如教师培训质量如何,教师自己最有发言权。但教师的专业发展不仅是自身的成长,更是以提升教育教学质量为目标的发展,所以教师的专业发展水平,教育部门、培训教师、学校同事及学生都有发言权。三是评估时间要延长。教育不在近效,而在远功,即教育具有长期性、滞后性的特点,教师的专业成长也是一个逐渐深入的过程。因此,服务体系成效评估要关注即时评价、过程评价和跟踪评估。四是评估方式要多样化、个性化、层次化。可以采用定性与定量相结合、形成性与终结性相结合的评价手段;引入第三方评估机制,受教育部门委托的第三方组织专家制定评估指标体系并组建评审组对服务项目进行评估,确保了多元价值观的体现;充分利用现代化的数据收集方式,建立网上评审专家智库、培训需求调查系统、网上评估分析模型等。[①]

如何进行科学、合理的服务成效评估,并以此为驱动力来提升教师教学水平,促进教师的专业成长。[②]《2015 乡村教师支持计划》提出:"要将实施乡村教师支持计划情况纳入地方政府工作考核指标体系,加强考核和监督。"为保障国培成效,各主体单位实行顶层设计、实施过程、质量评估全过程监管。在项目设计阶段,国家层面组织专家对示范性国培项目承担机构和方案进行评审,对国培项目进行实施方案现场诊断,提出修改意见并书面反馈。在项目实施阶段,国家层面依托信息化管理系统,加强项目过程监控。在项目结束后,采取参训学员网络匿名评估等方式,分项目对培训绩效进行评估并反馈有关省份机构。比如,安徽省引入第三方评估机制,由省教育评估中心对国培绩效进行评估,公开评估结果,反馈改进意见;甘肃、内蒙古建立以资深专家为主的培训教学督导组,进驻培训点,全面监督培训方案落实;上海市、福建省实行见习教师规范化培训,实行新入职教师到优质中小学校跟岗学习一年,并与教育硕士学位相衔接的培养机制;山东省适应"互联网+"新形势,进一步完善远程培训模式,加强优质培训资源共建共享;北京师范大学在中华优秀传统文化涵

---

① 王晶晶:《中小学教师培训项目质量第三方评估机制的构建》,《教育理论与实践》2016年第 17 期。

② 刘志军、王洪席、张红霞:《促进教师不断发展的评价体系构建》,《清华大学教育研究》2015 年第 6 期。

养师德,华东师范大学在信息技术应用能力的国培方面凸显了特色;贵阳幼儿师范高等专科学校一体化设计搭平台,多级联动促实效,建构幼儿教师专业成长。① "地方各级人民政府教育督导机构要会同有关部门,每年对乡村教师支持计划实施情况进行专项督导,及时通报督导情况并适时公布。国家有关部门要组织开展对乡村教师支持计划实施情况的专项督导检查。对实施不到位、成效不明显的,要追究相关负责人的领导责任。"政府开展的乡村教师专业发展的培训,需要时刻进行监督,并安排定期的考核。在培训管理上,各参训学校务必严格遴选参训教师,且将参训教师的培训成绩与评先评优及评职晋升挂钩,各培训机构务必严格培训期间的考勤。②

乡村教师专业发展服务体系成效评估的内容多样,政府、培训实施者、乡村学校等是教师专业成长最直接的相关主体,因此,各相关主体给乡村教师专业发展提供的各项服务内容都应纳入成效评估范围。第一,在政府服务成效评估方面。着眼于教师支持政策制定(师资来源、工资待遇、编制职称等)及教师培训方案制定(教师需求调研、课程设计、师资配备等)和实施情况,通过文件审阅、实地调研来评估政策方案的落实情况。第二,在培训实施者服务成效评估方面。立足于实施者的培训理念、课程设计、培训内容、培训管理、学员参与度和积极性,通过现场督导、学员访谈、满意度调查、课堂观察等方式来评估培训的实效性。第三,在乡村学校服务成效评估方面。不仅要关注学校的乡土文化建设情况,还要重点考察学校是否为乡村教师专业成长提供的诸如"校本研修""名师工作室"等交流和成长的平台。③ 对教师自身来说,内生型服务体系的实施成效就在于其是否真正满足了教师专业发展过程中的多样化、个性化的需求,是否真正有利于提升教师的师德师风、教育教学水平、教育科研能力,是否真正有利于实现教师终身学习和自主、自觉、可持续性发展的目标。

内生型的乡村教师专业发展服务体系的要义在于要求供给方通过强化服

① 王定华:《新时代我国中小学教师国培的进展与方略》,《全球教育展望》2020 年第 1 期。
② 徐红、董泽芳:《改善我国教师专业发展机制的八大建议》,《教育研究与实验》2019 年第 3 期。
③ 曲小毅、王晓玲:《我国教师培训有效性评价的问题及改进策略》,《教师发展研究》2021 年第 2 期。

务内容设计,灵活运用各类教育资源特别是个性化的教师培训等,及时有效引导和满足教师专业发展需求,并逐渐解决"不培训不行,培训后也没用"和"培训就是负担"的现状。[①] 通过调整优化乡村教师专业发展支持服务体系的服务项目评审机制,加快实施进度,对服务体系的各项培训进行及时的成效评估,确保乡村教师专业发展支持服务按时保质完成。

第三节　乡村教师专业发展内生型服务体系的实践要义

2021 年 2 月,《中共中央国务院关于全面推进乡村振兴加快农业农村现代化的意见》指出:"提升农村基本公共服务水平""提高农村教育质量,多渠道增加农村普惠性学前教育资源供给,继续改善乡镇寄宿制学校办学条件,保留并办好必要的乡村小规模学校"。[②] 全面推进乡村振兴战略的实施,基础在教育,乡村教育发展的关键在乡村教师队伍,一支高质量的乡村教师队伍可以有效提升乡村教育质量,优质教育又将为乡村振兴注入更多发展动能。[③] 因此,构建乡村教师专业发展内生型服务体系是乡村振兴的应有之义,乡村教师队伍的专业发展又是乡村全面振兴的战略需要。乡村教育的振兴要求乡村教师实现内涵式发展,这仍然离不开待遇提升、职称评审和城乡教师交流等外部服务体系的有力保障,但关键在于通过提高乡村教师的社会地位和声望,关注乡村教师的精神世界和情感需要,引导乡村教师真正体验到扎根乡村、教书育人的幸福感、荣誉感和成就感,从而激发乡村教师专业发展的内生动力。

一、乡村教师专业发展是乡村全面振兴的战略需要

《乡村振兴战略规划(2018—2022 年)》明确提出,优先发展农村教育事业,提升乡村教育质量。可见,乡村教育是乡村全面振兴战略的重要组成部分,而乡村教育的发展断然离不开一支师德高尚、业务精湛、结构合理的高素

---

① 韩映雄:《基于供给侧视角的大学教师专业发展项目评估与创新》,《教师教育研究》2018 年第 2 期。

② 《中共中央国务院关于全面推进乡村振兴加快农业农村现代化的意见》,2021 年 2 月 21 日,见 http://www.gov.cn/zhengce/2021-02/21/content_5588098.htm。

③ 戚万学、刘伟:《乡村教育振兴的内涵、价值与路径》,《国家教育行政学院学报》2020 年第 6 期。

质专业化创新型教师队伍。因此,乡村教师专业发展是乡村全面振兴的战略需要,为乡村全面振兴提供人才支撑和智力支持。

第一,为乡村振兴提供高质量教育,提升乡村人口素质。乡村教师专业发展为乡村教育振兴提供了有力的人才支撑,乡村教育发展是提升乡村人口素质,推动乡村社会发展进步的重要动力。乡村教师的专业发展,不仅可以有效解决乡村教育在整个教育体系中发展短板问题,更重要的是还可以通过提高人口素质来阻断贫困代际传递。[1] 从人力资本理论来看,提升人力资本可以有效提高生产力、促进乡村经济可持续发展,教育是提升人力资本的重要手段,尤其对乡村地区的贫困人口来讲更是如此。因此,教育通过提升乡村人口素质竞争力来提高劳动生产率,以此来促进乡村全面振兴。[2] 此外,乡村教师不同于其他教师,因为特殊的地理位置决定了其具有特殊的职业使命。由于乡村儿童大多缺乏父母的悉心照料,乡村学校容易发生一些突出的教育问题,如留守儿童的身心健康发展问题,家校合作机制不畅等。家庭教育的缺失极易导致孩子产生厌学情绪,一旦缺乏父母、教师及时的指导,极有可能误入歧途。其中,厌学、转学甚至辍学在乡村学校是并不鲜见的现象。基于此,需要乡村教师因地、因人制宜,加强乡村学生特别是留守儿童的心理健康教育。作为乡村教师,不仅要给学生传授知识,也要善于做他们的人生导师,切实为乡村振兴带来高质量的教育。进一步来讲,乡村教育振兴可以促进经济发展,服务乡村振兴战略,更关键的是,乡村教育振兴可以通过优质教育提升乡村人口的竞争力。因此,乡村教师的专业发展成为乡村振兴的关键所在。

第二,为乡村振兴传承乡土文化、继承乡土文明,引领乡村精神文化建设。乡土文化是乡风文明的重要载体,它是长期生产、生活在乡村的乡民受政治、经济、文化、宗教等因素影响,逐渐形成并发展起来的一套思想和行为方式。它有两种呈现形式:一是内隐性的思想观念、处世方式、言语习惯等;二是外显性的典章规程、民俗仪式等,是乡民为人处世、安身立命的根本所在。对于乡

① 金久仁:《精准扶贫视域下推进城乡教育公平的行动逻辑与路径研究》,《教育与经济》2018年第4期。

② 秦玉友、张宗倩、裴珊珊:《教育在促进农村发展中如何发力——2020年后教育扶贫对接教育促进乡村振兴的着力点与路径选择》,《东北师大学报(哲学社会科学版)》2021年第4期。

村教师而言,他们工作乃至生活的场所都在乡村,并且长期浸染在乡土文化氛围内。从这个意义上讲,乡村教师与乡土文化有着天然的联系,乡土文化构成了他们几乎全部的精神世界。乡村教师作为乡村场域中为数不多的知识分子,理应担负着文化传递和精神引领的责任。当下社会热衷于城市文化,乡村生活在逐渐失去自己独有的文化内涵,唯有重构新的合理的乡土文化,才能提升乡村社会的精神风貌和文明程度。乡村教师要主动投身于乡村文化建设的实践中,积极参与乡村文化建设,深耕乡村文化教育,谋划乡村文化发展,成为乡土文化的传播者、乡村社会精神文明的建设者。乡村文化兴盛既是乡村振兴的重要动力,也是乡村振兴的重要标志。实现乡村文化重构的关键在于破解城市化发展所产生的心理焦虑、价值观丧失和文化失调等问题,复兴与繁荣乡村文化则需要充分发挥乡村教师在文化方面的传承、推动、重构和引领作用。①

第三,为乡村振兴提供智力支持,协助治理、改进乡村社会。乡村振兴战略的实施唤醒了人们对乡村教师社会使命的认识和重视。② 乡村振兴战略呼唤乡村教师实现角色转型,担当起新时代乡村社会的新乡贤角色。教育部《关于加强新时代乡村教师队伍建设的意见》指出:"引导教师立足乡村大地,做乡村振兴和乡村教育现代化的推动者和实践者……注重发挥乡村教师新乡贤示范引领作用。"③"乡贤"原为因品行与才学俱佳而被乡民所推崇的人,他们承担着村务治理、乡村教化的职责。新时代的"新乡贤"内涵广泛,指有高尚品行、有爱乡情怀、有文化视野、有现代意识、有责任意识,以自己的专业知识和才能服务乡村教育事业的乡村教师。他们以自身的专业性知识教授学生掌握现代科学知识,以教育情怀感化学生爱乡、爱校、爱学,培养新农村的时代新人。乡村教师有思想,有觉悟,这要求乡村教师不仅承担着传承与引领乡土文化的责任,更是负有积极为乡村综合治理出谋划策的重担。乡村教师在乡村社会治理、改进中发挥的作用不容小觑。比如,在乡村自治方面,乡村教师可以通过参与制定乡规民约、协调邻里关系等来发挥重要作用。在乡村法治

---

① 袁利平、姜嘉伟:《关于教育服务乡村振兴战略的思考》,《武汉大学学报(哲学社会科学版)》2021 年第 1 期。

② 植凤英、王璐:《乡村振兴战略背景下乡村教师使命感的内涵结构、价值及培育》,《教育理论与实践》2021 年第 13 期。

③ 《关于加强新时代乡村教师队伍建设的意见》,2020 年 7 月 31 日,见 http://www.gov.cn/zhengce/zhengceku/2020-09/04/content_5540386.htm。

方面,乡村教师利用自身优势,向乡民宣传社会主义法治思想,普及法律知识。在乡村德治方面,乡村教师可以积极宣传乡村新道德、新风尚,引导乡民向上向善、孝老爱亲、勤俭持家。①

新时代的乡村教师不再是单一传统意义上的"教书匠"角色,他们还能在提升乡村人口素质、引领乡村精神文明建设、协助乡村治理等方面发挥自己的作用、彰显自身的价值。在乡村振兴战略下,作为乡村社会的新时代新乡贤,乡村教师是乡村教育的承担者、乡村社会的建设者、乡村文化的传承者。

二、乡村教师专业发展离不开外部服务体系的有力保障

乡村教师专业发展是乡村全面振兴战略背景下乡村教育事业高质量发展的重要举措,影响乡村教师队伍"下不去""留不住""教不好"的重要原因,不仅在于工资收入较低,还在于婚恋、子女教育、住房、公共服务、社会保障等方面影响因素。在城乡二元结构下,由于没有形成一套完整的乡村教师综合待遇保障外部服务体系,直接影响了乡村教师职业的吸引力。构建乡村教师综合保障外部服务体系,需要在教师工资收入、专业发展、社会保障、子女教育、环境支持等方面,整体推进、协同实施。②

近年来,尽管国家和地方政府陆续出台并实施了一些倾斜性政策措施,专门支持乡村教师专业发展,给乡村教师队伍整体状况带来了新的变化,但是由于城乡发展水平、生活与工作条件间较大的差距,乡村教师的稳定、培养、专业发展等问题依然不断浮现,特别是在偏远艰苦的村小、教学点,乡村教师队伍的发展形势依然十分严峻。在市场经济条件下,如果政府不对乡村教师给予特殊的支持保障,仅从精神维度去激发乡村教师服务乡村,只能激发少数先进分子的责任意识,难以从整体上提升乡村教师职业吸引力。因此,要大力发展乡村教育,一定要给予乡村教师特殊的支持。长期以来,在乡村教师专业发展方面存在一些误区,以为加强乡村教师队伍建设就只是要求教师无私奉献,而不注重改进乡村教师的待遇、工作环境等实际需求。③ 受城乡二元制结构的

---

① 肖正德:《论乡村振兴战略中乡村教师的新乡贤角色》,《教育研究》2020 年第 11 期。

② 庞丽娟、杨小敏、金志峰等:《构建综合待遇保障制度提升乡村教师职业吸引力》,《中国教育学刊》2021 年第 4 期。

③ 范先佐:《乡村教育发展的根本问题》,《华中师范大学学报(人文社会科学版)》2015 年第 5 期。

影响,乡村教师队伍建设尽管在诸如工资待遇、教师编制、职称晋升等方面政策制定上不断完善,但效果未能达到预期,基于乡村教师多元化、个性化需求的综合性外部服务体系尚未形成是其根本。

有关乡村教师专业发展的政策措施大多分布于教育法规和政策文件中而难以形成服务体系。自《2015 乡村教师支持计划》印发至今,政府颁布了一系列提高乡村教师待遇、保障乡村教师专业成长的政策和计划。《2018 教师教育振兴计划》提出:"建立健全乡村教师成长发展的支持服务体系,高质量开展乡村教师全员培训,培训的针对性和实效性不断提高。"《乡村振兴战略规划(2018—2022 年)》提出:"落实好乡村教师支持计划……建好建强乡村教师队伍。"《2018 新时代教师意见》从"兴国必先强师"的战略高度,要求"各级党委和政府要切实负起中小学教师保障责任,提升教师的政治地位、社会地位、职业地位,吸引和稳定优秀人才从教"。可见,有关乡村教师待遇保障的各种内容分布范围较广,各种支持乡村教师专业发展的政策措施还没有形成一个完善健全的服务体系。因此,为有力推进乡村振兴战略,破解乡村教育发展短板,必须整体规划乡村教师专业发展综合保障服务体系,并系统施策、协同推进。这一外部服务体系包括但并不局限于以下三类,一是服务于教师生活工作的基本保障性待遇政策,包括工资、社会保险、住房公积金等方面的综合待遇保障制度;二是服务于教师专业成长的职业发展性待遇政策,包括职业培训、职称晋升、专业交流等方面的政策规定;三是服务于教师社会地位和身份认同的激励性待遇政策,包括荣誉优待、政治参与、子女教育保障等政策规定。[1]

在乡村教师的师资来源、生活保障、非学历教育、师德师风以及编制职称等方面,构建了一个支撑乡村教师专业发展的外部服务体系。旨在推动教师"要你教""要你学",这种以外部的激励和制度保障措施为主的乡村教师专业发展服务体系显然是初级阶段,通过此种外部服务体系来激发教师自主学习、主动发展的动力,最终形成以内生的教育情怀塑造和教育信念激发为主的内生型服务体系,则是高级阶段。但仍然不能忽视外部服务体系的保障性作用,

---

① 庞丽娟、杨小敏、金志峰等:《构建综合待遇保障制度提升乡村教师职业吸引力》,《中国教育学刊》2021 年第 4 期。

因其在改善乡村教师工作环境,提高乡村教师物质待遇等方面确实发挥了积极的不可或缺的作用,进而推动乡村教师自主、自觉持续性地自我专业发展。

三、乡村教师专业发展关键在于激发教师的内在发展需求

当下,乡村教师物质待遇的满足,能否点燃乡村教师内在的工作激情,能否激发乡村教师自我发展的内在发展需求。这是乡村教育发展面临的新挑战,也是乡村教师专业发展服务体系由外源转向内生的新机遇,其关键就在于激发教师的内在发展需求。展望教育现代化2035,随着乡村教师专业发展的经济社会背景变化,乡村教师专业发展服务体系的重心应该由"外源型"转向"内生型"。建立健全适应乡村教师专业发展的内生型服务体系,是促进乡村教师队伍总体质量提升的必由之路。

教育的本质不在于传授知识和技能,而在与激励、唤醒和鼓舞。同样,教师的专业成长也源自个体的内生驱动力,这股力量来自教师的责任感、使命感和教育情怀。何为教育情怀和信仰呢?教育情怀和信仰是人们对教育活动在个体和社会发展过程中的价值及其实现方式的极度信服和尊重,并以之为教育行为的根本准则。① 由于乡村学校所处环境的特殊性,对乡村教师的教育情怀和信仰也提出了较高的要求。长期以来,我国多数乡村学校由于办学条件艰苦、物质条件匮乏,既吸引不到优秀人才从教,又留不住优秀教师从教,更难以激发现有乡村教师扎根乡村、奉献乡村的教育情怀。拥有坚定教育信仰的乡村教师,会增强教师"我能"的自主发展和"我愿意"的自觉发展的专业发展意愿,拥有较高的专业承诺会以从事教育事业为自身事业,并投入大量的教育精力和育人热情,深挖自身的教育潜能,丰富自身的教育专业内涵,增强自身的教育发展技能,提升自身的教育教学专业素养,实现自我教育理想。同时,由教育情怀和信仰生发出的较高教育承诺往往能够促使教师取得较好的教学成绩,取得满意的教学成绩,从而强化教师工作满意度和教育成就感,进而激发乡村教师的教育意志,推动乡村教师走上自主性、自觉性、持续性的专业化发展之路。

作为乡村学校活动主体的教师,其最大的独特性就在于自我成长。因此,要实现乡村教师专业成长,必须使其自主性、自觉性得到充分发挥。这样,教

---

① 石中英:《教育信仰与教育生活》,《清华大学教育研究》2000年第2期。

师就将自己的人生事业追求与职业奉献精神高度统一起来,他们会意识到自己有着无限发展的可能性。在落实立德树人根本任务过程中,乡村教师要不断认同、理解、融入乡村环境创新育人模式,并不断发挥自身的自主性和自觉性,使之成为一种稳定、持久的乡村教育发展的内生动力。在此过程中创生教育理念,加快推进乡村教育现代化,进而不断提升其在乡村教育中的获得感、幸福感和使命感。① 人作为主体,关键还在于主动的自我发展,这种发展是主体性终身建构的过程。乡村教师专业发展的关键在于乡村教师的主动发展,其内涵是乡村教师个性的全面自由发展,其根本目的是乡村教师为了个体的尊严和幸福而进行的专业提升,这种发展目标是教师个体内在的目的,而不是为达到某种外在目标的工具和手段,这是乡村教师享受幸福生活的必要条件,也是乡村教师专业发展的题中应有之义。

乡村教师专业发展关键在于激发教师的内在发展需求。那么,如何激发乡村教师的内在发展需求呢? 第一,创新乡村教师培育体制机制,唤醒乡村教师专业发展的自觉性。通过推进"卓越乡村教师培养计划"、组建乡村中小学名师工作室、推进"互联网+教师教育"创新行动,建立健全乡村教师培养、培训一体化的质量监测机制,发掘先进典型,宣传优秀形象,使其从"被发展"的模式中解放出来,成为自我成长的主人,唤醒其自我发展的自觉性。第二,厚植乡土文化和乡土情怀,引领乡村教师专业发展的自觉性。扎根乡村信念是乡村教师专业发展的"内驱力"和"金钥匙"。从所处环境的独特性来讲,乡村教师除具备一般意义上的教育理念外,还要有乐于扎根乡土的热心与情怀、善于享受乡村生活的心灵以及体验乡村文化的心境。② 因此,需要厚植乡土文化,增强乡村教师对自身职业的认同感,从而引领其专业发展的自觉性。第三,提升乡村教师的社会地位和尊严,激发乡村教师专业发展的持续性。外源型的教师专业发展服务体系,忽视了教师在乡土文化中的地位和尊严,过分地强调教师专业发展的工具性。因此,切实提高乡村教师的社会地位和职业地位,唤醒社会对乡村教师的尊重,进而激发乡村教师专业发展的内生动力,唤

① 戴妍:《乡村教师的主体自觉及其培育》,《陕西师范大学学报(哲学社会科学版)》2021年第4期。

② 吴云鹏:《乡村振兴视野下乡村教师专业发展的困境与突围》,《华南师范大学学报(社会科学版)》2021年第1期。

醒教师生命自觉和自我实现的生命追求,从而融入乡土文化,奉献乡村教育,实现持续性的专业成长。

在积极引导型政策措施和文化建设的支持下,构建起全方位的以服务乡村教师的终身学习和自主、自觉、可持续性发展为根本价值追求的服务体系,进而实现乡村教师专业发展服务体系从对教师的"激励与推动"向"引导与共生"的样态转型。

四、乡村教师专业发展内生动力在于引导而非规定

第斯多惠曾说:"凡是不能自我发展、自我培养和自我教育的人,同样也不能发展、培养和教育别人。"①可见,普通教师要想成长为更优秀的教师,就必须有自我专业发展的内在动力,对乡村教师来讲更是如此。只有具备了稳定的、持续的内在动力,教师才会在教研活动中认真听课、在校本研修中积极思考、在日常工作中主动反思、在教育教学中改进方法,实现在职的持续不断地成长。从哲学上讲,自我即主体,主体性是主体的本质属性,教师自我发展在本质上是教师主体性的发展,即确立发展的主体身份,使发展成为教师自身的事情,这是教师自我发展的内生动力。②所以,乡村教师专业发展的关键还在于其内生动力的养成,而这种内生动力源于教师主体意识的觉醒,也就是乡村教师把实现自我发展、自我完善和自我成长作为存在的目的和生命的意义。乡村教师作为现实的具有生命意义的、自主性的专业发展主体,这种成长,既不是塑造也不是训练,既不是计划也不是规定,它需要的是外界的引导和激发。③然而,以乡村教师的师资来源、生活保障、学历提升等激励保障措施为内容的外部服务体系仅是初级阶段,重要的是通过此种外部服务体系的构建来激发和引导教师自主学习、主动发展的动力,最终形成以内生的教育情怀塑造和教育信念激发为主的内生型服务体系。

乡村教师专业发展内生动力的生成受内部、外部双重因素影响,内部因素包括教师自我发展的信念、教育智慧、经验反思等,外部因素涉及学校文化、政策支持、教育资源供给等。一方面,教育信念是重要的内部影响因素,其关键在于引导。因为,教师信念是教师对自身意义的追寻与自我价值的提升,是其

---

① [德]第斯多惠:《德国教师培养指南》,袁一安译,人民教育出版社 2001 年版,第 24 页。
② 李方安:《论教师自我发展》,《教育研究》2015 年第 4 期。
③ 何菊玲:《教师专业成长的现象学旨趣》,《教育研究》2010 年第 11 期。

发展过程中不可或缺的动力因素之一。拥有坚定内在信念的乡村教师,才能在当下物欲横流的时代坚守三尺讲台,进而拿自己的生命去点燃乡村儿童的人生理想,在奉献中提升自己的价值,在信念里找到职业乐趣和幸福。概言之,教师的信念是教师专业发展的原动力,既表现为教师在教学中的专业忠诚和工作责任,也表现为教师对专业道德的坚守和对职业的奉献。教师信念的引导,可以通过教师学习共同体的搭建、实践中的反思成长、合作性交流与对话等实践策略来进行。① 教师的信念一旦确立,其专业发展的内在动力将得到进一步激发,他们会在教育教学实践中,不断自主、自觉、持续性地提升自己,完善自己。另一方面,政策支持是重要的外部影响因素,其关键还在于引导。例如,在教师专业培训计划方面,一切外在的教育培训都要以满足乡村教师的真正需求来进行,以激发乡村教师的自我发展动力为目标。《2018 新时代教师意见》中提出:"推行培训自主选学,实行培训学分管理,建立培训学分银行,搭建教师培训与学历教育衔接的'立交桥'。"让乡村教师自主选择最需要的培训,激发个体参训动力,形成良性运行的专业发展机制将是今后教师培训改进一个方向。此类型的教师培训,把外力内化为教师自我发展的动力,这是一个借助外部推动力提升内生动力的过程。通过构建积极的引导型政策措施,构建起全方位的以服务乡村教师的自主、自觉、可持续性发展为根本价值追求的政策支持,自主、自觉、可持续性是教师专业发展的高级水平,也是教师专业发展一种比较理想的状态,更是乡村教师专业发展的长远和根本所在,乡村教师的专业发展不可能始终依赖外部条件的刺激,必须要有内生的动力。

  2020 年 7 月,教育部等六部门发布《关于加强新时代乡村教师队伍建设的意见》,提出"激发教师奉献乡村教育的内生动力"②。这表明,国家和政府逐渐开始重视激发乡村教师的内生动力,重塑乡村教师扎根乡村的教育情怀。全面推进乡村振兴战略,必须下好乡村教育这步先手棋。乡村教育振兴战略的实施,给予了教师主动成长,增强自信的机会,找回了作为一名乡村教师的自尊与自豪,这大大表明乡村教师具有专业发展的巨大动力和空间。其一,通

---

  ① 肖正德:《基于教师发展的教师信念:意蕴阐释与实践建构》,《教育研究》2013 年第 6 期。

  ② 《关于加强新时代乡村教师队伍建设的意见》,2020 年 8 月 28 日,见 http://www.moe. gov.cn/srcsite/A10/s3735/202009/t20200903_484941.html。

过引导乡村教师树立自我发展意识,激发教师内在发展动力的生成。其二,通过外在的推动、支持政策构建,引导教师内在发展动力的集聚。基于此,在强大的专业发展动力支撑下,乡村教师将自觉进行内涵式、自主式的发展,从知识学习走向经验建构,自由选择教师专业发展的路径,经常对自我教育生活进行自觉反思、感悟、总结,进而形成一套完整的属于自己的经验体系,从而在自我经验的不断生发中实现专业的自我成长。

第五章　乡村教师专业发展内生型服务体系构建的实践探索

2017年4月,教育部印发了《县域义务教育优质均衡发展督导评估办法》,为下一阶段义务教育均衡发展指明了方向。义务教育优质均衡发展将视野从学校外部转向内部,提倡学校的内涵式发展,力图实现由外部"输血"向自身"造血"的转变,从根本上提升教育质量。[1] 乡村教师作为乡村教育教学活动的主要实施者,其专业发展水平的高低直接影响乡村学校教育教学质量的高低。自《2015乡村教师支持计划》以来,各地积极探索促进乡村教师发展的实践活动,力求构建乡村教师专业发展的内生型服务体系。本章主要对安徽、江苏、浙江、山东和江西等五个省份的典型举措进行分析。

第一节　构筑乡村教师发展与服务体系的安徽实践[2]

全面建成小康社会,率先实现教育现代化,薄弱环节在乡村,建设重点也应在乡村。据安徽省第七次全国人口普查主要数据显示,居住在乡村的人口为2543.2万人,占全省人数41.67%。[3] 为占据全省近半人口的乡村地区提供优质教育,关键在于培养高质量的乡村教师。安徽省委、省政府一直十分重视乡村教师队伍建设,把加强乡村教师队伍建设作为提高乡村教育质量、促进教育公平的重要抓手。全省义务教育阶段乡村专任教师共有139472人,其

---

① 史利平:《培育教师专业发展的内生力》,《中国教育报》2017年8月20日。

② 朱家存、卢鹏、李宜江:《农村如何稳"良师":构筑乡村教师发展与服务体系的安徽实践》,《中小学管理》2018年第9期。

③ 安徽省人民政府:《第七次人口普查主要数据公布全省常住人口6102.7万人》,2021年5月19日,见 https://www.ah.gov.cn/zwyw/jryw/553988431.html。

中:在编 136712 人,非在编的代课教师 2760 人。

一、立根基:多渠道拓展乡村教师来源

(一)定向培养计划:打造乐教适教的全科型乡村小学教师

2016 年起,安徽省着手开展乡村教师的定向培养工作,旨在选拔培养出热爱小学教育事业、一专多能、知识全面、技能娴熟、德智体美劳全面发展、综合素质较高、具有实施素质教育和一定教育教学研究及教育管理能力的全科型乡村教师。省内计划自 2016 年起连续五年,每年培养 2500 名左右小学阶段全科型乡村教师(其中初中起点专科层次教育 2000 名、高中起点本科层次教育 500 名),培养指标依据乡村教师队伍建设情况进行动态调整;到 2025年,力争培养约 1.2 万名全科型教师,基本实现全省村小、教学点每校有 1 名全科型教师。初中起点专科层次教育和高中起点本科层次教育分别在中考和高考的提前批次录取。通过定向培养的专科和本科毕业生,毕业后由生源地县级教育等部门按照定向培养协议占编制分配到指定的乡村学校任教,任教服务期不少于六年。自 2020 年 9 月开始,陆续有定向培养的全科型乡村小学教师入职上岗,据调研走访,这些毕业生特别是本科层次的毕业生普遍受到乡村学校的欢迎。自 2022 年起,安徽省教育厅调整了专科与本科层次的招生计划,把近一半的招生计划分配给了本科层次,招生计划覆盖到全省所有师范大学和师范学院,加大本科层次小学阶段全科型乡村教师的培养。

(二)"特岗计划":持续改善乡村教师队伍结构

安徽省自 2009 年起开始实施"农村义务教育阶段学校教师特设岗位计划"(以下简称"特岗计划"),每年招聘"特岗计划"教师 3000 名以上,2017 年招聘特岗教师达 3395 人,其中本科以上学历教师占 70%,音乐、体育、美术、英语、信息技术等紧缺学科教师约达 50%。安徽省实施的"特岗计划",体现了"两个倾斜,两个为主"——注重向皖北地区倾斜、向中小学紧缺学科倾斜,同时坚持以应届毕业生和本科毕业生为主。省内聘用的特岗教师学历起点较高、知识丰富、富有活力,有效改善了乡村教师队伍结构,提升了乡村教师整体素质。2017 年 8 月,教育部办公厅印发《关于农村义务教育阶段学校教师特设岗位计划实施工作优秀案例的通报》,在公布的全国 16 个特岗计划实施优秀工作案例中,安徽省岳西县以"积极落实各项政策,为特岗教师提供良好的工作生活环境"入选。

（三）"县管校聘"管理改革：实现县域内教师合理流动

2017 年，安徽省全面推进"县管校聘"管理改革，建立健全县管教职工编制、人员经费、岗位设置、交流轮岗、校管岗位聘用、绩效工资分配、考核奖惩的新机制；强化县域统筹管理，完善学校治理结构，落实学校用人自主权，为校长教师合理交流轮岗提供制度保障。2017 年上半年，安徽省继马鞍山市博望区、合肥市肥西县在 2015 年入选教育部全国首批义务教育教师队伍"县管校聘"管理改革示范区后，亳州市、合肥市庐阳区再次入选第二批全国义务教育教师队伍"县管校聘"改革示范区。目前，全国共遴选了 49 个改革示范区，安徽省共有 4 个，是改革示范区最多的省份之一。

（四）建立"编制周转池"：为教师队伍建设提供动态编制保障

2018 年，安徽省教育厅联合省机构编制委员会办公室、省财政厅、省人力资源和社会保障厅印发《统一城乡中小学教职工编制标准建立编制周转池制度实施方案》，以"标准统一、动态调整、余缺调剂"的基本思路，统筹城乡中小学教职工存量编制资源，建立"中小学教职工编制周转池制度"，为中小学教师队伍建设提供动态编制保障。首先，依据省内中小学在籍学生数，按照城乡统一的编制标准计算教职工编制，对规模较小的农村小学、教学点，再按班师比核增教职工编制，确保每个班配备编制不少于 1 名，每个教学点编制不少于 2 名。其次，在重新核算中小学教职工编制数的基础上，采取区域统筹、保障急需、动态流转、定时段平衡的管理办法，按照不超过 5% 的编制规模，建立"中小学教职工编制周转池"，用于保障教师的临时急需和阶段性用编需求。周转池事业编制的使用，由市（县）教育行政主管部门提出意见，同级机构编制部门在本行政区域范围内实施精准调剂，人力资源社会保障部门依据分配到校的周转池编制动态调整岗位设置。同时，根据学校布局结构调整、学生规模变化和教育教学实际需要，动态调整中小学教职工编制。

二、稳人才：不断提高乡村教师待遇

（一）全面落实乡村教师生活补助政策

一是落实国家集中连片特困地区乡村教师生活补助政策。2017 年，省教育厅联合省财政厅下拨中央奖补资金 1.4 亿元，指导潜山县、太湖县等 12 个国家连片特困县实施乡村教师生活补助制度，根据教师工作、生活条件的艰苦程度，重点向村小和教学点、条件艰苦地区倾斜，合理确定乡村教师生活补助标准,人均补助标准223元/月/人,比2015年人均每月提高28元。如潜山县根据学校工作和生活条件艰苦情况,将全县划分为三类地区、七个档次,补助标准分别是650、500、350、250、200、150、100元/月/人。

二是全面实施乡镇工作补贴制度,以每月200—500元人均补贴标准,覆盖全省所有在职在编乡镇教师。省内12个国家连片特困地区大别山片区县的乡村教师,可在乡村教师生活补助的基础上,叠加享受乡镇工作补贴,月幅度为200—1400元。如岳西县根据学校环境和岗位的艰苦性,把全县乡镇划分为四类,同时根据学校所在地距乡镇政府的远近,在每类乡镇内划分五类学校,实施100—1000元不等的补助标准,并根据各乡镇交通状况的发展变化适时调整乡镇类别。2017年8月,教育部办公厅印发《关于乡村教师生活补助工作优秀案例的通报》,公布了全国13个乡村教师生活补助工作优秀案例,安徽省岳西县以"实施乡村教师生活补助,助力老区教育发展"入选。

(二)加大乡村教师周转房建设力度

2015年,安徽省将乡村教师住房全面纳入全省保障性住房建设范围,力争通过3到5年的努力,实现一批乡村教师公共租赁住房的建成入住,逐步解决乡村教师"住房难"问题。2017年,全省实施农村学校教师周转宿舍建设工程项目51个,总建设面积64625平方米,总投资12361万元(其中中央投资9102万元)。2018年,全省实施农村学校教师周转宿舍建设工程项目61个,总建设面积74025平方米,总投资14527万元(其中中央投资10476万元)。为乡村教师改善住房条件,有效提升了乡村教师待遇,使教师能够真正扎根乡村,极大程度缓解了乡村师资力量不足的问题。

(三)职称评审向乡村教师、乡村地区倾斜

2016年,安徽省实行城乡统一的中小学教师专业技术岗位结构比例,核定乡村学校中、高级岗位结构比例,按上限执行,实现教学点中级岗位全覆盖。评选特教教师,对乡村教师实行切块单独评审。对超岗位职数的乡村学校,允许其采用"退二聘一"的办法实施评聘。城镇中小学教师晋升高级教师职称(职务),必须具有在乡村学校或薄弱学校任教两年以上的经历。在县域中小学教师相应岗位总量内,凡在乡村任教累计25年且仍在乡村学校任教的乡村教师,符合晋升一级教师、高级教师职称(职务)申报条件的,或教龄满30年、有高级教师职称资格而未聘任的城镇教师,本人自愿到乡村学校支教三年以上的,可不受学校岗位职数限制。

（四）建立乡村教师荣誉制度

为贯彻落实国家《2015乡村教师支持计划》,安徽省着手建立乡村教师荣誉制度:对在乡村学校从教30年以上的教师,由国家按照有关规定颁发荣誉证书;对在乡村学校从教20年、10年以上的教师,分别由省、县一级给予鼓励。在教育部2016年举行的首批乡村学校从教30年教师荣誉证书发放中,安徽省有59000人享此荣誉。为乡村学校教师颁发荣誉证书,提升了他们的职业荣誉感,在省内营造了浓厚的关心支持乡村教师队伍建设的氛围。

三、促发展:构筑全方位立体式乡村教师专业支持系统

（一）立正根基,全面加强师德师风建设

安徽省十分重视乡村教师的师德师风建设。一是将教师职业道德、法制教育、心理健康教育等内容,纳入乡村教师的职前培养、准入、职后培训和管理的全过程;二是加强教师职业道德规章制度和信用体系的建设,完善教育、宣传、考核、监督与奖惩相结合的师德师风建设长效机制,开展经常性的乡村师德主题教育和专项治理活动;三是将师德建设作为学校工作考核、办学质量评估的重要指标,把师德表现作为教师资格定期注册、业绩考核、职称评审、岗位聘用、评优奖励的重要内容;四是建立与考核评价相配套的退出机制,实行乡村教师师德问题"一票否决"。

（二）优化设计,打造分层次教师发展支持体系

安徽省将乡村教师培训纳入基本公共服务体系,加强统筹规划,保障经费投入,并将师德教育作为乡村教师培训的首要内容,贯串培训全过程。一是整合县级教师培训资源,建好县级教师发展中心,并进一步下移培训管理重心,落实县(区)和学校教师培训主体责任,构建"省级规划、市级统筹、县区落地"的教师培训运行机制和高等院校(远程培训机构)、县级教师发展中心、片区研修中心、校本研修"四位一体"的教师专业发展支持服务体系。二是全面提升乡村教师的信息技术应用能力以及乡村教学资源的信息化水平。2016年,安徽省组织开展了针对24.7万名教师的信息技术应用能力发展测评,旨在借助远程教学、数字化课程等信息技术手段破解乡村优质教学资源不足的难题。三是加强乡村学校音体美等师资紧缺学科教师培训。

(三)充分借力,以国家优质资源促教师能力持续提升

安徽省充分利用中小学教师"国培计划""省培计划",以优质资源促进乡村教师、校长的综合素养提升。2017 年,安徽省全省 16 个市 81 个项目县(区)共计 116827 人次的乡村教师、校长参与了中小学教师"国培计划",接受了专业化培训。同时,安徽省着力推进"乡村教师访名校"计划,旨在通过培养选拔打造省、市、县三级乡村骨干教师梯队,全省约两万名乡村骨干教师均参与其中;实施乡中心校校长省级培训计划,通过专题学习、名校挂职、网络研修等综合化途径,不断提升校长的办学理校能力。安徽省祁门县的"以课领训——送培送训模式创新"、六安市裕安区的"基于微课程的三环六步混合研修"入选首批"国培计划"优秀工作案例。

城乡发展不平衡、交通地理条件不便以及政策实施成效有待彰显等因素,使得安徽省乡村教师队伍在规模、结构以及教师整体素养等方面还面临很大的提升空间。如何进一步优化乡村教师管理体制机制,持续提升乡村教师职业吸引力,将是安徽省未来乡村教师支持工作的聚焦重心。

第二节 推进乡村教师专业发展模式创新的江苏实践

乡村教师是发展乡村教育的基础支撑,是推进乡村振兴、建设社会主义现代化强国、实现中华民族伟大复兴的重要力量。据江苏省第七次全国人口普查公报显示,2020 年底,江苏省乡村常住人口 2250.6 万人,占全省人口的 26.56%。[1] 让农村所有学龄儿童都能享受到高质量的教育,是全省基础教育均衡高质量发展的重要体现,是教育让人民满意的重要途径,而高素质的师资队伍是关键。目前江苏省中小学幼儿园教师有 77 万人,其中乡村教师达 27 万人之多,占比达 35%。[2] 因此,乡村教师队伍专业发展必须符合江苏基础教育发展的新要求,必须适应发展阶段的新变化。

---

[1] 江苏省统计局:《江苏省第七次全国人口普查公报(第六号)》,2021 年 5 月 18 日,见 http://tj.jiangsu.gov.cn/art/2021/5/18/art_80066_9819840.html。

[2] 徐伯钧:《江苏省乡村教师专业发展的思考与实践》,《江苏教育》2019 年第 70 期。

一、下得去,优先补足配齐乡村学校教师

（一）实施"乡村定向师范生培养计划"

2016 年开始,江苏省实施乡村定向师范生培养计划,为了促进教育的均衡化发展,采用"县来县去、定向培养,提前本科、择优录取,考核合格、定向就业"的方式,为乡村学校培养一批"下得去、留得住、教得好"的乡村教师。安排 55 个县(市、区)共 2076 名乡村定向培养计划,分别由江苏师范大学、江苏第二师范学院等 7 所院校进行培养。2018 年,全省安排乡村定向师范生招生计划 2653 人,其中本科计划 2468 人,五年制专科计划 185 人。[①] 两年来全省共招收乡村教师定向师范生 4050 人,每年培养 2000 名左右全科型乡村教师。截至 2020 年,已经在全省招收乡村教师定向生 13107 人,增加南京信息工程大学和南通师范高等专科学校共 9 所高校承担培养任务。2020 年,第一届 1860 名乡村教师定向生充实到乡村学校,有效改变了乡村学校招不到好教师,留不住好教师的局面。

（二）深入推进"县管校聘"管理体制改革,促进优秀教师向乡村学校流动

2015 年,江苏省各地从实际出发,积极开展义务教育学校教师校长交流轮岗和"县管校聘"改革试点工作,合理配置中小学教职工编制,自主调配、录用教师,使同一县域内中小学教职工编制能互补余缺,实现教师资源的优化配置,统筹使用好现有教职工资源,加大城乡教师交流,规定距法定退休年龄 5 年起在同一所学校任教 6 年以上的教师和在同一所学校任教 2 年的教师,必须在县义务教育学校之间进行交流,在申请特级教师和县级以上骨干教师时应具备两年以上在农村学校或薄弱学校的教学经历,为城乡教师交流轮岗提供了一定的保障。"十三五"以来,江苏教师交流轮岗比例达到 18.15%,较好发挥了优质教师资源的引领带动作用。在 2015 年,江苏省南通如皋市和淮安清浦区被确定为全国首批义务教育教师队伍"县管校聘"管理改革示范区。[②]

（三）科学统筹调剂教师编制,优先保障乡村教师用编需求

江苏省编办会同有关部门,根据"严控总量、盘活存量、增减平衡、分级负

---

① 江苏省教育厅:《2018 年度省政府十大主要任务百项重点工作有关教育内容上半年进展情况》,2018 年 12 月 1 日,见 http://jyt.jiangsu.gov.cn/art/2018/12/1/art_77612_9060588.html。

② 江苏省教育厅:《省政协十一届四次会议第 0628 号提案办理结果摘要》,2016 年 12 月 28 日,见 http://jyt.jiangsu.gov.cn/art/2016/12/28/art_77625_9060804.html。

责"的原则,科学合理确定农村中小学教师和教职工编制,实行城乡中小学教师和教职工统一标准,适当优先安排农村和薄弱学校;严禁任何部门以任何理由和形式占用乡村教师名额,编制充足时及时对合格教师进行补编,严禁在有足够教师的情况下招收临聘人员,小规模的乡村学校根据师生比和班师比安排编制,寄宿制学校适当增加编制数量。

二、留得住,切实提高乡村教师生活待遇

(一)健全乡村教师工资待遇保障机制

江苏省为乡村教师制定了优惠政策:一是到乡(含乡)以下中小学工作的中专、技校和高等学校毕业生可以提前转正并定级,并且工资高定 1 级;二是实施绩效工资时,对边远困难的农村学校教师,各地可以根据当地实际情况给予农村学校教师补助。按照 20% 的比例提高教师的补贴发放标准,根据教师的教学时间每个月有 260—440 元的补贴。[①] 2020 年此政策扩大到乡村学校教师,全面提高乡村教师的收入水平。2021 年江苏省将晋档年限调整为 5 年,补贴政策上对条件艰苦的偏远乡镇予以倾斜,"城关镇"最低 200 元、最高 680 元;"其他乡镇"最低 560 元、最高 1040 元。[②] 从 2017 年开始,江苏省设立了省级义务教育教师交流轮岗奖补专项资金,城乡之间交流的教师按照交流的规模和效果进行补贴。2017 年对 12 个县(市、区)共奖补 2800 余万元,2018 年对 11 个县(市、区)共奖补 2659 万元,2019 年对 14 个县(市、区)共奖补 3119 万元,有效激发了各地的改革创新活力。[③]

(二)加快建立符合乡村教师特点的职称评审办法

2015 年,江苏省重点调研完善乡村教师专业技术职务评聘条件和程序办法,对乡村教师评聘职称给予倾斜。其中,对乡村教育有突出贡献的教师优先推荐参评高级职称。研究报告、教学教法经验总结等教学成果均可以作为在乡村学校任教满 10 年的教师职称申报的重要依据和参考。推荐人选中中小学正高级教师乡村教师不得少于推荐总数的 10%。2016 年,江苏省明确乡村

---

① 江苏省教育厅:《宿迁市优化农村教育资源配置提升乡村教师队伍素质》,2020 年 7 月 10 日,见 http://jyt.jiangsu.gov.cn/art/2020/7/10/art_57812_9299282.html。

② 中共江苏省委组织部:《我省提高乡镇工作补贴标准》,2020 年 12 月 10 日,见 http://jszzb.gov.cn/gzdt/info_13.aspx? itemid=31554。

③ 中国江苏网:《多措并举全面发力 江苏"乡村教师支持计划"见实效》,2020 年 11 月 17 日,见 http://jsnews.jschina.com.cn/kjwt/202011/t20201117_2670651.shtml。

教师高级职称聘用,没有岗位空缺的,可分别按人社部门核准的正高级、副高级专业技术岗位数量的20%超岗位评聘;在乡村学校连续任教满30年,且距离法定退休年龄不满5年的,取得一级教师(讲师)专业技术资格后,学校无岗位空缺的,可将其原聘岗位调整设置为专业技术十级岗位并安排聘用,两年间有83名乡村教师通过正高级职称评审。①

三、有发展,为乡村教师提供专业发展路径

（一）实施乡村教师素质提升工程

一是开启乡村义务教育领军教师培养百人计划。2010年起,江苏省实施了"乡村校长助力工程"。五年来,对全省2000所乡村校长采用省市合作、集中培训与到城市学校跟岗学习相结合的方式进行了全员培训。通过培训,普遍建立了城乡结对学校,为乡村校长的持续发展提供了平台。每年选派100名优秀乡村学校校长到境外培训,全面提升乡村校长办学管理能力和水平。

二是首创乡村骨干教师培育站。从2016年开始该项目计划全省每年设立市级培育站80个、县级培育站133个,以每年培训6000名乡村骨干教师、5年3万人的规模,带动全省27万乡村教师发展。省教育厅每年下拨市级乡村骨干教师培育站研修经费10万元,下拨县级乡村骨干教师培育站7.5万元。乡村教师培育站4年来培养近3万名骨干教师,有效提升了乡村教师队伍整体水平。如2016年以来,常州市连续开展五届乡村骨干教师培育站建设,先后共组建70个市、县两级培育站,210位主持人和导师参与,培训乡村骨干教师1960人。②

三是乡村教师"领雁工程"。"十三五"期间,省财政安排专项经费支持实施乡村教师"领雁工程",为乡村学校培育500名领军校长、10000名学科带头人、20000名中青年骨干教师后备人选,形成一支本土化的乡村教师队伍。其中,2017年南京市"领雁工程"实施整整一年之后,首批600多名乡村教师结业。南通市针对校长培训工作采取市内外结合培训、城乡校长结对帮扶、乡镇

---

① 江苏省人民政府:《对省十三届人大三次会议第1186号建议的答复(于进一步完善县级以下基层教师职称岗位评聘政策和基层医疗卫生单位岗位设置管理制度的建议)》,2020年7月17日,见 http://www.jiangsu.gov.cn/art/2020/7/17/art_59167_9311179.html。

② 杨一奋、朱广清:《乡村教师培训模式的创新研究与实践——以常州市乡村骨干教师培育站建设为例》,《福建基础教育研究》2020年第12期。

校长挂职锻炼、城乡校长俱乐部等措施,提升校长办学治校能力。

(二)音体美学科兼职教师专业能力提升工程

2012 年起,江苏省实施了"音体美学科兼职教师专业能力提升工程",各地采用多种方式对兼职教师开展了持续性培训。如连云港市制定了音体美兼职教师专业标准,在每所乡中心小学统一建设了标准化的音体美教师培训室,配备了训练器材。培训采用两级制,由师范大学将城市中小学专职音体美教师培训成种子教师,再由种子教师采用"师徒制"的方式培训兼职教师。经过3 年的持续培训,基本上建立了一支相对稳定、能胜任小学音体美学科教学的兼职教师队伍。

(三)实施"四位一体"县级教师发展机构建设工程

江苏省从 2012 年起,开展了省示范性县级教师发展中心建设评估工作,要求各县整合县域教研、教科、培训、电教部门,建立四位一体的"小实体、多功能、大服务"的县级教师发展中心。2015 年,已建成 21 个省示范性县级教师发展中心,初步实现了对乡村教师专业发展的指导服务更接地气、更近需求、更有实效的目标。[①] 截至 2016 年,全省已有 68 个县(市、区)建成教师发展中心并通过省示范性评估,认定了 110 所省级教师发展示范基地校。2016年,江苏师范大学联合淮海经济区内 8 所师范类高校,在该校成立了全国首个"乡村教师教育联盟",探路农村教育领域的"供给侧改革"。[②]

(四)推进城乡教师对口帮扶工作

江苏省开展城乡学校对口帮扶活动,实现每一所乡村学校都有城区学校对口帮扶。签订对口帮扶协议,建立对口交流平台,丰富对口支援内容,积极开展教学教研"送教下乡、师徒结对、学科对接"。鼓励返聘城镇退休校长和优秀教师到乡村学校任职任教。鼓励各地师范院校的师范生去乡村进行支教。发挥城乡相互扶持的作用。2015 年南京市开展了城乡艺术教育帮扶试点工作,对六合区 280 名专、兼职艺术教师进行了培训。2016 年,正式实施城

---

① 中华人民共和国教育部:《加强乡村教师队伍建设有效促进乡村教师专业发展》,2015年 6 月 9 日,见 http://www.moe.gov.cn/jyb_xwfb/xw_fbh/moe_2069/xwfbh_2015n/xwfb_150605/150605_sfcl/201506/t20150609_189657.html。

② 江苏省教育厅:《全国首家乡村教师教育联盟成立》,2016 年 1 月 31 日,见 http://www.jiangsu.gov.cn/art/2016/1/31/art_46501_2533808.html。

乡艺术教育对口帮扶工作。

<h2 style="text-align:center">第三节　促进乡村教师专业化发展，
实现教育现代化的浙江实践</h2>

为促进教育现代化的实现，要对薄弱的乡村地区进行重点关注。根据浙江省第七次人口普查显示，截至 2020 年 11 月，浙江省常住人口中，居住在乡村的人口为 1796.9 万人，占全省人口的 27.83%。① 教育现代化的进程中乡村教师占有很大的比重。浙江省一直高度重视包括农村偏远地区教师队伍发展振兴，先后印发《浙江省乡村教师支持计划（2015—2020 年）实施办法》《关于统筹推进县域内城乡义务教育一体化改革发展的实施意见》《浙江省教师教育攀登计划》等多项政策文件，多措并举，加强农村教师队伍建设，推动了乡村教育事业健康发展。

一、推进乡村地区教师人才队伍建设

（一）持续推进师范生定向培养招聘工作

根据《浙江省中长期教育改革和发展规划纲要（2010—2020 年）》有关要求和全省各地对小学全科及中学紧缺学科教师配备的实际需求，从 2012 年起，浙江省有关师范院校开展本科学历层次的小学全科及中学紧缺学科教师定向培养工作，截至 2018 年，已为全省定向培养小学全科教师 1638 名，中学紧缺学科教师 542 名。2019 年计划定向招生培养小学全科、各类紧缺学科教师 648 名，比 2018 年增加 18%。

（二）积极推动优秀教师向乡村学校流动

从 2013 年开始，浙江全省范围推进县（市、区）域内义务教育学校教师校长交流工作，积极引导城镇学校和优质学校教师、校长向农村学校流动，有力帮助农村学校增强造血功能、提升教育质量。每年全省参与交流的校长和教师稳定在 1.3 万名左右，并随迁人事关系。② 浙江省还通过实施"银龄讲学计

<hr>

① 浙江省统计局：《浙江省第七次人口普查主要数据（新闻发布稿）》，见 http://tjj.zj.gov.cn/art/2021/5/13/art_1229129213_4632760.html。

② 浙江省教育厅：《浙江省教育厅关于省政协十二届二次会议 19 号提案的答复》，2020 年 1 月 10 日，见 http://jyt.zj.gov.cn/art/2020/1/10/art_1229266358_2386066.html。

划",面向社会公开招募一批有教育情怀的优秀退休中小学教师,补充到农村、山区、海岛等中小学校任教,缓解这部分学校优秀教师总量不足和教师学科结构性矛盾。2013年,浙江省教育厅规定,义务教育阶段在同一公办学校,校长连续任职10年、教师连续任教12年,进行为期不少于三年的交流。县域内交流的骨干教师不低于符合交流要求的15%。鼓励支持特级、高级职称教师到乡村学校支教讲学,支教一年可给予两万元的工作经费。2016年,江苏省开始实施"县管校聘"试点工作,到2019年在全国率先实现改革地域、学段和教师全覆盖。为促进校长区域之间的交流,实施校长职级制,5年内参与交流的教师达6.5万名,并在各地积极地开展支教工作。

（三）统一城乡教职工编制标准

在机构编制总量控制的前提下,浙江省乡村中小学教职工编制按照城市标准统一核定,其中村小学、教学点等小规模学校的编制按照生师比和班师比相结合的方式核定。在合理规划学校布局的基础上,通过调剂编制、加强人员配备等方式,解决乡村学校教师结构性短缺问题。2016年,浙江省启动中小学教师"县管校聘"管理改革,明确由县级机构编制部门按照统一后的中小学编制标准,结合学校布局结构、班额、生源等情况变化,核定教职工编制总量。鼓励压缩非教学人员编制,将一般性教学辅助岗位、工勤岗位不再纳入编制管理范围。县级教育行政部门在核定的编制总量内,按照班额、生源变化、教育教学任务增减等情况,统筹提出各类学校教职工编制分配方案及调整建议。

据2018年事业统计数据测算,浙江省小学、初中、普通高中师生比分别为1∶16.5、1∶11.4、1∶9.3,分别高于1∶19、1∶13.5、1∶12.5的国家标准。寄宿制学校应根据教学、管理实际需要,通过统筹现有编制资源、加大调剂力度等方式适当增加编制。按照核定编制,为乡村学校配备合格教师,保障所有班级开齐开足国家规定的课程,保障小规模学校少先队辅导员配备。另一方面通过"互联网+教师"等模式破解乡村学校教师结构性短缺问题。

二、乡村教师"留得住",全方位提升乡村教师待遇

（一）制定实施向乡村教师倾斜的待遇政策

浙江省在依法保障中小学教师工资待遇的同时,出台了一系列乡村教师待遇倾斜政策。2008年建立农村教师任教津贴,2019年惠及全省18.5万名农村学校教师,年人均水平约3000元;2015年1月开始,浙江在现有农村教师任教津贴的基础上,实施农村特岗教师津贴。根据这一新政策,符合条件的农村教师每人每月将增加不低于 300 元的收入。截至 2015 年 10 月,全省各级财政共投入 5.4 亿元,惠及 120047 名农村教师,人均 375 元/月。全省 91 个实施农村特岗教师津贴的县中,有 83 个根据农村学校的地理位置偏远程度和条件艰苦程度,分档次确定不同发放标准。这一政策被列为全国乡村教师队伍建设优秀工作案例。2019 年惠及 11.8 万余名条件特别艰苦、地理位置特别偏远的农村学校教师,年人均水平 4500 元,还有 11.7 万名农村学校教师纳入乡镇工作人员补贴发放范围,年人均水平 3000 元。全省 18 万名农村教师享受任教津贴,12 万名享受农村特岗教师津贴,10 万名享受乡镇工作人员补贴,对于符合条件的农村教师可重复享受上述各类津补贴,并且保障乡村教师与当地公务员享受同等医疗待遇。浙江省已经初步形成了"越往基层、越是艰苦、地位待遇越高"的分配导向。①

(二)职称评聘向乡村学校倾斜

浙江省对在乡村学校任教时间较长的教师,在评聘高一级职称(职务)时适当倾斜照顾。浙江省乡村学校教师评聘职称(职务)时,对课题和发表论文原则上不作刚性要求。为鼓励乡村教师一专多能,对承担 2 门及以上学科教学任务的乡村教师,允许按全科学科申报晋升职称。在地理位置特别偏远、条件特别艰苦的学校任教满 30 年的教师,表现优秀且仍在农村任教的可单列评聘高级职称,不占所在学校高级专业技术岗位比例。每两年,浙江还评选农村教师突出贡献奖,每次 100 名,每人奖励 5 万元。②

(三)完善乡村教师荣誉制度

浙江省为鼓励有突出贡献的乡村教师,组织开展省级优秀教师评选表彰,鼓励和引导社会力量建立专项基金,给予长期在乡村任教的优秀教师物质奖励。浙江省还注重人文关怀和心理疏导,对乡村教师个人事业发展和需求有所关注。对在乡村任教 30 年的教师颁发荣誉证书,并且对优秀典型教师进行宣传,培养乡村教师的教育情怀,吸引更多优秀教师主动地到乡村任教。2012

---

① 浙江省教育厅:《浙江省教育厅关于省十三届人大三次会议舟 6 号建议的答复》,2020 年 6 月 30 日,见 http://tjj.zj.gov.cn/art/2021/5/13/art_1229129213_4632760.html。

② 浙江省教育厅:《中国教育报:浙江绿水青山谱华章》,2019 年 9 月 20 日,见 http://jyt.zj.gov.cn/art/2019/9/20/art_1532836_38260434.html。

年以来,农村教师累计有 84 名获得省特级教师荣誉称号、162 名获得教坛新秀荣誉称号、350 名荣获农村教师突出贡献奖。①

三、加强乡村教师培养培训工作

(一)"互联网+义务教育",城乡教师同台竞艺

针对城乡教育的不均衡主要体现在师资队伍的差异上,浙江省教育厅下发《浙江省"互联网+义务教育"城乡结对帮扶学校教学教研基本要求(试行)》,从教师专业成长的角度出发,提出城乡同步课堂、远程专递课堂、教师网络研修和名师网课集体观摩的指导要求,大力推进集体备课、教学诊断和主题研修活动,不断提升城乡教师教学水平。尤其是教师网络研修,解决了山区海岛学校教师外出教研少、专业发展机会少的突出问题。2019 年建立"之江汇教育广场"网络平台,"城乡携手,同步课堂"已展开试点。通过"线上为主,线上线下有机结合"的方式,对乡村教师开展培训,提升乡村学校的教学质量。截至目前,全省结对帮扶学校共开展城乡教师网络研修 1.2 万余次,参与教师 20 余万人次,仅"全省大课表"汇聚结对学校的网络教学与研讨活动信息就有 2.6 万余条。已有 600 个名师网络工作室,并将继续开展"1 位名师+10 位学科带头人+N 位青年教师"网络研修共同体模式,打造优秀的教师群体。

(二)大力推进师资对口帮扶工作

浙江省采取送教下乡、结对帮扶、专家指导、校本研修等形式,提升乡村教师教育教学水平。启动"希望之光"教育专家团定向帮扶计划,自 2014 年始,省教育厅每年选派专家到舟山市等乡村海岛地区学校开展教育帮扶。2016 年开始组织"百人千场"专家名师送教下乡活动,年均组织 600 余场,把优质教师资源免费送到农村学校,实现为乡村教师送培训上门。2019 年就组织 695 场,惠及 26200 余名农村学校教师。2020 年全年计划赴 58 个县市开展 624 场送教活动,舟山海岛地区名师送教活动 48 场。平均每年惠及 3 万余名农村教师。

(三)开展"名师带徒"活动

通过网络名师工作室建设,以"名师带徒"形式带动农村教师成长,努力探索破解地域分散、交通不便等带来的问题。浙江省已培育省、市、县三级名

---

① 中华人民共和国教育部:《浙江省着力加强乡村教师队伍建设》,2019 年 8 月 2 日,见 http://www.moe.gov.cn/jyb_xwfb/s6192/s222/moe_1742/201908/t20190802_393332.html。

师网络工作室共 820 个,其中省级 266 个名师工作室招收学科带头人 3749 人,1/3 以上来自乡村学校,培训全省各地学科骨干累计 2281 人,其中 50% 为重点扶持地区和农村学校教师。2016 年开始,宁波启动了"名师带徒"活动,47 位宁波市名师、骨干教师与 192 位乡村教师结对,这批乡村教育的"种子教师"正成为乡村学校的生力军,将辐射乡村学校近 2000 名教师。①

第四节　加强乡村教师队伍建设,打造高素质专业化教师的山东实践

据山东省第七次全国人口普查数据显示,2020 年底,山东省乡村常住人口为 3751.3 万人,占全省人口的 36.95%。② 打造高素质专业化教师,是区域教育优质均衡发展的关键。山东省是教育大省,山东的教育,特别是基础教育在全国有很大的影响。基础教育的发展与乡村教育的发展是密不可分的,山东省对乡村教师队伍建设非常重视。截至 2019 年,山东省共有中小学教师80 多万人,其中农村中小学教师 53.6 万人,占全省中小学教师队伍的 67%。

一、创新机制,拓展乡村教师补充渠道

(一)实施公费师范生培养计划

2016 年 5 月,山东省制定《山东省师范生免费教育实施办法》,启动免费师范生培养计划。依托省师范高校培养"一专多能"的乡村全科教师。2016年招收首批免费师范生 3000 人,目前在校生达 1.7 万人。2018 年,参照《教育部等部门教育部直属师范大学师范生公费教育实施办法》,将免费师范生改为公费师范生。省财政按每生每年 10000 元的标准将公费教育经费拨付培养高校。2020 年首届公费师范生毕业 2900 人,补充到农村学校。其中泰安、滨州、烟台、枣庄 4 市开展市级政府委托高等院校培养师范生工作试点,培育"本土化"教师。烟台在委培师范生方面高质量完成了 2020 年的首次 37 个招生计划。滨州市 2020 年市级委托培养师范生共计 271 人,申请部属公费师

---

① 浙江省教育厅:《宁波全力推进教育公平,优化城乡教育资源配置,办好家门口每所学校》,2019 年 8 月 6 日,见 http://jyt.zj.gov.cn/art/2019/8/6/art_1532836_36408519.html。

② 山东省统计局:《山东省第七次全国人口普查主要数据情况》,2021 年 5 月 21 日,见 http://tjj.shandong.gov.cn/art/2021/5/21/art_156112_10287516.html。

范生计划 177 人、省属公费师范生计划 205 人,真正"借"来了南通等教育先进地区的改革经验,保证了教师后备力量的源源不断、专业专行,同时为全省建设师资培养长效机制蹚出了一条新路。①

(二)推进"县管校聘"制度改革,实施义务教育学校教师交流轮岗制度

山东省 2015 年启动县管校聘试点,2016 年省政府发文全面推行。强化县级教育行政部门对师资的统筹配置,让教师由"学校人"转变为"系统人"。编制、人社部门负责核定中小学教师编制、岗位总量,教育部门统筹管理教师编制分配、招聘使用、交流轮岗、考核评价等具体事务,形成了事权和人权对称的机制,为教育部门优化教师资源配置创造了条件。直至 2020 年,交流轮岗教师校长 4.32 万人,其中交流校长 2674 人,城镇学校向农村学校交流 7323 人,全省中小学教师"县管校聘"管理机制基本建立。②

2015 年,山东省全面推行义务教育学校教师交流轮岗制度,教师交流管理机制进一步完善,规定每年城乡交流轮岗的教师不低于符合条件的 10%,并且计划 5 年内完成乡村学校校长轮换。目前城镇学校向乡村学校交流 1.22 万人,已经有 663 位城镇的校长到乡村就职。2016 年山东省建立以县为主、市域调剂、省级统筹的乡村教师补充机制入围全国乡村教师队伍建设优秀工作案例。③ 滨州市创造性提出了实施"名师计划",乡村"名师"岗位超过 300 个,占总体岗位的 60% 以上,城市竞聘乡村"名师"岗位人数达 105 人,该市这一做法获评山东省"教育综合改革和制度创新十佳案例"。④

(三)完善教师招聘方式,实施统一招聘、统一分配

2016 年起,按照山东省事业单位招聘相关规定,事业单位不分城乡岗位,进行统一招聘,统一分配,也可按学校组织招聘,鼓励具备条件的地方采取先面试后笔试的方式招聘。在笔试环节分学科命题,突出岗位特点和职业适应性;在组织方式上,市直学校教师招聘由市教育局负责,县区学校教师招聘由

---

① 山东省教育厅:《放开眼量算大账——山东省滨州市"优质教育资源均衡配置工程"纪实》,2021 年 4 月 6 日,见 http://edu.shandong.gov.cn/art/2021/4/6/art_11975_10287724.html。

② 山东省教育厅:《撑起共享高质量教育的蓝天》,2021 年 5 月 7 日,见 http://edu.shandong.gov.cn/art/2021/5/7/art_194417_10288923.html。

③ 王原:《山东乡村教师补充机制入选全国优秀案例》,《大众日报》2016 年 10 月 13 日。

④ 山东省教育厅:《放开眼量算大账——山东省滨州市"优质教育资源均衡配置工程"纪实》,2021 年 4 月 6 日,见 http://edu.shandong.gov.cn/art/2021/4/6/art_11975_10287724.html。

县区教育局负责。市直学校推行音、体、美学科面试前置的招聘方式,为山东省教师招聘方式进行了积极探索。截至 2016 年 7 月,全省计划招聘中小学教师 32392 人,已完成 16586 人,其中有 22 个县(市、区)以先面试后笔试方式招聘教师 1804 人。①

(四)创新管理机制,破解教师编制难题

山东通过多渠道增加教师编制总量。一是事业编制总量内"一刀切",控出编制"余粮"。2014 年,山东开展控编减编工作,除各级各类学校、公办幼儿园等事业单位外,其他编制岗位按照 6% 的比例统一进行精简。二是完善编制标准,核增编制总量。山东在统一城乡编制标准的基础上,构建起生师比和班师比相结合,适当考虑增编因素的核编办法。按小学 1:2.4、初中 1:3.7 的班师比配备乡村小学、教学点等达不到标准班额数学校的教职工,按不超过教职工总量 5% 的比例增加特殊情况的学校编制。2016 年核定中小学教师编制 78.2 万名。在生源减少 39 万人的情况下,核增中小学教师编制 1.3 万名。三是设立周转专户,临时借用编制周转。强化统筹协调,建立教师编制定期动态调整机制,每 3 年核编一次。2010 年山东省宁津县健全"后备教师补充机制",根据县域内教师缺编情况,按照农村边远学校优先,紧缺学科优先的原则,录用第一批后备教师 200 名,全部充实到乡镇中小学。②

二、提高乡村教师岗位吸引力,实施惠师政策"组合拳"

(一)"提高"与"倾斜",完善乡村教师职称评聘办法

2015 年,山东省规定乡村教师评聘职称(职务)要坚持育人为本、德育为先,注重师德素养,注重教育教学一线实践经历,不作发表论文的刚性要求。在乡村学校任教(支教)3 年以上、经考核表现突出并符合具体评审条件的教师,同等条件下优先评聘。根据乡村教师人才队伍结构变化情况,调整优化乡村中小学岗位设置比例标准。从 2015 年起,乡村学校中、高级岗位设置比例可在规定比例上限基础上上浮 1—2 个百分点。③ 教师在乡村

---

① 胡怀旭:《我省多措并举建立健全教师补充机制》,《山东教育报》2016 年 10 月 24 日。

② 杨同林:《区域推进农村教师专业化发展的实践探索——以山东省宁津县为例》,《中国教育学刊》2011 年第 5 期。

③ 中华人民共和国教育部:《山东省〈乡村教师支持计划(2015—2020 年)〉实施办法》,2016 年 1 月 12 日,见 http://www.moe.gov.cn/jyb_xwfb/xw_zt/moe_357/jyzt_2015nztzl/2015_zt17/15zt17_gdssbf/gdssbf_sd/201601/t20160112_227665.html。

学校从教 30 年申报正高级、20 年申报副高级、10 年申报中级,不受岗位结构比例限制。山东省还建立了专属乡村教师的基层高级教师职称制度,实行"定向评价、定向使用、兑现待遇、离开无效"的办法,乡村教师职称评聘实现"双线晋升",让乡村教师发展有盼头、得实惠。2020 年,296 名乡村教师评上正高级职称,占全省总数的 43%;2.3 万名乡村教师评上了副高级职称,占全省总数的 65%,有力解决了乡村教师职业发展空间窄、职称评聘难的问题。

(二)"两补"与"两房",提高乡村教师待遇和生活保障水平

对乡村教师实施乡镇工作人员补贴和交通补助。到乡村学校交流轮岗的校长教师,符合乡镇工作补贴政策范围的,发放乡镇工作补贴。可根据教师居住地与执教的农村学校距离,由学校适当发给交通补助,纳入绩效工资总量,将乡村教师纳入乡镇工作人员补贴范围,乡村教师比城区教师人均月增资约 400 元;对岛区、湖区等艰苦偏远乡村的教师每月再增发 600 元生活补助。山区艰苦偏远乡村教师由各地根据实际情况确定。为每个乡镇学区设立了 1 个乡村特级教师岗位,实行任期制管理,聘期内享受特级教师每月 300 元津贴待遇,1200 名教师聘任到农村特级教师岗位,纳入省级骨干教师培训。2020 年重点推动中小学教师绩效工资制度改革,建立教师绩效工资增量机制,绩效工资向农村学校倾斜,并依法为乡村教师缴纳社保,缴纳教师住房公积金,实施乡村教师年度健康体检制度。

启动乡村教师周转宿舍建设工程。2018 年底基本解决乡村教师的居住问题。政府可通过在学校或乡镇驻地购买、租赁等方式筹集周转宿舍,也可利用清理腾退的党政机关办公用房和现有校舍改建,解决乡村教师"住房难"问题。"十三五"以来推动新建、改扩建乡村教师周转宿舍 5 万套。[1] 通过优惠政策支持乡村教师在城里购买一套商品房,在乡村有一套周转宿舍。至 2020 年,全省已建成 3 万套乡村教师周转房,计划三年再建设 3 万套乡村教师周转宿舍,2020 年,省发改委争取中央预算内投资 2400 万元,建设 576 套。按照省教育厅部署,潍坊市 2020—2022 年规划建设乡村教师周转宿舍 3400 套。

---

① 中华人民共和国教育部:《山东省〈乡村教师支持计划(2015—2020 年)〉实施办法》,2016 年 1 月 12 日,见 http://www.moe.gov.cn/jyb_xwfb/xw_zt/moe_357/jyzt_2015nztzl/2015_zt17/15zt17_gdssbf/gdssbf_sd/201601/t20160112_227665.html。

2020 年底已经完成新建、改扩建 2645 套,2021 年计划投入资金 2426 万元,再建设乡村教师周转宿舍 583 套。①

三、大力促进乡村教师专业发展

(一)送教下乡,建立城乡一体化教研制度

2016 年,山东省积极实施"送教下乡"培训计划,成立齐鲁名师志愿服务教育支持小组,重点抓好全省 7005 所省级扶贫学校,共有 21451 名成员接受培训;招募和选拔志愿教师,以教师培训的形式组建一批讲师,在周末、寒假和暑假为 14 个经济困难县的农村教师进行为期一年的教学技能培训,培训教师 3811 人。② 深化"县管校聘"改革,通过城乡教师的交流,促进优质学校和合办学校的教师流动,提高合办学校的教师素质。帮联学校与被帮联学校一体化组建名师工作室、开展青蓝工程,名师在学校联合体内"走校""走教",不断加强乡村教师培训力度。2019 年,包括五莲县日照县在内的 6 个项目县以志愿服务和教师实地考察的形式,对稀缺学科教师进行教学技能培训,培训 950 人次,培训菏泽市巨野县、曹县、单县、东明县省扶贫重点村小学校长和骨干教师 7000 余人。③ 青岛市中小学教师培训中心用三年时间对义务教育平度区 7200 多名农村教师进行轮训。2018 年至 2019 年间,该项目完成了 61 个培训课程,在两个城市培训了 5500 多名教师。④

(二)举办农村义务教育薄弱学科教师教学技能培训项目

根据《教育部关于教师参与志愿服务活动的指导意见》及《国务院办公厅关于印发乡村教师支持计划(2015—2020 年)的通知》精神,山东省推进农村义务教育薄弱学科教师教育技能培训项目,从英语、音乐两个学科到小学英语、义务教育阶段音乐、美术、家庭教育四个学科进行指导。2017 年已完成对 6 个项目县小学英语、义务教育阶段音乐、美术的 20 次送教,组织志愿者 602 人,送教 27986 学时,培训教师 2074 人。到 4 个项目县就家庭教育指导学科

---

① 山东省教育厅:《潍坊四举措推进"厕所革命"和乡村教师周转宿舍建设》,2021 年 6 月 4 日,见 http://edu.shandong.gov.cn/art/2021/6/4/art_11972_10290287.html。

② 胡怀旭:《我省多措并举建立健全教师补充机制》,《山东教育报》2016 年 10 月 24 日。

③ 山东省教育厅:《〈关于加强农村教师队伍建设的建议〉的答复》,2020 年 5 月 20 日,见 http://edu.shandong.gov.cn/art/2020/5/20/art_107084_10079885.html。

④ 山东省教师教育网:《青岛市平度莱西乡村教师素质提升工程——2020 年线上培训项目》,2020 年 7 月 11 日,见 https://www.qlteacher.com/laixi/index.html。

进行送教培训 22 次,组织志愿者 100 人,送教 1056 学时,培训中小学校长和骨干教师 3518 人。[①]

(三)提升教师信息技术应用能力

2015 年山东省为适应"互联网+"新形势,对乡村教师信息技术能力的掌握格外的重视,并开始加大培训力度。为更好地使乡村教师信息技术能力得到发展,山东省颁布《山东省中小学教师信息技术应用能力提升工程 2.0 实施意见(2020—2022)》,强调组建信息技术能力精准帮扶专家团队,通过志愿服务等方式开展精准帮扶活动,加强对薄弱区域教师信息化能力建设。各级项目学校要与贫困地区乡村学校帮扶合作,因地制宜开展帮扶活动,助力贫困地区乡村教师信息技术应用能力水平提升。[②]

当前山东省乡村教师的生存环境得到进一步改善,乡村教育社会支持系统也得到了切实完善,但由于城乡发展不均衡,教师流动与培训工作仍需进一步加强,优质教育资源仍需进一步均衡分配。

第五节　促进乡村教师专业发展,打造新时代乡村教师的江西实践

据江西省第七次全国人口普查主要数据,2020 年底,江西省常住乡村人口为 1787.80 万人,占总人口的 39.56%。[③] 乡村振兴关键要靠人才,人才培养要靠教育。乡村教师作为乡村教育的重要主体,承担着培养乡村振兴人才的重任,乡村教师专业能力提升,直接影响乡村教育的振兴。江西省致力于打造新时代乡村教师,多措并举促进乡村教师专业发展。

---

① 山东省教育厅:《对〈关于加大对欠发达地区教师培训力度的建议〉省十三届人大一次会议第 20180280 号的答复》,2018 年 11 月 3 日,见 http://edu.shandong.gov.cn/art/2018/11/3/art_12155_1697648.html。

② 山东省教师教育网:《山东省教育厅关于印发〈山东省中小学教师信息技术应用能力提升工程 2.0 实施意见(2020—2022)〉的通知》,2020 年 12 月 17 日,见 https://www.qlteacher.com/news.html#TC_Notice/5fdb2ddaae34a664b554d3a8。

③ 江西省统计局:《江西省第七次全国人口普查主要数据结果答记者问》,2021 年 6 月 11 日,见 http://tjj.jiangxi.gov.cn/art/2021/6/11/art_38602_3398800.html。

一、拓宽乡村教师补充渠道

（一）实施"定向培养乡村教师计划"，加大免费师范生培养力度

江西省根据各地实际需求加强"本土化"乡村教师培养，单列男性乡村教师招生计划，逐步优化乡村教师性别结构。意在培养"厚基础、宽口径、高素质、强能力"的"一专多能"乡村教师。自 2007 年开始，每年安排专科层次定向招生计划 3000 余个，定向招收本地优秀初中毕业生进入师范院校学习，并实行"一专多能"综合培养，毕业后由省教育厅根据定向培养协议书一次性将毕业生派遣到指定乡村学校任教。至 2015 年已招生 24500 余人，到岗就业 8100 余人，为农村学校培养储备了一大批优秀的师资。① 到 2018 年共招收定向师范生 3.9 万余人。吉安县鼓励贫困户子女报考定向师范生，拿出总招生计划的 20%，专门用于招收建档立卡贫困户子女。2019 年完成师范定向招生计划 90 名，其中招录建档立卡贫困户子女 27 名。贫困子女经过师范学习完成学业后，有一份稳定的工作，彻底斩断贫困代际传递链条。②

（二）实施教师招聘省级统筹，优化"特岗计划"

江西省实行中小学教师招聘省级统筹。从 2010 年开始，江西省以实施"特岗计划"为契机，实行中小学教师招聘省级统筹：省级统一组织招聘考试报名、笔试，公布入围人员名单，市、县两级根据入围人员名单组织面试、体检和聘用，每年为中小学补充教师 1 万余名，确保了选人用人的公平、公正、公开。近五年来共招聘补充教师 50500 余人（其中特岗教师 17100 人），这些教师绝大多数安排在乡村学校，为乡村学校补充了一大批素质高、能力强的教师。

（三）开展乡村学校薄弱学科教师支教工程

自 2017 年新学年起，江西省开展了音体美专业大学生支教志愿服务试点工作。2018 年音体美专业师范生实习支教工作范围从 30 个试点县扩大到 90 个县，每个县遴选 5 所农村中心小学，每所学校安排音体美专业师范生各 1 名，每期派出实习支教学生 1365 名。③ 上高县极力招聘体育、艺术等学科教

---

① 徐光明：《江西：破解乡村教师队伍建设结构性难题》，《人民教育》2015 年第 22 期。

② 江西省教育厅：《吉安县教育扶贫奋进之笔》，2020 年 5 月 11 日，见 http://jyt.jiangxi.gov.cn/art/2020/5/15/art_41911_2651351.html。

③ 江西省教育厅：《"教育生态"看江西——江西省推进义务教育均衡发展的启示》，2018 年 10 月 27 日，见 http://jyt.jiangxi.gov.cn/art/2018/10/27/art_25665_1424394.html。

师,近三年,全县共招聘"音体美"等专业教师 79 人,占招聘总教师数的 17%,全县中小学每百名学生拥有专任教师达 1.03、1.05 人。①

(四)扩充乡村教师队伍的流动渠道

2014 年江西选择 11 个县进行试点,积极鼓励城乡教师之间的流动,共交流轮岗校长教师 1285 人,其中校长 172 人,教师 1113 人。在总结试点经验的基础上,2015 年南昌市、宜春市全面推开交流轮岗改革试点,全省 60% 的县(市、区)启动实施了这项改革。上高县严格执行校长教师交流轮岗制度,三年间校长、教师交流轮岗人数达 362 人,超出上级规定 8.6 个百分点。根据城乡生源增减,将农村教师选调进城调整为每年一次。② 德兴市 2016 年启动了"归雁计划",支持乡村教师回原籍任教,通过吸引在外德兴籍优秀教师回乡执教,加强教育师资力量,促进义务教育均衡发展,并引来多地效仿。

(五)保障乡村教师编制,实施编制动态调整机制

江西省为了实现乡村教师编制优化配置,实行了县域编制动态管理。编制向乡村教师倾斜。各地按照班师比和班额比来配备乡村教师。2017 年,全省统一城乡中小学教职工编制标准,具体标准为:教职工与学生比为高中 1∶12.5、初中 1∶13.5、小学 1∶19、特殊教育 1∶3—1∶4,每个教学点按照不少于 1.5 个教师进行配备。上高县在全县 2817 个教职工编制的总量上,允许再聘教师 100 个,大力整治"在编不在岗"人员,调整长期"事假""病假"人员,研判教师退休及外调形势,"抢"出编制 238 个。③ 通过教师队伍的动态配置,挖掘潜力,管理和利用好编制资源,努力解决农村教师结构性短缺和城市教师短缺问题,逐步疏通影响义务教育均衡发展的师资瓶颈。

二、不断提高教师的地位待遇

(一)用荣誉制度充盈教师的精神世界,提升乡村教师的职业成就感

2015 年,江西在全国率先提出建立长期从教教师荣誉制度,对在乡村任教满 20 年和在各级各类学校任教满 30 年的 12 万余名教师颁发荣誉证书。

---

① 江西省教育厅:《江西教育督导工作简报(2020)第 1 期》,2020 年 5 月 18 日,见 http://jyt.jiangxi.gov.cn/art/2020/5/18/art_25669_1796138.html。

② 江西省教育厅:《江西教育督导工作简报(2020)第 1 期》,2020 年 5 月 18 日,见 http://jyt.jiangxi.gov.cn/art/2020/5/18/art_25669_1796138.html。

③ 江西省教育厅:《江西教育督导工作简报(2020)第 1 期》,2020 年 5 月 18 日,见 http://jyt.jiangxi.gov.cn/art/2020/5/18/art_25669_1796138.html。

江西省委教育工委、省教育厅还面向社会征集"长期从教教师荣誉徽标(LO-GO)",并在教师节前将荣誉证书发放到了教师手中。这项举措在国内尚属首次,激发了广大教师长期从教、终身从教的荣誉感和使命感,营造了尊师重教的浓厚氛围,产生了广泛的社会影响。① 被教育部评为全国落实《乡村教师支持计划》优秀案例。2015—2017 年间,江西省共有 18 万余名教师获得了长期从教荣誉证书,提高了教师的职业荣誉感与自豪,增加了乡村教师的情怀。

(二)提待遇,增强乡村教师岗位吸引力

一是建立艰苦边远地区农村中小学教师特殊津贴。为提高农村教师待遇,激励农村教师坚守边远地区教书育人,从 2008 年起,江西省率先建立边远地区农村中小学教师特殊津贴制度,投入 1 亿元专项资金用于发放江西省艰苦边远地区农村中小学教师特殊津贴,从 2011 年开始,专项资金在原有基础上增加了 5000 万,由原来的 1 亿元增加到了 1.5 亿元。从 2013 年开始,江西省又在原有 1.5 亿元特殊津贴的基础上新增 1.5 亿元,用于提高在条件艰苦的山区、库区、湖区等边远地区从教教师特殊津贴水平。2015 年起,省财政厅、省教育厅每年向 99 个(市、区)下达专项资金 4.21 亿元,资金增幅达 4 倍。② 210 元、360 元两档发放标准分别提高至 300 元和 500 元,每年省财政需拿出资金 5.5 亿元,覆盖全省 9 万余名乡村教师,并计划逐步扩大范围。

二是全面落实中央对集中连片特困地区乡村教师生活补助政策。2015 年 2 月,省财政厅、省教育厅联合下发了《关于对在连片特困地区乡、村学校和教学点工作的教师给予生活补助的通知》,为全省 17 个连片特困地区乡、村学校和教学点工作的教师发放生活补助,发放标准为每人每月 200 元。共计发放人数约 5.2 万余人,发放学校 3690 所,发放金额 1.27 亿元,覆盖面达到了 100%。

三是建立乡村教师乡镇工作补贴制度。全省乡村教师根据在乡村工作年限、艰苦边远程度、交通便利程度、距离县城远近等因素,享受每月 200 元至 500 元等不同层次的乡镇工作补贴。《江西省乡村教师支持计划(2015—2020

---

① 徐光明:《江西:破解乡村教师队伍建设结构性难题》,《人民教育》2015 年第 22 期。

② 《江西:强师兴教 40 年》,《江西教育》2018 年第 25 期。

年)实施办法》明确规定,符合条件的乡村教师可以叠加享受艰苦边远地区农村中小学教师特殊津贴、集中连片特困地区乡村教师生活补助、乡镇工作补贴等三项津补贴。如吉州市吉州区实施教师待遇"九个百万"工程,分别对乡村教师的薪资、住房等进行补贴。芦溪县2018年教师绩效工资人均25320元,比2011年提高了16120元,为全县乡村教师提供免费入住周转房,免费工作餐,免费体检;补贴山区津贴,补贴乡镇工作津贴;按最高标准缴纳住房公积金,由财政预算总工资的5%提高到最高标准12%。此外,在职称评聘过程中芦溪县实行"支教优先"政策,在岗位设置中实行"低职高聘"政策。①

(三)实施"农村义务教育学校标准化建设工程"

从2013年起,江西省委、省政府决定统筹整合资金50亿元,集中财力,用3年时间在全省实施"农村义务教育学校标准化建设工程"。规划投入4.58亿元建设42.6万平方米农村教师周转房,改善农村教师住宿及用餐条件。2011年以来,省财政共安排4亿元,采取"以奖代补"的政策,大力推进教师周转宿舍建设。截至2015年6月,全省1200余所农村中小学校新建、改扩建教师周转宿舍54万平方米,新建教师周转宿舍14000余套。这些措施极大地改善了乡村教师的工作、生活条件,为留得住乡村教师提供了强有力的后勤保障。上高县政府出台了《上高县农村教学点教师关爱工程实施方案》,启动实施关爱工程,全面了改善全县农村教学点368名教师工作、学习、生活条件,具体实现"十二个一"计划。同时,为农村教师建设"周转房"400余套,有效改善了农村教师工作和生活条件,使广大教师能够扎根农村、安心教学。②

(四)职称(职务)评聘向乡村教师倾斜

江西省规定乡村学校任教累计满25年的教师,可不受岗位结构比例限制,直接聘任相应专业技术岗位。吉安市设立农村教师职称特殊岗位,凡在村小、教学点连续任教满8年申报中级职称、满15年申报高级职称的教师,符合条件者,可享受相应的中级、高级职称工资待遇。龙南县出台了对因岗位职数限制,评而未聘的教师给予相应职称岗位工资补助的政策,2011年至今,龙南

---

① 江西省教育厅:《同在一片蓝天下——义务教育均衡发展的"江西样本"》,2019年4月9日,见 http://jyt.jiangxi.gov.cn/art/2019/4/9/art_25737_1451270.html。

② 江西省教育厅:《江西教育督导工作简报(2020)第1期》,2020年5月18日,见 http://jyt.jiangxi.gov.cn/art/2020/5/18/art_25669_1796138.html。

县财政共安排资金 90 余万元,对 773 人进行了补助,有效地解决了乡村教师职称评聘中存在的困难。①

三、创新教师素养提升机制,开展乡村教师培训工作

(一)强师德,树立乡村教师良好形象

江西各地都将教师职业道德要求融入职前培养、准入、职后培训和管理的全过程。积极开展寻找"最美乡村教师"等活动,大力宣传乡村教师坚守岗位、默默奉献的崇高精神。南昌市出台《南昌市中小学在职教师拒绝有偿补课拒收家长红包的五条禁令》《南昌市中小学幼儿园教师师德师风承诺宣誓词》等制度。九江市把每年春季开学的第一个月定为"师德师风教育月",开展了"一评选三治理"专项活动。全省各地积极开展各项促进乡村教师师德师风建设活动,树立乡村教师良好形象。

(二)实施"国培计划"和"省培计划"

江西省 2010 年以来,争取到财政资金约十亿元,通过多种乡村教师培训模式,培训乡村教师 90 多万人次。实施"国培计划""省培计划"项目,实施"远程专题学习、院校集中培训、影子跟踪学习、网络工作室研修、返岗实践研修、研修总结展示"的混合学习模式。着力培育了中小学、幼儿园骨干教师队伍,建立巩固了骨干引领全员培训机制,有效提升了农村教师的师德素养和业务能力,进一步推动了省级教师培训和全员培训工作的改革创新,也推动了一大批农村中小学教师进入专业化成长阶段。截至 2020 年 12 月 5 日,组织开展了 4 批次 6 期共 1800 人的"省培"培训。②

(三)建立乡村教师全员培训机制,着眼于长线式的底部攻坚

江西省在组织好"国培"的同时,切实抓好乡村教师全员远程培训。坚持加强对乡村教师的培训力度,对全省 9 多万名乡村教师进行 5 年一轮的分层、分类、分岗的远程网络继续教育全员培训,网络培训效果深得乡村教师好评。对乡村薄弱学科教师加大培训力度,针对音乐、体育、美术、信息技术等科目因地制宜地开展培训。例如芦溪县从 2018 年秋季开始,建立了音、体、美等 10 个学科的名师工作室,并将部分学科的名师工作室设在山区学校。县教育局

---

① 徐光明:《江西:破解乡村教师队伍建设结构性难题》,《人民教育》2015 年第 22 期。
② 江西省教育厅:《中共江西省委教育工委关于巡视"回头看"整改进展情况的通报》,2021 年 6 月 7 日,见 http://jyt.jiangxi.gov.cn/art/2021/6/8/art_25824_3390762.html。

专门拿出 15 万元支持名师工作室开展活动,已送课、送培 30 余次。①

乡村教育由于地域、城乡二元结构等原因,既面临一些共性问题,也面临一些个性问题,江西省立足自身实际,着眼于乡村教育长远发展,在乡村教师数量补充、结构优化和素质提升等方面都取得了较好的成效,但距离新时代乡村振兴对乡村教育的需求还任重道远,需要进一步与时俱进、开拓创新。

第六节　构建乡村教师专业发展内生型服务体系的五省经验

通过对安徽、江苏、浙江、山东和江西五省促进乡村教师发展,着力构建乡村教师专业发展内生型服务体系的实践探索进行分析,可以发现在培养"下得去""留得住""教得好""有发展"的乡村教师方面采取了一些共性举措,比如以促进教师信息化水平的提高来提升乡村教育现代化的发展,以加大对乡村薄弱学科的培训力度来促进乡村教育的全面发展,以定向培养,颁发荣誉等举措来提升乡村教师的乡村教育情怀。

一、全面促进乡村教师专业发展

通过对安徽、江苏、浙江、山东、江西各地促进乡村教师专业发展的举措来看,都是立足各省实际,从满足乡村教师数量需求、提高乡村教师待遇保障和提升乡村教师综合素质与专业能力三个维度来促进乡村教师发展。在数量上,五省主要采取"定向培养""县管校聘""特岗计划""动态编制"等举措补充乡村教师,让一批乡村教师"下得去",满足乡村教育发展对教师数量的需求。在保障上,五省主要采取提高薪资待遇、加强生活保障和职称倾斜等措施,保障乡村教师合法权益,提升乡村教师职业吸引力,让一批乡村教师能够"留得住"。在质量上,五省主要从加强乡村教师的师德师风以及教育教学能力两方面入手,根据乡村教师队伍实际有针对性地采取措施。在师德师风方面,安徽省主要将师德师风建设纳入教师职业发展全过程,并以规范的形式予以落实。江苏省实施素质提升工程,采取以点带面的形式,通过培育站等措施

---

① 江西省教育厅:《江西教育督导工作简报(2019)第 1 期》,2019 年 2 月 12 日,见 http://jyt.jiangxi.gov.cn/art/2019/2/12/art_25669_1717609.html。

提升乡村教师的师德师风。浙江省在城乡教师交流中提升教师综合素质与专业能力。五省皆以"师德一票否决"制度来对加强教师的师德师风建设,加上在数量、保障以及质量三个方面采取的系列举措,更加全面地促进了乡村教师专业发展。

二、全面提升乡村教师信息技术能力

随着信息技术的飞速发展,教育信息化对于深化基础教育改革,提升乡村教育教学质量具有重要意义。这就对乡村教师的信息技术能力提出了新要求。通过五省促进乡村教师发展措施的梳理发现,各省皆重视乡村教师信息化能力的提升。安徽省和江苏省因地制宜开展贫困地区乡村教师信息化培训,通过"双师教学""智慧课堂"等网络课堂教学模式,提高乡村教师信息技术能力。浙江省结合"互联网+义务教育"城乡学校结对帮扶行动,以远程专递课堂、城乡同步课堂等推动"城乡教育共同体"和"互联网+义务教育实验区"建设,以混合式培训与协同研修的形式,优化乡村学校信息技术应用环境,促进优质教育资源共建共享,提高乡村教师信息技术应用能力水平。山东省组建信息技术能力精准帮扶团队,通过送教下乡等措施,全面推动薄弱地区教师信息化能力的建设。江西省通过"国培"与"省培"等培训进行教师信息技术能力的培养。五省通过各种举措因地制宜地提升乡村教师信息技术应用能力,优化乡村学校信息技术应用环境,以信息化推动乡村教育现代化。

三、全面加大乡村薄弱学科教师的培训力度

由于长期的城乡二元结构体制,导致城乡教育资源配置不均衡,乡村义务教育阶段音体美等学科教师无论在数量上,还是质量上都与城市存在不小的差距,导致乡村义务教育学校曾一度难以开齐开足音体美等课程。安徽、江苏、浙江、山东和江西对乡村音体美等薄弱或紧缺学科教师的培养上都采取了积极举措。安徽省针对革命老区乡村学校薄弱学科的教师组织教师访名校项目,对音体美等薄弱学科的教师进行专业能力培养。江苏省通过扩充乡村薄弱学科教师数量以及加大对薄弱学科教师的对口帮扶提升薄弱学科教师的专业素养。浙江省在源头上针对乡村薄弱学科教师进行培养,实施定向培养乡村全科教师的计划。山东省通过农村义务教育薄弱学科教师教学技能培训项目,让音体美等学科教师得到专门的、有效的培训。江西省鼓励音体美专业的在校大学生积极下乡进行支教,以缓解乡村薄弱学科教师队伍紧缺的矛盾,并

对乡村已有的音体美等学科教师进行培训。

四、全面培养乡村教师的乡村教育情怀

培养教师的乡村教育情怀,在一定程度上能够解决乡村教师"留得住"难题。拥有乡村教育情怀能够加强乡村教师对乡村教育的责任感和使命感。定向师范生的培养意义在于唤醒潜在的乡土记忆,回溯乡土文化的生命信息,挖掘宝贵的历史遗产,养成未来乡村教师。[①] 对此,五省都采用公费培养定向师范生的方法,通过一系列的措施,在课堂中渗透教师的乡村教育情怀,在教学实习中体验乡村教师情怀,培养一批有高度乡村文化认同感、乡村教育振兴责任感的乡村教师。五省皆以乡村教师荣誉制度来提升乡村教师的职业荣誉感和自豪感,江苏、浙江和江西省实施"归雁计划",返聘或者吸引原籍教师回乡执教,加强乡村教师的本土化建设,培养具有乡村情怀的教师,促进义务教育优质均衡发展和城乡一体化。

---

① 罗碧琼、唐松:《乡村教师定向培养中的寻根教学》,《湖南师范大学教育科学学报》2021年第 3 期。

第六章 乡村教师专业发展内生型服务体系构建的行动路径

乡村教师的专业发展虽然离不开外部的保障和激励机制来推动,但根本上促进其专业发展的动力来源于内部需求和专业自觉。正如叶澜教授所说:再好的生境也不会自动转化为教师发展,更因为有再多问题的生境,在追求发展的教师那里总能找到可能发展的空间;在自觉努力的教师那里,总会拓展出更大的可能空间;在切实行动的教师那里,总会出现相对于昨日之我的真实发展。① 我们尝试从坚定教师教育情怀,养成自主发展能力;优化乡村教育生态,激发教师内生动力;完善教师培训体系,构建乡村教师培训新格局;丰富教学研修形式,满足乡情学情新需求;完善城乡教师交流机制,在转向中实现内生发展;完善教师管理体系,营造良好发展生态等六个方面提出对策,突破以往从外部因素入手促进乡村教师专业发展的研究视角,转向关注乡村教师专业发展的内在需求,构建与此相适应的乡村教师专业发展内生型服务体系。

第一节 坚定教师教育情怀,养成自主发展能力

2018 年,习近平总书记在全国教育大会发表重要讲话指出:教师是人类灵魂的工程师,是人类文明的传承者,承载着传播知识、传播思想、传播真理,塑造灵魂、塑造生命、塑造新人的时代重任,②这也是新时代人民教师的教育情怀。育德才兼备之人,需德高身正者为师,德高身正方能立德树人,有教育情怀者方能立大德、育新人。教育情怀是对教育事业拥有持续的、深沉的情

---

① 叶澜:《改善发展"生境"提升教师自觉》,《中国教育报》2007 年 9 月 15 日。
② 中国政府网:《习近平在全国教育大会上发表重要讲话》,2018 年 9 月 10 日,见 http://www.gov.cn/xinwen/2018-09/10/content_5320835.htm。

感,它包括坚定的职业信念、高尚的道德情操、昂扬的教育激情、不断更新知识的意愿。有育人情怀的教师才有"捧着一颗心来,不带半根草去"的责任感;有育人情怀的教师才有"千教万教教人求真"的使命感;有育人情怀的教师才有"太阳底下最光辉职业"的荣誉感;有育人情怀的教师才有"吾上下而求索"的自主学习、更新知识、专业发展的进取心。

一、教育信仰的重塑:从"教书匠"走向"教育者"

雅斯贝尔斯在《什么是教育》一书中曾表述:"教育须有信仰,没有信仰就不称其为教育,而只是教育的技术而已。"[1]"教育的技术"实施者以机械性地完成必要教学工作为目的,缺乏教育的教育性原则,其实质是一种"教学"而非"教育",此等教师我们可以称之为"教书匠";"教育有信仰"者把教学作为手段,把育人作为目的,赋予教学过程以艺术性和教育性,此等教师我们称之为"教育者"。换言之,教育者必须以教育情怀做支撑。

何为教育信仰呢? 教育信仰是人们对教育活动在个体和社会发展过程中的价值及其实现方式的极度信服和尊重,并以之为教育行为的根本准则。[2]教师具备教育信仰,会增强教师"我能"的自主发展和"我愿意"的自觉发展的专业发展承诺,拥有较高的专业承诺会以从事教育事业为自身事业,并投入大量的教育精力和育人热情,深挖自身的教育潜能,丰富自身的教育专业内涵,增强自身的教育发展技能,提升自身的教育教学专业素养,实现自我教育理想。同时,由教育信仰生发出较高的教育承诺往往能够促使教师取得较好的教学成绩,而取得满意的教学成绩,会强化教师工作满意度和教育成就感,进而激发乡村教师的教育意志,推动乡村教师向自主性和自觉性的专业化方向发展,形成可持续性的教师专业发展的内生型发展路径。

近20年来,由于市场经济的冲击和城乡二元结构的影响,城乡资源配置曾一度失衡,伴随金钱至上等功利性思想的弥漫,乡村优质教育资源不断流失,乡村尊师重教氛围渐渐淡化,乡村教师在物质与精神兼具匮乏的夹缝中生存,教育信仰面临巨大挑战。缺乏了教育信仰,乡村教师就不再把学校作为安身立命之所。部分乡村教师把专业性教育职业仅仅当作一份领取工资、维持

---

① [德]雅斯贝尔斯:《什么是教育》,生活·读书·新知三联书店1991年版,第44页。
② 石中英:《教育信仰与教育生活》,《清华大学教育研究》2000年第2期。

生存需要的工作,在实际的教学工作中"教"与"育"分离,课前机械的备课抄写教学案,课堂上只关注空洞知识的传递,课下流于形式的空乏的作业布置与批改,师生关系变得陌生了、功利了,越来越不具有教育性。乡村教师专业发展自主性和自觉性的式微,呼唤乡村教师教育信仰的回归,乡村教师也亟须从被动教学的"教书匠"转向自主、自觉发展的"教育者"。

那么,乡村教师的教育信仰如何确立? 教育信仰的确立是教师与身处环境互相作用、相互影响的结果,是教师在师师、师生的交流过程中,不断地体验、反思、提高的结果。

第一,阅读人文、教育传世经典文本。哲学家何麟曾说:"盲目的信仰依于愚昧的知识。知识空洞者,其信仰必渺茫;知识混淆矛盾,必与信仰的杂乱反复相依随;知识系统,则信仰必集中;知识高尚,则信仰亦必随之高尚。"[1]阅读人文、教育经典就是体悟大师高远的理想情怀,领悟深邃的哲理意蕴,感悟高尚的至理箴言,在阅读中经由经典文本而激发和启迪乡村教师的育人心灵。如,阅读中华民族文化经典《论语》《学记》《大学》《传习录》等;西方教育文化精粹《理想国》《爱弥儿》《民主主义与教育》等;教育经典著作《中国教育的改造》(陶行知),《我的教育信条》(杜威)等。除此之外,还可以阅读丰富、权威的教育学、心理学等著作。乡村教师通过阅读人文、教育传世经典文本,触动初心,重塑教育信仰,激发乡村教师专业发展的自主与自觉。

第二,广泛开展对话与反思活动。每个人的成长总是在自我直接经验和他人间接经验相互融合的基础上形成自己的信仰和理念。一是对话,乡村教师或者囿于直接经验的不足或者对经验缺乏深入的认识,而产生片面的或程式化的观念,因此积极开展对话就尤为重要。"对话不仅是一种交际手段,更是一种生命的内在述求。"[2]对话,把教师群体普遍的经验引入到自我的经验之中,从而开辟出一条通往教育信仰的心灵之路。二是自我反思,乡村教师的自我反思是对实际教学活动的梳理,也是对已有教育经验的整理,更是对自我教育教学行为的校阅。曾子曰:"吾日三省吾身:为人谋而不忠乎? 与朋友交

---

① 贺麟:《文化与人生》,商务印书馆1988年版,第90页。
② 谭学纯:《人与人的对话》,安徽教育出版社2000年版,第1页。

而不信乎？传不习乎？"乡村教师可以通过教育随笔、反思记录本、个人成长档案的形式记录自我反思的历程，在自我反思中纯化自我信念，提升自我能力，促进个人的专业性发展。

第三，恢复教育仪式感。我国古代教育典籍《学记》中就有关于教育仪式的记载："大学始教，皮弁祭菜，示敬道也……入学鼓箧，孙其业也。夏楚二物，收其威也。未卜禘不视学，游其志也。时观而弗语，存其心也……教之大伦也。"①记载了古代统治者对教育的高度重视和教育仪式的严肃性。古代达官显贵、富商巨贾聘请先生开业授课也会有严肃、隆重的拜师仪式，并授予先生巨大的教育惩戒权，以增强先生的教育责任感；乡村私塾先生招生授课也有跪叩孔子、宣读课规等仪式，以增强师生的教书与读书的使命感。当今的乡村学校亦可以借鉴古代的部分教育仪式，在仪式过程中，促进乡村教师对扎根乡土、教书育人的身份认同，增强乡村教师的荣誉心和信仰感，为乡村教师自主、自觉的专业发展奠定良好的心理基础。

面对现代化冲击、乡土文化式微等阻隔，乡村教师有了教育信仰，也不会丧失对宁静乡村校园教学生活的信心和勇气，只会激起乡村教师内在学习的积极性，专业发展的自主性，教书育人的自觉性，将自己投入到教学生活中，创造多姿的乡村教育新生活，成为名副其实的"教育者"。除此之外，教育信仰的凝聚性力量，会促使乡村学校中具有共同信仰的教师团结在一起，形成一个充满战斗力的学习、研究、发展和行动共同体，为振兴乡村教育事业而集体奋斗。

二、文化使命的自觉：从"边缘人"走向"传承者"

对中国古代知识分子而言，"诚意正心修身"（道统）是灵魂，"齐家治国平天下"（政统）与"格物致知"（学统）都受它的制约，即"道统"成为中国古代精英意识的心理和文化基础。②唐代教育家韩愈在《师说》中给教师的教育使命定义为："师者，传道授业解惑者也。"其中的"道"就是"道统"，即"文化"；"传道"就是"弘扬道统"，即"传承文化"，而"师之所存，道之所存也"也就意味着"传道"便成为中国教师千百年来亘古不变的文化使命和社会责任。在传统

---

① 王文锦：《大学中庸译注》，中华书局 2013 年版，第 99 页。
② 许纪霖：《人文精神寻思录之三——道统学统与政统》，《读书》1994 年第 5 期。

农业社会,教师处于"士农工商"的社会顶层,掌握着文化传播和社会改造的话语权,固然成为文化传播的"承担者"和社会改造的"设计者";面对着市场化冲击,教师在整个社会中的地位式微,成为文化传播的"边缘人"和社会改造的"接受者"。教师职业仅仅停留在"授业解惑"的"格物致知"阶段,难以"治国平天下",弱化了在文化上的自信。处于经济相对落后、文化相对弱势的乡村教师,虽为乡村场域中的"知识精英",却失去了"文化精英"的身份认同,身份认同的迷失势必削弱乡村教师作为"教师"的职业认同感,进而影响乡村教师自主、自觉专业发展的责任感。因此,呼唤乡村教师文化使命的自觉势在必行。

何为文化自觉呢? 费孝通先生定义为:生活在一定文化中的人对其文化有"自知之明",明白它的来历,形成过程,所具有特色和它发展的趋向……① 乡村教师对乡村文化的自觉表现为对乡村文化演化历史的了解甚或熟悉,对特色乡村伦理风俗的理解甚或认同,对淳朴乡村文化交往方式的接受甚或欣赏,以及对乡村文化传承与更新的信心。乡村教师文化的自觉,能推动乡村教师勇敢走向乡村文化的舞台中央,从而提升乡村教师的政治地位和社会地位,自然就会促使乡村教师更加自信地走上课堂的中央,坚实乡村教师的职业地位,承担起国家赋予乡村教师作为"教师"的国家、政治、社会和教育的四大责任。换言之,文化自觉的强弱会产生不同的教学工作动机、工作情绪和情感体验。乡村教师拥有较强的文化自觉性往往具有较强的文化使命感和教育使命感,进而在面对教学困难和发展困境中想方设法地克服并坚持下去。缺乏文化自觉往往会产生自我效能感缺失,对教学工作的失误和低水平形成错误的归因,在面对教学困难和发展困境时产生厌倦心理,进而产生职业懈怠。

那么,乡村教师的文化自觉如何回归抑或提升? 文化使命的自觉是乡村教师在学习乡村传统文化精髓,参与乡村文化建设,深耕乡村文化教育,谋划乡村文化发展,在乡村教育活动与乡村社会活动的互动中形成的。

第一,提高乡村教师在乡村振兴,尤其是文化振兴中的地位。《2018 新时代教师意见》指出:"各级党委和政府要切实负起中小学教师保障责任,提升

---

① 费孝通:《文化的生与死》,上海人民出版社 2009 年版,第 185 页。

教师的政治地位、社会地位、职业地位。"①一方面,政府应出台可操作性的制度政策,完善运行机制,保障乡村教师在国家政治生活中的地位,尊重其在乡村治理中的知识话语权,满足其在职业生涯中的多元需求和合理地位,增强乡村教师身份认同和职业吸引力。另一方面,各级政府在研究涉及乡村中小学发展政策、乡村治理规划等重大事项时,应邀请乡村教师代表参加,广泛听取乡村教师在政策制定中的意见,充分尊重并保障乡村教师在乡村治理中的话语权。

第二,广泛开展中华优秀传统文化教育。《2018 教师教育振兴计划》指出:"在师范生和在职教师中广泛开展中华优秀传统文化教育,注重通过中华优秀传统文化涵养师德,通过经典诵读、开设专门课程、组织专题培训等形式,汲取文化精髓,传承中华师道。"②中华优秀传统文化是我们国家最为深厚的软实力,也是教师厚植思想根基的文化沃土。在乡村教师的培训中增加经典诵读,通过体悟经典提升乡村教师的精神境界,强化回归乡村教书育人的使命感和荣誉感。开设关于百年乡村变革史、乡土文化中的社会民俗、乡土文化的当代价值、乡土文化振兴策略等培训内容,增强乡村教师对乡土文化的认同和振兴乡土文化的信心,引导乡村教师投身乡村文化建设。组织乡土教材编写、乡土课程开发等专题式培训,教会乡村教师根据乡情村俗开设符合乡情学情的乡土课程和活动,在教材编写、课程开发中调动教师的工作热情,发展教师的专业技能。

文化使命能够兼容并包,博采众长,为乡村教师提供了彼此认同的文化基础,形成以兴乡育人为核心的文化共同体。与此同时,文化使命具有独特的道德引导力,它作为一种精神超越,始终对教师教育行为具有规范、激励作用。拥有文化使命感,无论是作为个体的乡村教师,还是群体性"新乡贤"的乡村教师,都会积极地投身于乡村文化发展和乡村教育事业,他们会积极主动、自觉自主地丰富自身的教育知识,提升自身的教学技能,提高自身的为师素养,进而促进其专业性发展,最终促成乡村教师自主性专业发展的新图景。

---

① 《中共中央国务院关于全面深化新时代教师队伍建设改革的意见》,2018 年 1 月 20 日,见 http://edu.gd.gov.cn/zxzx/xwfb/content/post_1600165.html。

② 《教师教育振兴行动计划(2018—2022 年)》,2018 年 3 月 28 日,见 http://www.gov.cn/xinwen/2018-03/28/content_5278034.htm。

三、乡土情怀的回归：从"异乡人"走向"主人翁"

改革开放以来，伴随着城镇化进程，乡村处于弱势地位，城市经济发展吸纳了大量的乡村人口进城务工，尤其是年轻人或高素质人群纷纷离开乡村涌入城市，留守乡村的多为儿童和老人，"乡村空心化"逐渐加重。一方面，现实利益的考量和城市公共服务的完善，进城务工的人员能够在城市中获得更多的物质财富，享受着城市文明所带来的便捷，越来越多的人选择定居城市，减少了回乡的次数，因此隔绝了与乡土文化的联系。另一方面，随着时间的推移和空间的城乡隔离，作为乡村"文化基因"携带者的乡村老人越来越多地离开了人世，乡村青壮年纷纷进城务工，乡村文化的传承出现了断代。面对岌岌可危的乡土文化传承断代，作为"知识分子"的乡村教师应该承担起乡土文化的传承责任，唤醒乡土情结，实现从"异乡人"到"主人翁"的转向。

通过调查发现，伴随着城乡二元结构的形成，目前乡村教师主要可分为两种类型：第一种，生活与职业场域统一型，即乡村教师。他们只有一种身份，在基层拥有连续多年教龄，基层教育经验丰富，了解乡村学情，自带一身"土气"，乡土特质浓厚，他们是生于斯、长于斯、教于斯的，他们的职业与生活、理想与现实是统一的。他们以乡为家，热爱乡村，拥有乡土情怀。第二种，生活与职业场域分离型，即仅工作在乡村的教师。他们拥有两重身份：生活方面称为城里人，工作方面称为乡村教师，生活和工作完全处在不同的文化环境中，每天要在两种文化中相互切换，缺乏文化上的身份认同，对乡土文化并不了解或者不愿深入了解，更谈不上乡土情怀。

如何引导乡村教师"重回"乡土？"回归乡土"并非是要否定"现代性"或教师专业化，而是在强化专业取向教师队伍建设路径的过程中，保留乡村教师职业的乡土性，将乡村教师原本的乡土特质纳入乡村教师的专业特质中，选拔、培育具有乡土情怀的教师。[1] 引导乡村教师"回归乡土"实质上是在打造一支"下得去、留得住"能扎根、守乡土的合格教师，也是在锻造一支"教得好、高质量""一专多能"的专业化乡村教师队伍。

第一，增加乡土性知识的培训内容，用乡土性知识滋养教师情怀。乡村教

① 王艳玲、陈向明：《回归乡土：我国乡村教师队伍建设的路径选择》，《教育发展研究》2019年第20期。

师因教育对象、工作场域和生存环境的特殊性,其除了应具备教师普遍性知识(如:学科类知识、教育类知识和广泛的科学文化知识)之外,还应该学习一些乡土性知识。陈向明教授认为,这类知识是农村教师关于农村社会的认识和体验,是对所在地域农村长期积淀下来的经过合法性检验的经验与智慧的认知,是具有本土色彩、乡土气息、地域性质的知识。① 我们在此将地方性知识理解为乡村教师应通识的乡土知识。乡村教师通过整理、领会、掌握乡土知识能够促进乡村知识的保护与传承;通过对乡土知识的深度理解,将学科教材进行有效的二次开发,促进学生结合生活实际更有利于理解教材,进而提升教学质量;通过掌握广泛的乡土知识,将一般性学科性知识与具体的乡村生活实际相结合,从一般到具体,再从具体到一般的过程中,提升专业发展的能力,成为集"乡""土""专"于一身的乡村专业化教师。

第二,激励更多的优秀乡村教师成为具有示范引领作用的"新乡贤"。教育部《关于加强新时代乡村教师队伍建设的意见》指出:"引导教师立足乡村大地,做乡村振兴和乡村教育现代化的推动者和实践者……注重发挥乡村教师新乡贤示范引领作用。"②"乡贤"原为因品行与才学俱佳而被乡民所推崇的人,他们承担着村务治理、乡村教化的职责。新时代的"新乡贤"内涵广泛,群体多样,我们定义的乡村教师作为"新乡贤"是长期扎根乡间,有高尚品行、有爱乡情怀、有文化视野、有现代意识、有责任意识,以自己的专业知识和才能服务乡村教育事业的乡村教师。他们以自身的专业性知识教授学生掌握现代科学知识,以教育情怀感化学生爱乡、爱校、爱学,培养能够担负乡村振兴的时代新人。

第三,选拔和培育具有乡土情怀的教师。《2015 乡村教师支持计划》指出:"鼓励地方政府和师范院校根据当地乡村教育实际需求加强本土化培养,采取多种方式定向培养'一专多能'的乡村教师。"③在乡村教师的培养上,应该从三方面入手。其一,在情感方面,"广阔乡村,大有可为",引导他们热爱

① 李长吉:《论农村教师的地方性知识》,《教育研究》2012 年第 6 期。

② 《关于加强新时代乡村教师队伍建设的意见》,2020 年 7 月 31 日,见 http://www.gov.cn/zhengce/zhengceku/2020-09/04/content_5540386.htm。

③ 《乡村教师支持计划(2015—2020 年)》,2015 年 6 月 8 日,见 http://www.gov.cn/zhengce/content/2015-06/08/content_9833.htm。

乡村,关心乡村社会发展,自觉承担起振兴乡村教育事业的时代重任,把自己当作乡村社会的"主人翁";其二,在技能方面,乡村教师应该具备"文化适切的教学"能力,教师应该根据学生的实际生活经验,开发适合的教材,开展适合于学生发展的教学活动,把一般性知识通过具体化讲解传授给学生;其三,在文化价值方面,面对城市文化的强势冲击,教师要有自我反思能力,减少对乡村文化的偏见,尊重差异,设身处地地从乡村文化的立场出发,看待学生和乡村教育。

培养具有乡土情怀的教师,不仅仅是为了"下得去、留得住",更是为了"教得好,质量高",乡土情怀是乡村教师工作的动力源泉。[①] 拥有乡土情怀的乡村教师乐意积极参与乡村文化建设,深耕乡村文化教育,谋划乡村文化发展。在乡村教育活动与乡村社会活动的互动中,教师自主、自觉的专业发展意识得到唤醒,乡村教师专业发展的可持续性局面也会慢慢打开。

四、内生动力的养成:从"受雇人"走向"建设者"

德国民主主义教育家阿道尔夫·第斯多惠在《德国教师培养指南》一书中强调:"凡是不能自我发展、自我培养和自我教育的人,同样也不能发展、培养和教育别人。"[②]由于教师劳动性质、劳动对象和劳动过程的复杂性决定了教师劳动的创造性,而创造性是建立在科学有效解决教育教学过程中的一个又一个问题、引导学生一个又一个走向更加美好的未来等广泛的教育实践基础之上的,这些都是外控型因素影响教师的成长。除此之外,更深刻的教师自我发展和自我教育有赖于教师专业发展的内在需求,它呼唤自我意识的觉醒,内生动力的养成。当教师自我意识被唤醒,自我更新、自我行动被调动,自然提高了教师专业发展的自觉水平,教师发展的内生动力就会源源不断出现。

市场化经济转型中的中国教育进入了"消费时代",经济效益、市场竞争的价值观蚕食到教育领域,绩效工资制度式的商业逻辑放大了教育的经济属性,消解了教育的公益性和神圣性,教师更是在经济利益至上的思维中失去了传道、授业、解惑的追求,成为了挣取"工资"的"工具人"或"受雇人",失去了

---

① 王艳玲、陈向明:《回归乡土:我国乡村教师队伍建设的路径选择》,《教育发展研究》2019 年第 20 期。

② [德]第斯多惠:《德国教师培养指南》,袁一安译,人民教育出版社 2001 年版,第 24 页。

自我发展、自我培养和自我教育的内生动力。处于"弱势群体"中乡村教师在"安逸"与"纠结"、"理想"与"现实"、"有心报国"与"无力回天"的矛盾中逐渐迷失航向、丧失自我、错失发展机遇。因此,内生动力的养成如何激发乡村教师的教育信念和自我提高内驱力就显得尤为关键。

促使乡村教师自我发展内生动力的养成可以从两个维度推进,即:外控式发展维度与内驱式发展维度。两个维度并不是截然对立,也不是自然统一,而是在乡村教师专业发展实践中可以辩证统一,服务于乡村教师发展内生动力的养成。

外控式发展策略,以外在推力激发内生动力。其一,通过学校党组织思想建设,唤醒教师教育初心。2020年,教育部等六部门发布《关于加强新时代乡村教师队伍建设的意见》指出:"加强乡村学校教师党支部标准化、规范化建设,注重选拔党性强、业务精、有情怀、有担当、有威信、肯奉献的党员教师担任党支部书记,鼓励书记、校长一肩挑。"①加强乡村学校党支部的思想建设,发挥校长的模范带头作用,通过"两学一做""学四史,守初心"等活动提升乡村教师党性修养,用党性武装乡村教师队伍,推动乡村教师师德师风建设,储存内生动能,激发内生动力。其二,自主选择培训内容。以往的乡村教师培训内容忽视了乡村教师自我发展的需要,忽视了乡村教师的主观能动性。因此,应该有针对性地改进乡村教师培训内容和形式,利用线上线下相结合的方式开设丰富多样的培训课程,构建教师培训内容"超市",分门别类地设置"课程货架",安排"自助餐",给予乡村教师自由的选择余地,变"被动者"为"主动者"。

内驱式发展策略,以自我反思引领自我发展。教师自我发展是教师自觉、主动地对照新时期教师职业形象和专业要求,在认同的基础上不断设计自我、改造自我、塑造自我的过程,是教师在认识、平衡自己多种角色基础上的自我选择、自我追求、自我完善的过程。②这一教师的自我发展过程分为四个步骤:第一,自我诊断。乡村教师自觉地将自己的教学活动与新时代教师职业形

---

① 《关于加强新时代乡村教师队伍建设的意见》,2020年7月31日,见 http://www.gov.cn/zhengce/zhengceku/2020-09/04/content_5540386.htm。

② 陈峰:《以师为本的教师自我发展的理念与机制——教师自我意识引领的发展》,《湖南师范大学教育科学学报》2006年第5期。

象和专业要求进行对照,找准优势、确准短板。第二,目标设定。根据自我诊断的结果,结合乡村教学条件和自身的教学能力,根据"最近发展区"理论,设定"跳一跳,够得着"的目标。第三,内容选择。根据设定的目标,在教师进修培训过程中吃"自助餐",选择符合自身需求的课程内容,并将学习的内容广泛地应用于乡村的实际教学。第四,理性反思。依据实际的教学反馈,进行理性的、系统的过程性反思,并做好反思性笔记或教学随笔。在自我诊断到理性反思的过程中实现教师的自我发展。

除此之外,教师自我发展是道德的。[①]"学高为师,身正为范",这既是社会对教师德行的要求,更应该是教师自我的要求。"才者,德之资也;德者,才之帅也。"对教师来说"学高"与"身正"无为表里,互相促进,只有教师自身不断地发展,才能实现成己育人、立己立人。因此,教师应该在专业发展过程中"见贤思齐",勇于善于向身边的同事、学生、乡民学习,向人类的思想家及其经典作品学习,向生动活泼、丰富多彩的乡村教育实践学习。同时,在自身专业发展过程中也要做到"见不贤而内自省",日常省思,日思日进。

从教师的专业发展阶段理论看,教师可分为"职业新手""专业熟手""专业高手"三个层次,而"专业高手"型教师绝不是与生俱来的,更不是简单培训出来的,而是在教育教学实践过程中,教师主动学习、自觉反思、持续性更新理念的结果,是内生动力驱动的结果。换言之,教师的专业发展是"教师不断超越自我的过程,不断实现自我的过程,更是教师作为主体自觉、主动、能动、可持续的建构过程"[②]。

第二节　优化乡村教育生态,激发教师内生动力

法国著名的社会学家布迪厄提出的场域理论对研究教育问题具有理论启发和实践分析意义。他提出场域具有其自主化倾向,即:在一定场域内的生产者只为本场域的其他生产者服务,不为更广阔的社会场域生产者和消费者进行更大规模的生产。换句话说,场域的自主性意味着其具有一定的模糊边界,

---

① 李方安:《论教师自我发展》,《教育研究》2015 年第 4 期。

② Bullough, R. V. etc, "Professional Development School: Catalysts for Teacher and School Change", *Teaching and Teacher Education*, No.2(1997).

各相互作用的主体在边界内相互服务与影响,当然其自主性也会受到外部因素的部分影响和限制。依据布迪厄场域理论,教育场域系指教育者、受教育者及其他教育参与者相互之间所形成的一种以知识的生产、传承、传播和消费为依托,以人的发展、形成和提升为旨归的客观关系网络。① 根据此观点,我们可以看出教育理论和实践活动具有边界模糊和独立性欠缺的弱点。据此,乡村教育、乡村教师的高质量提升必须放在大数据信息化时代与乡村振兴战略的大背景下去设计和治理,营造绿色的乡村教育生态。

一、乡村振兴,重塑乡村文化生态

在中国共产党成立 100 周年大会上,习近平总书记向全世界庄严宣告,中国共产党带领中国人民取得了脱贫攻坚的全面胜利,全面建成了小康社会,乡村社会发生了翻天覆地的变化。党的十九大报告指出,我国社会主要矛盾已经转化为人民日益增长的美好生活需要和不平衡不充分的发展之间的矛盾。党的二十大提出:"全面建设社会主义现代化国家,最艰巨最繁重的任务仍然在农村。"在党的二十大提出以中国式现代化全面推进中华民族伟大复兴的战略背景下,城乡发展不平衡就是不平衡的突出表现,乡村各项事业发展不充分就是不充分的突出表现。当前乡村振兴已经成为我国建设社会主义现代化强国的关键与薄弱环节。其中,乡村文明建设成为乡村振兴战略的重要保障。

乡村文化是乡村文明的重要载体,它是长期生产、生活在乡村环境中的乡民受政治、经济、文化、宗教等因素影响,逐渐形成并发展起来的一套思想和行为方式。它有两种呈现形式:其一,内隐性的思想观念、处世方式、言语习惯等;其二,外显性的典章规程、民俗仪式等。乡村文化是乡民为人处世、安身立命的根本所在。近代以来,乡村文化正在走向衰落,这种文化的衰落不是短期冲击的结果,而是一个长期的历史过程。鸦片战争以来,伴随着工业经济的发展,城镇化的推进,小农经济的破产,大量的农村人口从土地中解放出来流向城市,农村的产业结构逐步调整,乡民的生活和理念也由传统向现代转变。工业文化、城市文化、西方文化冲击着绵延数千年的农业文化、乡村文化和传统文化,乡村文化生态的完整性和系统性遭到破坏,乡村文明逐渐走向解构。

在中国现代化进程中,关于乡村振兴尤其是文化振兴的议题,近现代一些

---

① 刘生全:《论教育场域》,《北京大学教育评论》2006 年第 1 期。

学者已经关注并曾提出过解决方案。梁漱溟认为："中国文化之相形见绌,中国文化因外来文化之影响而起变化,以致根本动摇,皆只是最近一百余年之事而已。"①占人口90%以上的乡村是中国文化的根系所在,面临西方文化的冲击,我们应该"调和"与"沟通"中西文化所长。当务之急就是"创造新文化,救活旧农村",为此,他曾以山东邹平为试验区开展乡村建设运动,设立乡农学校,加强乡村教育,通过乡村建设和乡村教育实现文化的复兴,以期改造中国。晏阳初则认为中国在与西方列强抗衡时处于劣势是因为中国人得了"愚穷弱私"四大病。为此,他提出"以文艺教育攻愚""以生计教育攻穷""以卫生教育攻弱""以公民教育攻私"的"四大教育"和"学校式教育""家庭式教育"和"社会式教育"的"三大方式",而要解决"四大教育"必须采用"三大方式"。身为博士的他携家眷深入乡村以"农民化",引领"博士下乡"运动,推行平民教育以期"化农民"。

乡村文化的振兴不能仅从文化层面入手,应该在关注文化发展的同时,涉及乡村社会的全面振兴,它不是一蹴而就的,而是渐进的、螺旋式的发展过程。十一届三中全会以来党和政府始终高度关注农村问题。十一届三中全会提出:"经济上保障农民的物质利益,政治上尊重农民的民主权利。"把农民的政治和经济地位放在重要位置,保障农民的生存与发展的权利。十六届五中全会提出:"建设社会主义新农村,统筹城乡经济社会发展。"在构建和谐社会的大背景下,首次提出统筹城乡发展,以工促农,以城带乡,建设生产发展、生活富裕、乡风文明、村容整洁、管理民主的社会主义新农村。党的十八大提出:"城乡发展一体化是解决'三农'问题的根本途径。"城乡发展一体化是中国现代化建设和城市化发展到达新阶段的新举措,致力于解决城乡二元结构,促进城乡全面、协调、可持续的发展。党的十九大提出"实施乡村振兴战略",构建"五位一体"发展格局,成为社会主义新农村建设的升级版。党的二十大提出"全面推进乡村振兴","坚持农业农村优先发展,坚持城乡融合发展,畅通城乡要素流动"。为此,乡村文明的内涵更加关注对优秀传统文化的继承和发展,乡村文化的振兴应该以传承发展中华优秀传统文化为核心,努力构建乡村公共文化服务体系,最终营造乡风文明、家风良好、民风淳朴的绿色乡村文化生态。

---

① 梁漱溟:《中国文化的使命》,中信出版社2013年版,第36页。

二、崇师尚贤,提升教师心理自信

尊师重教是中华民族的优良传统,体现了中国人民尊重知识、尊重文化、尊重教育的信念。中国古代最早的一部教育专著《学记》开篇指出:"君子如欲化民成俗,其必由学乎!"强调教育在化育人民,形成美好风俗,构建和谐社会的基础性作用。"古之王者建国君民,教学为先。"强调统治者建立国家,治理人民,必须以教育为首要。因为教育的作用如此之大,所以从事教育活动的教师地位也得到了极高的重视,并一直在中国优秀传统文化中承续。《礼记》记载:"文王世子,出则有师",帝王尊师,称为太师、太傅或太保,地位尊贵显赫。《史记》记载:"孔子葬鲁城北泗上,弟子皆服三年。三年心丧毕,相诀而去,则哭,各复尽哀;或复留。唯子赣庐于冢上,凡六年,然后去。"①弟子尊师,为师守丧,竭尽哀思。韩愈《师说》记载:"巫医乐师百工之人,无不相师","远山深谷,居民之处,莫不学有所师"。百姓尊师,天地君亲师,师徒如父子。习近平总书记在2014年考察北京师范大学强调:"要让全社会广泛了解教师工作的重要性和特殊性,让尊师重教蔚然成风。"正所谓"国将兴,必贵师而重傅;国将衰,必贱师而轻傅"。尊师重教在中华文化中绵延承续,成为中华文化的重要文化基因。

教师的自信心理不仅与中华文化中尊重教传统有关,更重要的是教师对其职业有强烈的认同感。教师的职业认同感是指教师对其从事教育事业的价值和意义的肯定,并能从中获得信心和继续发展的内心体验。教师职业认同感高,则自信心理强。教师职业认同感低,则自信心理弱,拥有较强自信心理则有助于教师自主、自觉的专业发展心理的形成。据调查,我国乡村教师职业认同感普遍偏低,其中63%的乡村教师不希望自己的子女也做教师,②也不想继续从事乡村教育事业,对教师职业缺乏自信。其中原因可以从三个角度分析:从社会的角度看,由于城乡经济和社会发展的差距逐渐拉大,城市中小学教育水平提高,处于偏远农村中的优质生源流向城镇学校,农村地区的教育相对衰落,乡村教师的教育成就感和获得感下降,对于改变现状当然也就缺乏信心。从教师的角度看,由于市场经济冲击和物质利益的诱惑,教师队伍中也

① (西汉)司马迁:《史记》第六卷,中华书局2013年版,第2453页。
② 翟帆:《压力叠加,农村教师职业认同感低》,《中国教育报》2007年1月5日。

出现了收受家长礼品、有偿家教等有损教师职业形象的不良现象,更有甚者还在一些教师身上出现了严重违反师德师风的问题,直接影响了教师在社会中的职业声誉,教师地位也受到现实挑战。从学生的角度看,当前在以学生为中心的教育理念指导下,源于对学生为中心教育理念理解的简单与机械,教育、评价过于强调学生的主体地位,教师在教育、管理学生过程中畏手畏脚,教师的职业尊严受到挑战。乡村教师职业认同感、自我效能感、职业成就感普遍下降,教师职业坚守的内力和专业发展的自我内驱力也就无从谈起。

古代有"耕读传家久,诗书继世长","十室之村,不废诵读",没有教育的乡村就是村野,没有教育的乡村就是文明的荒漠。一个人或者一个乡村对教师和教育的重视程度,反映了这个人或乡村对知识、对文明的尊重程度,更决定了乡村的未来发展,正所谓"经济决定当下,科技决定明天,教育决定未来"。"凡学之道,严师为难","严师"就是尊师、敬师,对于当今的乡村民众要重新认识到尊重教师的重要性。从社会层面,提高教师的社会地位,建立乡村教师荣誉制度,以国家名义对深耕在乡村教育一线的教师给予精神和物质奖励,树立乡村教师楷模;引领社会风气,对"读书无用论"进行驳斥,引导乡村家长和儿童积极向学,尊重知识,用知识改变命运;重振优秀传统文化,在乡村社会中掀起尊师重教的风气,引导乡民认可教育的价值,尊重教师的付出。从教育的层面,教师是学校教育教学的主体,是促进学生德智体美劳全面发展的专职专业人员,在提倡以学生为中心的基础上,提高教师的职业地位。从教师层面,乡村教师应努力恪守新时代教师行为准则,不越红线,坚守底线,维护教师的崇高形象;提升自身的教育教学水平,以高尚的师德、广博的知识和深厚的情怀感染学生,让学生发自内心地信服老师,求知进取。

当尊师重教的优秀传统文化被乡村所推崇,崇师尚贤被当作乡村习俗,乡村教师的教育自信被唤醒,其职业认同感、自我效能感、职业成就感就会增强。乡村教师会自觉地关注职业发展,进而会自主、自觉地提升专业化水平,乡村教师的专业化发展将走向良好、可持续的新局面。

三、乡村教育生态的优化策略

(一)教师政策的优化:重振教师信心①

党的十八大以来,中共中央、国务院从新时代发展的要求出发,对教师的

---

① 李宜江:《党的十八大以来教师政策的内涵阐释》,《教师发展研究》2021 年第 1 期。

地位与价值给予高度肯定并做出更加深刻的阐释,这都集中体现在中共中央国务院《关于全面深化新时代教师队伍建设改革的意见》(以下简称"《新时代教师意见》")中。《新时代教师意见》指出:"教师是教育发展的第一资源,是国家富强、民族振兴、人民幸福的重要基石。"这一表述充分体现了党和国家对教育的高度重视,并且从教育事业发展、国家富强、民族振兴、人民幸福等多重维度高度肯定了新时代教师的地位和价值。

从教育事业发展维度,党和国家始终强调,"教师是教育发展的第一资源"。2013年,习近平总书记在教师节给全国广大教师的慰问信中就强调"教师是立教之本,兴教之源";在2018年的全国教育大会上,习近平总书记又把对我国教育事业的规律性认识概括为"九个坚持",其中就包括"坚持把教师队伍建设作为基础工作"。2019年,中共中央国务院印发的《中国教育现代化2035》中指出:"高素质专业化创新型教师队伍是加快教育现代化的关键。要坚持把教师队伍建设作为基础工作。"

从国家富强维度,党和国家强调"兴国必先强师"。"国将兴,必贵师而重傅。"《新时代教师意见》指出:"要坚持兴国必先强师,深刻认识教师队伍建设的重要意义和总体要求","时代越是向前,知识和人才重要性就愈发突出。教育和教师的地位和作用就愈发凸显"。

从民族振兴维度,党和国家强调"好老师则是民族的希望"。教师不仅是中华民族文化和精神的学习者、继承者,更是传播者、创新者。2014年,习近平总书记在同北京师范大学师生代表座谈时指出:"一个民族源源不断涌现出一批又一批好老师则是民族的希望。"2018年,习近平总书记在全国教育大会上强调:"长期以来,广大教师……为国家发展和民族振兴做出了重大贡献。"

从人民幸福的维度,党和国家强调"好老师是人生的幸运。"教师是学生灵魂的塑造者,是学生健康成长的引路人,是以人育人,用自己平凡而幸福的人生去引导学生过一种幸福完美的生活。2014年,习近平总书记在同北京师范大学师生代表座谈时指出:"一个人遇到好老师是人生的幸运"。2020年9月教师节前夕,习近平总书记在给全国广大教师和教育工作者的慰问信中指出:"全国广大教师用爱心和智慧阻断贫困代际传递,点亮万千乡村孩子的人生梦想。"

"国家繁荣、民族振兴、教育发展,需要我们大力培养造就一支师德高尚、业务精湛、结构合理、充满活力的高素质专业化教师队伍,需要涌现一大批好老师。""没有一流的教师,就培养不出一流的人才;没有高水平的教师队伍,就办不好自己满意的教育。"为此,"各级党委和政府要从战略和全局高度充分认识教师工作极端重要性,把全面加强教师队伍建设作为一项重大政治任务和根本性民生工程切实抓紧抓好"。

(二)数字乡村的建设:孕育学习磁场

伴随着信息技术的发展,信息化作为一种工具广泛应用于教育领域,既丰富了教学内容,又改变了教学媒介形式,更提供了教师交流学习的新平台,形成了一个吸引全国教师群体共同探讨学术的强大磁场。但是,我国农村信息化建设起步晚,整体信息化水平不高,城乡数字鸿沟较大,阻碍了乡村教师共享教育信息化成果,不利于乡村教师可持续的专业发展。为此,政府高度关注数字乡村建设,2018 年,中共中央、国务院《关于实施乡村振兴战略的意见》指出:"实施数字乡村战略,做好整体规划设计……推进远程医疗、远程教育等应用普及,弥合城乡数字鸿沟。"①将数字乡村战略作为推动乡村振兴战略的重要手段。2019 年,《数字乡村发展战略纲要》提出:"加快实施学校联网攻坚行动……实现乡村小规模学校和乡镇寄宿制学校宽带网络全覆盖。发展'互联网+教育',推动城市优质教育资源与乡村中小学对接,帮助乡村学校开足开好开齐国家课程。"②这是对乡村教育数字化建设提出了要求、指明了方向,强调数字乡村的建设应该与数字城市建设同步规划,以此消弭城乡数字鸿沟。

推进"数字乡村"建设和信息技术在农村中的广泛应用,归根结底是提升农村人口的信息化素养,农村人口信息化素养提升的关键是乡村教育的信息化,那么,如何将"数字乡村"与乡村教育深度融合,提升乡村教育信息化水平,便成为乡村治理的重要内容。一是建设"数字乡村学校"。"数字乡村学校"的建设要从以"设备"为重点的投入转移到以"师生"为中心的建设,更加关注"师生"体验,满足师生在教学过程中的个性化需求。换句话说,就是在

---

① 《关于实施乡村振兴战略的意见》,2018 年 2 月 4 日,见 http://www.gov.cn/zhengce/2018-02/04/content_5263807.htm。

② 《数字乡村发展战略纲要》,2019 年 5 月 6 日,见 http://www.gov.cn/zhengce/2019-05/16/content_5392269.htm。

完善乡村学校信息化设施的基础上,利用便捷网络资源,给学校师生提供开放的课程,各取所需,形成师生合作利用网络资源解决乡村教育问题,提升乡村教育质量,促进乡村教师专业化成长。二是搭建"城乡教师教研立交桥"。通过"数字乡村"建设,打破城市与乡村区域空间壁垒,便于城市与乡村之间的学校层面、学科层面、教师层面的交流研讨。尤其是城乡学科教研组之间针对课程设计和教学问题定期教研,乡村教师可借此机会学习先进的教学理念,反思自己过往的教育教学实践,提升教育信息技术应用的能力,更重要的是形成专业化发展的意识。

对于乡村教师信息化来说,信息技术与教育教学的融合大致需要经历应用、整合、创新三个阶段。第一,在信息技术与教育教学融合的应用阶段,对乡村教师的信息化水平要求较低,他们只需要熟练掌握日常教育教学必备的操作性知识和操作技能,只将信息化作为辅助教学的便捷手段。第二,在信息技术与教育教学融合的整合阶段,乡村教师不仅仅要熟练掌握信息化知识和操作技能,还要学会整合网络教育资源,以丰富教学内容,提升教育品位,将信息化作为辅助教学的提升手段。第三,在信息技术与教育教学融合的创新阶段,乡村教师与全国的乡村教师、名师在专业的社群中探讨学校治理、乡村教学和专业性成长问题,以提升乡村教育的品质,将信息化作为辅助教学的超越手段。总之,"数字乡村"的建设为乡村教师提供更便捷的信息化学习通道,在教师的专业社群中相互切磋,共同研修,砥砺成长,最终会促进乡村教师形成自主、自觉的专业化成长氛围。

(三)学校文化的改进:唤醒主体意识

学校文化是经过长期发展和历史积淀而形成的全校师生的教育实践活动方式及其所创造的成果的总和。[1] 一所学校的办学思想和理念一旦被全校师生认定为共同的信念,就对全校师生具有统领作用。高品质的学校文化是经过长期的实践、提炼而形成,反映了师生的共同意愿,成为师生所认可与遵守的一种不成文法则,对全校师生具有规范作用。高品位的学校文化同样能够激发师生团结合作、拼搏进取、追求卓越的精神,对全校师生具有激励作用。因此,高品质、高品位的学校文化一定是具有教育性的。对教师来说,学校文

---

① 顾明远:《论学校文化建设》,《西南师范大学学报(人文社会科学版)》2006 年第 5 期。

化是教师专业发展的重要文化环境,也是教师专业发展的文化重构,学校文化直接决定了教师专业发展的文化路径。① 因此,学校文化建设既要因地制宜,又要因校制宜,唤醒教师的主体意识,促进教师自主、自觉的更新自己的知识,提升教育教学的专业化水平。

真正面向未来的学校文化,恰恰是扎根于传统与现实的文化土壤中,能孕育出超越历史与现实的文化。学校文化本身也应体现指向未来和超越的本质。② 因此,学校文化建设要处理好传统与现代、理想与现实、继承与创新的关系。对于乡村学校来说,作为学校文化设计者和实施者的校长,应该充分了解学校历史,发掘学校的优秀传统文化,结合当前的教育理论和国家新形势,植根于乡村教育的学校情境,由校长引领制定超越传统和现代的新规范,推动学校文化改造和重建。作为学校文化建设者、传播者的教师,他们在学校文化建设中起到主导作用,他们通过师生交往、班级建设、课堂管理和同事交流等活动实现对校园文化的继承与创新。

学校文化的优质依赖于教师专业化团队发展的文化建设,而不能仅仅依靠个别教师的发展。③ 过去,学校改革较为关注教师个体的技能提升,如果学校中能产生一位区域内水平较高的教学能手就意味着这所学校的教育教学水平达到了相当的水平,个体专业发展也就成为学校发展主要途径。当前学校已经转向依靠学校范围内教师群体共同学习、共同研修、共同成长的"专业化团队发展"。"专业化团队发展"是以合作文化为基础,着眼于教师专业发展,通过合作形式增强教师归属感和自主能力提升的学校发展共同愿景。在教育水平相当落后的乡村学校,应该积极营造合作文化,达成共识,将教师们聚拢在一起,形成强有力的"专业化发展团队",以个体专业化成长推动学校专业化团队形成,以学校专业化团队发展保障教师个体专业化成长,最终形成乡村学校教师自主、自觉和可持续的专业化发展共同体。

四、构建乡村教育生态的价值旨归:教师专业发展的可持续性

自 20 世纪 80 年代以来,欧美一些国家对教师专业发展的研究开始从向

---

① 朱旭东:《论教师专业发展的理论模型建构》,《教育研究》2014 年第 6 期。

② 叶澜:《试论当代中国学校文化建设》,《教育发展研究》2006 年第 8 期。

③ 谢翌、马云鹏:《重建学校文化:优质学校建构的主要任务》,《华东师范大学学报(教育科学版)》2005 年第 1 期。

教师提供外源性的进修培训转向激励教师自我产生内在学习"需要";开始从提供有限度的进修培训机会促进群体发展转向所有教师通过自主、自觉学习实现自身专业发展;开始从满足学校对教师同质化的需求转向教师个人专业性可持续发展。因此,我们能够看出未来教师的专业发展一定是既需要外源性的支持,又需要内生性的自我发展,而内生性自我发展是外源性支持的最终目的,同时也是可持续性教师专业发展的必要保障。

可持续性的教师专业发展源自教师求实、求变、求新的职业理想和专业追求,因此,教师应该在教育教学过程中从三个方面下功夫。第一,教师要在深耕教学上下功夫。教学作为教师职业生涯中不可回避并且要终身践行的职责,其伴随着知识不断更新、课程日趋变革、学生群体心理发生变化而变化,教师需要不断调整教学以适应变化,变有效教学为高效教学甚至优质教学,只有在教学质量和水平提高基础上的专业发展才能为可持续发展提供动力。第二,教师要在终身学习上下功夫。教师要想实现可持续的专业发展,需要广泛学习学科类本体性知识、教育类条件性知识、一般的科学文化知识以及高超的教育教学技能,教到老学到老,而教育类条件性知识的学习才是教师之为教师实现持续性专业发展的必备动能。第三,教师要在学会研究上下功夫。教师作为一线教育者,对教学、课程、学生发展、师生交往中出现的问题最为熟知,也最有发言权,他们可以通过行动研究解决一些"微课题",在解决问题的过程中再学习、再反思,不断提升自身的专业化水平。因此,教师学会研究才是实现教师可持续专业发展的关键。

以学校文化为主的良好教育生态建设"能够让组织保持学习、开放、反省的优良作风和氛围,从而使学校随着时代的发展不断进步,使学校获得可持续发展的生命力"[1]。乡村教师的专业发展呼吁乡村教育生态的优化,通过教师政策的优化,重新定位新时代教师地位,重振教师信心,为乡村教师营造良好、自信的政策环境;通过"数字乡村""数字乡村学校"建设,为乡村教师搭建沟通城乡的学习平台;通过乡村学校文化的改进,唤醒乡村教师的主体意识,激发教师内生动力。其最终目的都是为了通过乡村教育生态的改进,激发乡村

---

[1] 马延伟、马云鹏:《课程改革与学校文化重建——一所学校的个案研究》,《教育研究》2004年第3期。

教师专业发展的内在需求,进而为乡村教师持续性的专业发展提供源源不断的动力。

第三节　完善教师培训体系,构建 乡村教师培训新格局

强国,强教为先;强教,强师为本。专业化教师队伍的建设关乎教育质量,更关乎国家未来发展,因此,专业化教师队伍建设应是推进教育改革与发展的必然之举。联合国教科文组织在《教育——财富蕴藏其中》中倡议:"制定在职培训计划,使每个教师尤其可借助合适的传播技术经常得到培训。"①目前,我国已经构建了较为完善的教师培训体系,尤其是以"国培计划"和"省培计划"为主的,针对中西部边远贫困地区教师和乡村教师的培训计划。这些政府主导的培训计划以中西部贫困地区的农村教师队伍培训为重点,以提升乡村教师的师德水平、教育教学能力、综合素质为目的,从而达到提高乡村教师队伍整体素质的目标。

一、建立健全全方位、全过程、多层次的教师培训体系

系统的教师培训体系应该是面向全体教师终身教职生涯,促进所有教师专业化全面发展的职后培训体系。它应该具备三个特点:教师培训内容应该是立足于教师自身内在需要,全方位供给的;教师培训周期应该是立足于教师整个教职生涯,全过程支持的;教师培训机构应该是立足于政府主导下的多元化培训模式,多层次选择的。我们相信构建一个全方位、全过程、多层次的教师培训体系对教师,尤其是对乡村教师的专业化发展具有重要的意义。

"全方位"教师培训体系应立足于乡村教师自身内在需要,提供全方位可供选择的培训内容,以促进教师专业化发展。在培训内容的选择上,不仅要满足教师的知识需要,开设学科教学知识、教育理论知识和教育政策法规;还要提升教师的能力素养,开设教育教学方法与策略、班级管理、学生管理等实践性能力课程;同时还要开设促进教师专业化发展的知识,如培养专业发展方法论、厚植专业发展价值感、激发专业发展动机感等情感类知识;除此之外,针对

---

① 联合国教科文组织:《教育——财富蕴藏其中》,教育科学出版社 2014 年版,第 108 页。

乡村教师还要开设符合乡村教师需要的乡土类实用知识,以满足乡村教师的专业化发展需要。

"全过程"教师培训体系应立足于乡村教师整个教职生涯,提供全过程的服务体系。专业化教师队伍的形成源自两个渠道:一是来自师范院校和高水平大学的师范生培养;二是对教师从教过程中系统化、专业化的培训。职前师范教育阶段是即将作为教师的师范生初步掌握教师职业所需要的基础知识和基本技能,形成教师专业化发展的奠基阶段,它只能影响新教师的质量,并不能决定教师未来专业化发展水平的高低;在职培训是为满足教育改革与发展需要对教师的继续教育,对教师专业化发展提供全过程、多层次的支持,后者的实践性意义大于前者。所以说,开放、有序、全过程的教师教育培训,对教师职后自我教育、专业化理念和专业化能力的塑造尤为关键,可以促进教师自主、自觉的专业化发展。因此说,专业化教师队伍的形成不仅需要"扶上马"的师范教育,更需要"送一程"的职后继续教育。

"多层次"教师培训体系应立足于政府主导下的多元化培训模式,充分发挥政府"有形的手"和市场调节"无形的手",在严格准入机制的前提下,破除壁垒,开放教师培训市场,调动全社会优质的教师培训资源培养推动教育高质量发展所需要的专业化教师。对师范生的培养应该充分发挥师范大学的领头羊作用,提升师范大学的师范性,调动全国各高水平大学发挥各学科的专业优势,培养专业性合格的毕业生。对在职教师的培训除了政府和高校提供的培训资源外,吸纳教育优质、服务一流、设备良好、费用合理的社会培训机构参与培训。提供的服务既要有面向新入职教师的入职培训,还要有面向骨干教师的名校长培训、名师培训、中小学骨干教师培训,更要有针对乡村教师的"国培计划""省培计划"。除此之外,利用网络资源,开设远程培训课程,让教师特别是乡村教师足不出户,在教学之余学习专业化知识并进行教育教学技能的训练。

二、转变教师培训方式:线上线下混合式培训研修

目前我国乡村教师培训以"自上而下"的线下教师培训为主,辅之以"自下而上"的线上教师培训,二者各具优势。"自上而下"的线下教师培训注重公共性知识内容权威、步调一致,并且随时可以为培训中的教师提供交流学习机会,也保障了培训的权威性和方向性。"自下而上"的线上教师培训既可以跨越时空限制、尊重教师需求,又能够结合教育实际、集优质多选资源于一体,具有开放性、灵活性和自主选择性等特点,是教师培训的新途径,更适合于中西部边远贫困地区的乡村教师。

线上教师培训是基于乡村教师需求导向的"以师为中心"的培训价值取向,在制定培训目标、选择培训内容、实施培训评价上满足教师的个性化需求,尊重教师在培训中的主体地位,考虑乡村教师的生活境遇,以期实现乡村教师自主、自觉和可持续性的专业发展目的。培训中心在课程开设前,应做好前期的乡村教师培训需求调研,搭建好面向乡村教师的建言平台,积极邀请乡村教师参与发声,广泛凝聚共识,最终制定符合乡村教学实际的培训"菜单"。在培训过程中,组建一个技术过硬、全程服务、分工明确、管理精细服务团队,既可以为乡村教师在培训过程中提供技术性支持,制定线上培训进程表,监督培训完成进度,又可以为培训中的教师提供拓展性资源。在评价量化上,坚持诊断性评价、终结性评价和过程性评价相结合的原则,在诊断性评价的基础上,增加过程性评价的比重。以"量身定做,全程服务"的线上培训,满足乡村教师在知识、能力和理念上的需求,为乡村教师的专业发展积力蓄能。

"线上"与"线下"相结合的培训实际上是协调解决乡村教师在培训过程中的个性与共性问题。正是由于线上、线下培训各具优势和不足,我们应该努力探索"线上+线下"混合式的乡村教师培训模式。首先是培训内容的互补,线下教师培训大多是开设理论性课程,集中培训,内容单一,而线上培训可以兼顾不同年级、不同学科、不同教师的需求,自由选择,可以提升教育培训的针对性。其次是线上组建学习小组,线下组建教研团队,在线上培训时将乡村教师按年级或学科分为若干学习小组,针对乡村教育中存在的问题按兴趣分给每小组学习,线上学习结束后由线下教研团队共同讨论,集思广益,形成解决乡村教育问题的思路,提升乡村教师线上线下教研能力,最终引领乡村教师学习共同体的可持续发展。再次是培训流程的衔接,先进行个别化的自由选择线上学习,将教师自身的学习体悟和疑惑收集后,组织线下集中培训,教师按照年级或者学科分组讨论式学习,由专家组或培训组进行有针对性的辅导,最后一个环节是在对线下培训内容进行消化吸收的基础上,回归线上进行运用和验证,形成一个闭环式"线上+线下"培训流程。

三、改进教师培训内容:紧贴一线,立足适切性

(一)授之以鱼:教授自主专业发展知识

教师作为一种职业必须具备从事专业发展所需要的基础知识。乡村教师培训虽然强调符合乡村教学实际的乡土性知识,但没有教师专业知识的培训是无根之木、无源之水。通过培训让乡村教师掌握专业发展的基础知识是促进乡村教师实现自主、自觉专业化发展的基础和前提。

教师专业知识包括三类:本体性知识、条件性知识和实践性知识。本体性知识也叫学科专业知识,是每位科任教师所具备的特定学科的基础知识,例如:语文、数学、历史、物理等知识,它是教学活动的基础,在乡村教师培训中应该有针对性的就某些重难点知识进行示范教学与说明。条件性知识也叫教育类知识,是教师认识教育对象、开展教育活动、和谐师生关系所需要的教育科学知识,例如:教育学原理、课程论、学习论、教学论、德育论和班级管理等知识,它是提高教师教育专业性的保证。实践性知识也就是课堂情景知识,体现教师个人的教学技巧、教育机智和教学风格,例如:导入、提问、创设情境、处理突发事件等知识。除此之外,乡村教师培训还应该"一校一培训",邀请乡村教师中的"能人"讲授乡村山川地理、历史沿革、传统习俗和乡规民约等乡土性知识。

(二)授之以渔:传递自主专业发展方法论

教学是一门艺术,也是一门科学。艺术性教学指向感性美,科学性教学指向理性美,能将教学兼顾感性美与理性美的教师一定是专业化发展的教师。因此,教师培训还应包括为研究而培训这一强化成分。[①] 在教师培训的课程设置上不能单单传递自主专业发展必要的理论性内容,更应该教会教师自主专业发展的方法性和策略性知识,即,要从"授之以鱼"式的培训教师了解"什么是专业化发展"到"授之以渔"式的培训教师掌握"如何实现专业化发展"。

终身学习是教师专业发展的前提保证。观念是行为的先导,乡村教师观念的转变能够在教师专业发展中起到"火车头"的牵引作用。科学在发展,知识在更新,社会在发展,要在培训过程中给乡村教师渗透终身学习的理念,教育者要想紧跟时代发展脚步,适应学生发展需求,就要不断地学习新知识、新

---

① 联合国教科文组织:《教育——财富蕴藏其中》,教育科学出版社 2014 年版,第 110 页。

理念和新方法。我们要在乡村教师培训过程中教会他们学习什么、如何有效学习等方法。

教学反思是教师专业成长的必要途径。教师要充分发挥主观能动性,强化自主教育实践活动,通过撰写成长笔记、自我反思,分析研究对自己专业成长影响较大的关键因素,在教育实践中研究,在反思过程中成长。经常性的反思,在教学和实践中激发自觉性,将会对教师职业有更深刻的体会,带来人格的丰满、灵魂的进化、境界的升华,自身的成长也伴随着反思而日生日成,最终享受乡村教书育人的过程。我们要在乡村教师培训过程中教会他们反思什么、如何反思等方法。

行动研究是教师专业发展的基本途径。教师的专业化发展是建立在解决实际教学问题、提高教育质量的行动研究基础之上,理论与实际相结合,边教学边研究应成为教师的日常生活,教师既是教育教学者,也是教育问题解决的专家。我们要在乡村教师培训过程中教会他们什么是行动研究、如何进行行动研究等,鼓励、支持乡村教师立足乡村学校实际,开展致力于课堂教学持续改进的行动研究。

(三)授之以誉:厚植自主专业发展价值感

信仰是生活世界中一种超越性的力量,是人心的内在要求。① 教育的价值感和荣誉感是教育信仰的重要体现,拥有荣誉感和价值感的乡村教师便有超越现实藩篱,超越自我困境的行动力量。因此,党和政府对教师的高度定位应该在乡村教师的教育培训中广泛宣传。

实现国家富强需要有使命感的乡村教师。《新时代教师意见》指出:"要坚持兴国必先强师,深刻认识教师队伍建设的重要意义和总体要求","时代越是向前,知识和人才重要性就愈发突出。教育和教师的地位和作用就愈发凸显"。实现民族振兴需要有责任感的乡村教师。党和国家强调"好老师则是民族的希望"。教师不仅是中华民族文化和精神的学习者、继承者,更是传播者、创新者。2018 年,习近平总书记在全国教育大会上强调:"长期以来,广大教师⋯⋯为国家发展和民族振兴做出了重大贡献。"教师是学生灵魂的塑造者,是学生健康成长的引路人,是以人育人,用自己平凡而幸福的人生去引导

---

① 石中英:《教育信仰与教育生活》,《清华大学教育研究》2000 年第 2 期。

学生过一种幸福完美的生活。2020 年 9 月教师节前夕,习近平总书记在给全国广大教师和教育工作者的慰问信中指出:"全国广大教师用爱心和智慧阻断贫困代际传递,点亮万千乡村孩子的人生梦想。"

除此之外,《新时代教师意见》强调:"国家继续对在乡村学校从教 30 年以上的教师颁发荣誉证书,各地结合实际给予奖励。""鼓励和引导社会力量建立专项基金,对长期在乡村学校任教的优秀教师给予物质奖励、培训机会和荣誉表彰。"这些都是党和国家对乡村教师荣誉的高度重视。在乡村教师培训中要做好宣传,做实宣传,让党和政府关怀的声音传达到每位耕耘在乡村教育一线的教师心中,激发乡村教师扎根乡土、专业进取、立德树人的动力。

(四)授之以欲:激发自主专业发展动机感

马斯洛的需求层次理论认为,自我实现是人对于自我发挥和自我完成的欲望,也就是一种使人的潜力得以实现的倾向。这种倾向可以说成是一个人越来越成为独特的那个人,成为他所能够成为的一切。① 根据需求层次理论,乡村教师在满足生理、安全、归属与爱和自尊的需要之后也会追求自我实现的需要,通过不断的学习、自主、自觉的专业发展,最终使自己的教育潜力得以实现。因此,针对乡村教师的培训,需要适当设置激发教师专业发展动机和促成教师自我实现的课程。

教师的专业动机是教师专业活动的动力基础。在教师培训中既可以用政府对教师的激励政策激发乡村教师的专业发展动机。《新时代教师意见》强调:"在各类人才项目、荣誉表彰、评奖评优中,向乡村教师倾斜……继续实施乡村优秀青年教师培养奖励计划,提供更多学习机会。"②意在通过政策倾斜鼓励乡村教师扎根乡村,努力工作,自我实现。也可以通过乡村振兴伟大工程的历史机遇激发乡村教师的专业发展动机。乡村教育振兴战略的实施,给予了教师主动发现自我,增强自信,焕发出专业发展的机会,找回了作为一名乡村教师的自尊与自豪,这大大表明乡村教师具有自觉发展的巨大动力和空间。也可以通过教会乡村教师自我反思和自我教育唤起专业发展动机。乡村教师

---

① [美]亚伯拉罕·马斯洛:《动机与人格》,许金声译,中国人民大学出版社 2012 年版,第 29 页。

② 《关于加强新时代乡村教师队伍建设的意见》,2020 年 8 月 28 日,见 http://www.moe.gov.cn/srcsite/A10/s3735/202009/t20200903_484941.html。

应自觉进行自主式的发展,从知识学习走向经验建构,自由选择教师专业发展的路径,经常对自我教育生活进行自觉反思、感悟、总结,进而形成一套完整的属于自己的经验体系,从而在自我经验的不断生发中实现专业的自我成长。

四、退而结网:自主性专业发展的自觉感

乡村教师专业发展服务体系的"内生型"体现在专业发展的自主性、自觉性和可持续性。其中自觉性意味着乡村教师从"我要做到专业发展"到"我想实现专业发展"的转化,没有自觉性专业发展的内在需求,就不会有自主性专业发展的内部动力,更没有可持续性专业发展的动力续航。根据马克思主义唯物辩证法,"内因是事物发展变化的根据,它规定了事物发展的基本趋势和方向",因此,"我想实现专业发展"的自觉意识是乡村教师实现专业发展的内因,也是构建乡村教师内生型服务体系的根据。

乡村教师的专业发展自觉性是指其对自身从事的教育工作的清晰认识,并且在教育教学实践活动中自觉改进和提升教育教学理念和方法,有目的、有意识、有计划地促进自我专业成长,并不断提升自身专业发展水平的一种精神追求。清华大学附属小学校长、语文教育专家窦桂梅认为在教师专业发展过程中自身是关键,利用 9 年的时间,她从函授的专科一直读到研究生。多年来,记下了 20 多万字的读书笔记、50 多万字的文摘卡片、100 多万字的教育教学笔记,不断地自我成长已经成为窦桂梅的自主行为。①

通过构建面向全体教师终身教职生涯,促进所有教师专业化发展的全方位、全过程、多层次的教师培训体系为乡村教师自觉性专业发展提供体系保障;通过探索"线上+线下"融合共生的混合式培训研修新模式,转变教师培训方式,为乡村教师自觉性专业发展提供双重保险;通过对乡村教师从"授之以鱼"式的培训了解"什么是专业化发展"到"授之以渔"式的培训教师掌握"如何实现专业化发展",为乡村教师自觉性专业发展提供知识基础和方法策略;通过培训厚植自觉性专业发展的价值感,乡村教师获得超越现实藩篱,超越自我困境的行动力量;通过培训激发乡村教师自觉性专业发展动机感,使自己的教育潜力得以实现。

总而言之,乡村教师专业发展的起点是源自于教师内心"我想实现自我"

---

① 杨晓:《教师专业发展》,北京师范大学出版社 2013 年版,第 53 页。

"我愿意实现教师专业化"的声音,没有"我愿意"的自觉性便没有"我能"的自主性,更没有"我一直能"的可持续性。因此,在未来的乡村教师培训中应该更加关注教师专业发展"自觉"意识的培养。

第四节　丰富教学研修形式,满足乡情学情新需求

教研工作是保障我国基础教育高质量发展的重要支撑。从教研制度诞生之日起,教研工作不断地服务于学校教育教学发展,提升学校管理科学化水平,指导学校文化建设,引领课程改革和教学革命;不断地服务于学生全面发展,深入研究学生学习规律,推动素质教育全面落实;不断地服务于教师专业化发展,指导教师更新教育理念,改善教学形式,提高立德树人能力。因此说,教研制度是中国特色教学管理制度的重要组成部分,是撬动中国基础教育的支点①,是提升教师自觉、自主、合作式的专业化发展手段。

由于乡村地区学校规模一般较小、信息渠道相对封闭,乡村教师数量较少、教学水平参差不齐等原因,导致乡村学校教研活动难以有效推进,教研活动成效不彰甚至形同虚设,直接影响了乡村教师的专业化发展和教育教学水平的提升。因此,根据乡村教育的实际情况和乡村教师的真实需求,改进教研模式,丰富教研形式,推动乡村学校教研活动有序、有效开展已经势在必行。

一、名师乡村工作室:扎根乡土,铸就名师

《2018 教师教育振兴计划》指出,组建中小学名师工作室,充分发挥名师工作室引领在职教师常态化研修中的重要作用。各省市教育机构相继推动名师工作室的建设和遴选工作,辽宁省教育厅启动"中小学教学名师成长计划";云南省探索建立省、县、校系统化的教师培训体系,建立 200 个省级的中小学名师工作室、579 个州县级名师工作室;浙江省杭州市"为了让每个孩子在家门口享受优质教育"推出了"名师乡村工作室"计划,乡村教师在名师的带领下开展专业成长培训、教科研等活动;山东省教育厅面向全省中小学在职在岗教师,遴选一批齐鲁名师建设工程人选,培养考核合格,授予"齐鲁名师"

---

① 梁威、卢立涛、黄冬芳:《撬动中国基础教育的支点:中国特色教研制度发展研究》,教育科学出版社 2011 年版,第 178 页。

称号。安徽省六安市发挥"名师工作室"辐射带动作用,开展送教上门、校本研修、自主学习、远程学习等培训。

名师乡村工作室是以名师为引领,以乡村教师需求为导向,以乡村学校为基地,以提升乡村教师自主性、自觉性专业发展的可持续性发展为归宿,最终营造一个立足乡村教育实际,平等、轻松、活跃的学习研讨共同体。通过课堂诊断、问题研究、专题讲座等活动形式,将教育理论与教育实际相结合,引领乡村教师更新教育理念,提高课堂教育教学把控能力,增强课题研究意识。名师乡村工作室最大特点是实践的乡土性。在名师的引领下聚焦乡土性问题,从乡村教育教学实际出发,充分发挥学习研讨共同体的作用,通过协作、示范、实践,开拓乡村教师的教育视野,打造一支适合乡土实际的高素质、专业化和创新型的乡村教师教育团队。

高质量名师乡村工作室的有效运行需要解决三个关键问题。第一,名师工作室主持人的遴选。工作室主持人专业能力的强弱直接关系工作室建设的成败,我们选择"名师"时既要考虑高超的学识,也要考察优良的师德;既要有较高的能力,也要有人格的魅力;既要有扎实的专业基础,也要有扎根乡土的情怀;既要有丰富的教育教学经验,也要有一定的业绩成果;同时还要有团结协作、凝聚人心的领导能力。在工作室运作中实行"主持人负责制",主持人既要参加工作室日常学习和研讨,也要规划工作室发展方向和内容,还要引领工作室每位成员树立专业发展信念,谋划个人专业发展未来。第二,内部管理运行机制。名师工作室作为一个名师引领的学习研讨共同体,既要关注团队的整体发展,也要关注成员教师的专业成长,在内部日常管理上要体现以理论文化为引领、以情感交流为途径、以价值肯定为动力的鲜明特征,充分重视成员的心理感受,使每位成员都具有强烈的归属感、存在感、获得感和荣誉感。①第三,"乡土+特色"的定位。名师乡村工作室的生命力在于名师引领,立足乡村,特色为本。失去名师的引领,工作室便失去了先进性和方向性;失去了乡土的根基,工作室便失去了土壤和营养;失去了特色的定位,工作室便失去了生机和活力。因此,名师乡村工作室的建设和规划必须在"名师"的引领下,

---

① 袁永惠:《"乡村名师工作站"有效运行的思考及对策》,《教师教育学报》2020 年第2 期。

认真分析工作室成员情况、资源状况、乡土特色、文化基础等,凝聚成员教师的智慧,开发乡土教材和课程,努力打造出自身的特色。只有真正符合乡村"水土"的名师乡村工作室才能提升乡村教师专业化发展水平,进而提升乡村教育教学质量。

二、校本反思性研修:由"外塑"到"内生"

校本教研中的"校本"英文是"School-based",大意是"以学校为基础""以学校为中心",①即以学校为本的教育教学研究。其基本内涵包括三层含义:"为了学校",校本教研应是为解决学校教育教学实际问题,满足学校和教师实际需要的研究;"立足学校",校本教研是立足于学校发展目标、教师培养模式、学校资源占有情况的研究;"在学校中",校本教研是在学校的实际教育教学过程中展开,以改进教学方式,促进学校发展的研究。由此可以看出,中小学校开展的校本教研有四个特征:以解决中小学校实际教学问题为目的;以学校教师为研究主体;以提升教师专业发展能力为导向;以满足学校和教师实际需要为主旨。校本教研对于学校发展、教育水平提升、教师专业能力发展具有重要意义。一方面,校本教研强调教师研究学校中的问题、研究课程中的问题、研究教学中的问题,因此,相较于其他教育研究,校本教研更具针对性和实效性,可以提升学校的教育教学质量和水平。另一方面,校本教研强调教师自己研究问题、研究自己的问题,因此,相较于其他教学研究,校本教研更具人本性和实践性,可以促进教师自主性专业发展。

正是由于教师在校本教研中自己研究问题、研究自己的问题,所以校本教研呼唤"内生性"的自省式、反思式教学研究。对于乡村教师来说,学校内部教师群体合作教研是最经济、最便捷、最高效的研究方式,也是促进乡村教师专业发展的最优选择。

(一)"微"专题教研

"微专题"校本教研是基于乡村教师在教育教学过程中发现的具体问题,发动同学科或同年级教师有针对性地进行小切口和微专题的研究,探究处理问题的微方法,并将研究的成果直接应用到乡村学校教育教学实际中,促进学校健康发展和乡村教师专业提升的教育教学研究行为。"微专题"研究具有

---

① 郑金洲:《走向"校本"》,《教育理论与实践》2000年第6期。

两个鲜明的特征,一是"微",二是"专"。"微"对于乡村教师来说更容易把握和驾驭,让乡村教师从教学中的细节问题、课堂中的局部角度和学生管理中的微观视角确定研究方向和研究思路,这样会取得较好的研究效果。"专"对于乡村教师来说更容易深入,让乡村教师在实践中有针对性地进行研究,便于将研究成果应用到教育教学的实践过程中去。

乡村教师做好"微专题"教研应该从三个角度推进实施。第一,形成"问题即课题"的意识,营造"人人有课题,科科有研究"的教研氛围。乡村学校应该树立"教研铸师,教研强校"的理念,鼓励乡村教师树立正确教研意识,教研就是从日常教学中发现问题,思考问题,解决问题,解决教学中的"小问题"就是最好的教研活动,从而避免乡村教师产生"教研远离教学,教研高大上"的认识误区。第二,充分激发乡村教师参与"微课题"校本教研的热情。乡村学校应建立"微课题"教研的激励机制,根据教研成果应用于实际教学中的理论和实践价值给予一定的奖励。设立专门的管理小组进行技术性指导,统筹指导、评审、监控、鉴定和验收。在课题立项后给予一定的经费支持,在课题结项后进行量化考核,作为评优评先、年度考核等的参考依据,以此来鼓励乡村教师参与"微课题"研究的热情。第三,加强对乡村教师教研能力的培养。邀请市级或者区县级教科所的教研员或专职教师,对乡村教师进行课题研究的培训;邀请本地区教研工作比较好的学校的名师,给予"微课题"研究的指导;组织本校有课题经验的骨干教师带动青年教师在课题研究中掌握教研流程与方法。通过多种方式促进乡村教师的交流互动,在理论学习和教研实践中提升教研能力,并能够掌握自主教研的理念和方法。

掌握"微专题"教研理念和方法的乡村教师,具备了问题意识和研究意识,能够独立、自主地开展教研活动,解决日常教学工作中的问题,在日积月累中提升自身的专业发展能力。

(二)联片教研

联片教研是在一定区域内教育科学研究所的指导下,以教研员为引领,建立区域内城市强校与乡村学校之间的校际教研共同体。通过区域内、学校间以强带弱、示范引领、优势互补、合作交流,凝聚城乡教研合力,达到优质教学资源的互通共商、互补共建、互利共享,最终提高教师专业发展水平和区域内教育的整体水平。当然,在城乡联片教研过程中,城市强校以输出教育理念、教学方法、教研技能为主,乡村学校则是以学习理念、吸收知识、提升技能为目的。我们可以归纳,推广城乡学校联片教研的意图有二:一是通过城乡联谊,促进区域内城乡教育的均衡发展;二是通过城乡合作教研,促进乡村教师在合作教研的过程中增进自觉的专业意识、自主的专业能力和可持续性的专业发展周期。

为全面有效提升乡村教师专业化发展,应采取多元化联片教研路径。第一,校际共研。城乡联谊学校的同学科教师可每月一次分别到城市学校和乡村学校进行集体备课、观摩听课、互相评课,在备、听、评的过程中相互交流、切磋琢磨,在碰撞中增进彼此感情,提升研讨水平,促成专业进步。第二,专题合作。城乡联谊学校教师可以就学科中、教学中、学生中存在的共性问题进行合作研究,发挥各自所长,交叉思考,互通城乡教育资源,跟踪研究进程,分享研究成果。第三,合力培训教师。资源共享,统一安排,当联谊学校中某所学校邀请专家讲座或培训,对方学校相关教师可参加学习,共同参与主体探讨活动,改进培训效果,实现教育资源效用最大化。第四,共创教师发展平台。学校之间联合举办教学竞赛、基本功比赛,城乡教师在平等、公开的氛围中展开教学比武,互相切磋,以此激发乡村教师的竞研斗志,形成城乡教师之间你追我赶的学习局面。教师发展平台的共创是联片教研走向内涵式发展的重要体现,不再使乡村教师处于弱势地位,而是城乡教师同台比武、公开竞赛、平等评比,因此说,教师发展平台的创建也意味着乡村教师专业化发展已经走向自主和自觉。

(三)班本教研

班本教研是以班级内多学科教师为研究主体,以班级学生和课堂为研究对象,以班级教育教学过程中发现的真实问题为研究点,以班主任为中心组织学科教师定期的针对课堂上、教学中、学生管理和师生关系等问题进行教育教学研究的活动。班本教研具有三个重要特征。第一,班本教研以班级为研究场域,相对封闭和集中,容易捕捉班内的细微问题。由于不同学科教师对班级的授课学科和时段不同,能够全方位地监控和了解班级的课堂情况,针对发现的具体问题每周班主任召集学科教师,互相探讨,合作应对。第二,班本教研以班级教师为研究主体。不同学科教师的授课风格、授课方式、授课时段不尽相同,学生对他们的喜好和课堂表现也因师而异,所以各学科教师聚集在一起可以有效汇集关于班级的全面信息,共同商讨,出谋划策。第三,班本教研的实践性。班本教研是以班级内真实问题为研究点,教研涉及的问题是多方面的,有纪律管理、师生关系、生生关系、班级环境、学科教学等。

基于班级问题的班本教研,按照"发现问题—组织教研—解决问题—观察反馈—反思并发现新问题—解决新问题"的研究思路,将班本教研引向正规化。在班本教研过程中推动班级教育的改进,促进以研促教,教师在发现问题、研究问题、反省反思中提升专业化和创造性水平。

三、高质量教研的价值旨归:教师学习共同体

教师学习共同体是指在一定区域或学校内,具有相同志趣和学习意愿的教师自愿组成,通过交流、互助与协作完成一定教育科研任务,以提高教师专业化水平,促进自主、自觉性专业发展为目标的教师学习团体。教师学习共同体有四个特点:第一,教师学习共同体是以"学习"为核心,它是学习共同体形成的关键;第二,教师学习共同体是以"自愿"参与为前提,这是提升学习共同体认同感和归属感的必要基础;第三,教师学习共同体是以"互助""协作"为基本学习形式,在学习共同体内教师可以通过线上线下、反思性研修等形式,在"互助""协作"中解决教育问题,实现专业成长;第四教师学习共同体是以"专业化发展"为最终目标,在共同体的学习过程中促进教师个体自主、自觉的专业化发展,同时通过学习共同体的建设提升教师群体专业化发展水平。

2020 年,教育部颁行《新时代教师意见》指出:"引导师范院校教师与乡村教师形成学习共同体和发展共同体。"①无论是名师乡村工作室的建设、反思性校本教研的推行还是班本教研的开展,其目的就是要为教师学习共同体的形成营造良好的文化环境和学习氛围。名师乡村工作室是以名师为引领,以教师需求为导向,以提升乡村教师自主性、自觉性专业发展的可持续性发展为归宿,最终营造一个立足乡村教育实际的,平等、轻松、活跃的学习研讨共同体。校本教研是教师群体合作教研最经济、最便捷、最高效的途径,它也是乡村教师学习共同体良好载体。"微专题"教研是几个或十几个乡村教师,独

---

① 《关于加强新时代乡村教师队伍建设的意见》,2020 年 8 月 28 日,见 http://www.moe.gov.cn/srcsite/A10/s3735/202009/t20200903_484941.html。

立、自主地开展教研活动,解决日常教学生活中的问题,形成一种基于"微专题"教研的教师学习共同体。联片教研通过城乡教师合作、学习,促进城乡教师在合作教研的过程中增进自觉的专业意识、自主的专业能力。班本教研则是以班级内多学科教师为共同学习主体,以班级学生面临的一些具体问题为教研切入口,提升班级学生发展水平。

乡村教师学习共同体除了以上可操作的具体形式之外,还应该考虑提供更充分的操作条件,以激发乡村教师合作学习、服务乡村的内生动力。第一,营造开放的教研氛围。开放的教研氛围可以促进教师合作文化的生成,合作的教师文化需要开放型校园氛围来促成,使教师能自由且愉快地进行全校间的合作,甚至实现校际间的合作与交流。① 第二,构建教师学习发展性评价机制。树立发展性教师评价理念,不再将学生的学业成绩作为评价乡村教师的唯一尺度,将教师教研成果、教师学习共同体构建和教师专业发展的成效纳入教师评价考核的内容,如此,可以激励乡村教师立足教学、主动合作、共同发展。第三,提供有力的资源保障。若想引起乡村教师自觉、自愿、自主的合作学习意愿,学校应该提供充足的经费、设备、学习资源和自由时间的保障,并为乡村教师之间的交流、合作、学习搭建良好的平台。

第五节 完善城乡教师交流机制,
在转向中实现内生发展

教育大计,教师为本。有好的教师,才会有好的教育。1999 年,中共中央国务院《关于深化教育改革全面推进素质教育的决定》提出:"城镇中小学教师原则上要有一年以上在薄弱学校或农村学校任教经历,才可聘为高级教师职务。"②"城乡教师交流"概念首次出现在中央文件中。《2015 乡村教师支持计划》提出:"重点引导优秀校长和骨干教师向乡村学校流动。县域内重点推动县城学校教师到乡村学校交流轮岗,乡镇范围内重点推动中心学校教师到

---

① 时长江、陈仁寿、罗许成:《专业学习共同体与教师合作文化》,《教育发展研究》2007 年第 11 期。

② 《关于深化教育改革全面推进素质教育的决定》,1999 年 6 月 13 日,见 http://www.moe.gov.cn/jyb_sjzl/moe_177/tnull_2478.html。

村小学、教学点交流轮岗。"①细化了城乡教师交流机制。2018 年,站在全面建成小康社会的决胜阶段,中共中央、国务院《关于全面深化新时代教师队伍建设改革的意见》再次强调:"深入推进县域内义务教育学校教师、校长交流轮岗,实行教师聘期制、校长任期制管理,推动城镇优秀教师、校长向乡村学校、薄弱学校流动。"②2020 年,教育部《关于加强新时代乡村教师队伍建设的意见》提出:"完善交流轮岗激励机制,将到农村学校或薄弱学校任教 1 年以上作为申报高级职称的必要条件,3 年以上作为选任中小学校长的优先条件。城镇教师校长在乡村交流轮岗期间,按规定享受当地相关补助政策。村小、教学点新招聘的教师,5 年内须安排到县城学校或乡镇中心校任教至少 1 年。"③政府从激励机制着手推动城乡教师交流。2021 年,中共中央、国务院《关于全面推进乡村振兴加快农业农村现代化的意见》提出:"推进县域内义务教育学校校长教师交流轮岗,支持建设城乡学校共同体。"④将城乡教师交流机制进一步深化为构建"城乡学校共同体"。可见,县域内义务教育阶段城乡教师交流机制必将迎来新的转向,以期适应经济社会和教育发展的新要求。

一、"支教式"单向教师交流转向"均衡式"双向教师交流⑤

县域内义务教育阶段城乡教师交流政策是在全国范围内普及九年义务教育基本实现,在满足义务教育发展规模、数量的基础上,追求更加公平、更高质量,统筹城乡教育一体化发展的背景下出台的。20 年来,从全国范围看,城乡教师交流的主流依然是城镇学校教师赴乡村学校进行为期半年、一年不等的支教,帮助乡村学校促进教师专业发展,改进教育教学理念与方式,提升学校教育教学质量。

"支教式"单向教师交流是指城镇学校教师单方面赴乡村学校进行一定

① 《乡村教师支持计划(2015—2020 年)》,2015 年 6 月 28 日,见 http://www.gov.cn/zhengce/content/2015-06/08/content_9833.htm。

② 《关于全面深化新时代教师队伍建设改革的意见》,2018 年 1 月 31 日,见 http://www.gov.cn/zhengce/2018-01/31/content_5262659.htm。

③ 《关于加强新时代乡村教师队伍建设的意见》,2020 年 8 月 28 日,见 http://www.moe.gov.cn/srcsite/A10/s3735/202009/t20200903_484941.html。

④ 《关于全面推进乡村振兴加快农业农村现代化的意见》,2021 年 2 月 21 日,见 http://www.gov.cn/zhengce/2021-02/21/content_5588098.htm。

⑤ 李宜江:《县域内义务教育阶段城乡教师交流机制的转向》,《教师发展研究》2017 年第 3 期。

时间支教的一种教师交流机制。"支教式"单向教师交流在实践中的表现,一方面是城镇学校选派优秀教师赴乡村学校进行一定时间支教;另一方面是城镇学校部分需要晋升高一级职称的教师赴乡村学校进行一定时间支教。"支教式"单向教师交流在缓解乡村学校师资队伍薄弱问题的同时,也容易产生以下不利结果:一是片面强调城镇学校对乡村学校支教式的外源,不利于乡村学校自主式发展的内生。二是城镇学校对乡村学校单向式的输送,在一定程度上也造成城镇学校教师总量不足。三是乡村学校教师缺少了在城镇学校历练提升的机会,不利于乡村学校"种子教师"的培养。四是单向交流侧重于人员往来,教学方式、课堂管理等浅层次的交流,不利于交流学校之间的深层次交流与协同,而双向交流就会推动教育思想、教学理念和学校文化等深层次的交流。"对口支援是城乡二元结构思维,不符合城乡一体化治理和公共服务均等化的新形势。"①在"支教式"单向教师交流占主流地位期间,国内一些地区,特别是经济社会发展基础较好的地区也开展了城镇与乡村学校的双向教师交流,积累了许多宝贵的实践经验。这为城乡教师交流由"支教式"单向交流转向"均衡式"双向交流提供了借鉴。

"均衡式"双向教师交流是指从城乡交流学校的各自校情出发,从实现优质均衡的教育发展目标出发,双向派出教师参与交流,实现双赢、共赢的一种教师交流机制。实现"支教式"单向教师交流转向"均衡式"双向教师交流,一是需要地方各级政府及教育主管部门把促进义务教育均衡优质发展作为重要的政治任务来抓,从经费保障、教师交流及人事管理体制机制、组织落实、生活保障等方面提供政策支持和制度保障。"要基于教师个人的自主意愿和交流学校的实际需求,实现教师和学校之间的双向自主选择,最大限度地做到供需双方的平衡。"②以教师交流为手段,实现区域教育优质均衡式发展。二是需要参与交流的义务教育学校转变观念,服从区域城乡教育发展大局,积极参与到城乡教师双向交流中来。特别是城镇学校要支持乡村学校有组织、有计划、有针对性地选派青年骨干教师交流到城镇学校,使其成长为"种子教师",示范辐射乡村学校教师,实现城乡义务教育优质均衡发展。三是需要参与交流

---

① 袁桂林:《如何防止城乡教师交流轮岗制度空转》,《探索与争鸣》2015 年第 9 期。

② 李茂森:《城乡教师交流制度实施难题破解探析——给予浙江省 A 县的个案研究》,《中国教育学刊》2015 年第 6 期。

的教师本人克服种种困难,认真对待交流、充分珍惜交流、最大获益交流,把双向交流作为个人成长和专业发展的一次机会,实现自我发展、自我超越。

二、"快餐式"教师交流转向"营养式"教师交流

近20年县域内义务教育阶段城乡教师交流实践主流是好的,成绩是值得肯定的。但也存在不少急功近利的现象,只图眼前,不顾长远,只看职称不看职责。一些参与交流的教师把交流看成是一个形式,走走过场,有个经历就行;一些参与交流的教师把交流看成是职称晋升台阶,只管曾经拥有,不管天长地久。一些选派交流教师的学校不愿意把优秀教师外派,交流成了一些"刺头教师"的"流放"或有职称晋升需求教师的阶梯;一些接受交流教师的学校也没有充分发挥支教教师的示范引领作用,敬之、远之。上述种种城乡教师交流乱象,虽不能撼动主流,但毕竟从整体上影响了城乡教师交流的质量。这种教师交流机制可以称之为"快餐式"的教师交流。

"快餐式"教师交流是指以完成教师交流任务为目的,缺乏系统设计、科学规划,短平快推进的一种教师交流机制。"快餐式"教师交流在实践中的表现,一方面是教师交流形式大于内容,关注城乡教师交流的外延式数量指标重于内涵式发展指标。另一方面是教师交流便捷大于实效,关注城乡教师交流的工作推进顺利与否重于工作实效如何。"快餐式"教师交流在带来城乡教师交流一时繁荣、便捷的同时,也容易产生以下不利结果:一是不利于交流教师健康成长。"快餐式"教师交流因参与其中的组织与个人并没有从根本上认识到城乡教师交流的重要意义与价值,甚至把交流看成是一个负担与包袱,这样在交流过程中就会出现"快餐式"不良后果。二是可能破坏学校教育的"胃口"。正如长期食用快餐食品可以破坏人的胃口一样,教师交流的快餐式也可能会破坏学校教育的"胃口"。教师交流的"快餐式"容易引起整个学校教育的快餐化、功利化、浮躁化,让学校教育变得更加不宁静、不从容。

"营养式"教师交流是指立足于学校、教师、学生的健康可持续发展,从促进区域内教育优质均衡发展出发,排除任何急功近利的思想,科学、合理、稳步有效推进的一种教师交流机制。实现"快餐式"教师交流转向"营养式"教师交流,一是需要地方各级政府及教育主管部门能够树立正确的"政绩观",不以简单的数据和规模来评价城乡教师交流,要牢固树立内涵式的发展评价理念。"内涵式均衡发展评价理念的树立,无法像外延式评价指标体系那样'立竿见影',但假以时日,一定会有效果,继而会获得加速度效应,步入良性循环。"①二是需要参与交流的义务教育学校真正从学校与学生健康发展的大局出发,不给城乡教师交流赋予太多的外在功利性目标,给城乡交流教师营造良好的、宽松的工作环境。三是需要参与交流的教师本人克服本位主义和发展功利主义,把自身的专业发展与职称晋升融入学校、学生的长远发展中去。

三、"牺牲型"教师交流转向"发展型"教师交流

县域内义务教育阶段城乡教师交流政策实施的直接动力是城乡师资水平的差距。它是城镇教师资源对乡村教师资源的支持与援助。因此,在县域内,当师资配置现状难以根本打破,师资总体水平相对稳定的现实条件下,让优质学校的优秀教师赴乡村学校支教一段时间的方式,不仅是权宜之策,也是破解教师资源配置困境的有效之举。正如思想家的思想一旦被实践掌握,就难以左右思想在实践中运行一样。政策一旦在实际中被执行,就难免会出现政策本身难以预料或者控制的一些现象。一些政策在实际执行中可能会出现以下三种不利情形:一是当某种政策在解决了某个特定的问题之后,也可能会引发一些新的政策问题。二是某种利好的政策在实施之初会成效明显,但若不与时俱进地修正执行可能会让政策陷入僵化执行的局面,从而产生一些负面效应。三是起初执行有效的政策往往会被执行者夸大执行效果,不当放大政策期待,导致政策本身无力支撑过多的负担。县域内义务教育阶段城乡教师交流政策的执行在取得预期政策目标与成效的同时,也在不同程度上出现了上述三种不利情形:一是在缓解县域内城乡师资配置不均衡问题的同时,也引发了教师学校文化认同与归属的新问题。二是在城镇学校优秀教师赴乡村学校支教取得较好成效的同时,又不同程度把这一政策僵化,有些地方不顾教师意愿硬性规定优秀教师支教的比例、时间、地点等,产生了一些负面影响。特别是硬性规定城镇学校教师职称晋升必须要有半年以上的支教经历,更是使得这一政策陷入僵化执行的被动局面。本来支教在大多数教师看来是一件光荣的事情,但现在却更多觉得是功利之为或无奈之举。三是城乡教师交流政策确实在一定程度上缓解了乡村教师数量、结构、质量等方面的问题,但是却不

① 李宜江、朱家存:《均衡发展义务教育的理论内涵及实践意蕴》,《教育研究》2013年第6期。

能从根本上解决城乡教师资源配置不均衡的问题。然而，城乡教师交流的政策成效容易让决策者对其赋予更高的期望，反而忽视了从配置上、管理上、编制上、待遇上、专业发展上等方面多措并举地解决城乡教师资源发展不均衡的问题。产生上述不利情形的原因可以部分地归结为"牺牲型"教师交流机制所致。

"牺牲型"教师交流是指以牺牲学校、教师发展的教育目标为代价，片面追求教师交流政策政治、经济目标的一种教师交流机制。"牺牲型"教师交流在实践中的表现往往是，不考虑学校、教师自身发展的实际，通过行政命令的手段简单地甚至"一刀切"地布置城乡教师交流工作。"牺牲型"教师交流在赢得教育事业发展短期效益的同时，也容易给学校、教师和学生的长远发展带来不利后果。"牺牲型"教师交流对学校产生的不利后果主要包括两个方面：一方面是稀释了优质学校的优质资源，有"削峰填谷"的实践倾向，在一定程度上牺牲了优质学校的发展。另一方面是过多强调城镇学校对乡村学校的"输血"支援，忽视了提升乡村学校的"造血"功能，从更长远的视角看不利于乡村学校的发展。"牺牲型"教师交流对教师产生的不利结果主要包括两个方面：一方面是参与交流的优秀教师可能由于学校文化的适应性问题导致专业发展受限。"教师交流到一个新学校需面临重新适应的问题，如果未能很好适应新学校的管理方式和学校文化，其工作业绩可能会下降，这将会影响其未来的职业发展。"①另一方面由于职称晋升需要参与交流的城镇教师，却不得不牺牲一些自身利益，产生一种牺牲感、剥夺感而不是奉献感、获得感。教师不仅是教育均衡发展的资源，更是教育均衡发展的对象本身。

> "于优质教师而言，当其流入薄弱学校之后尽管可能带动学校某些方面的发展，但其自身的专业发展问题却被忽视。如果不能够建立起相关配套性的教师发展制度，不仅流入的优质教师发展成问题，就连薄弱学校的原有师资也可能因为优质教师的流入而导致发展的机会成本增大。"②

---

① 张源源、刘善槐：《县域内教师交流的机制梗阻与政策重建》，《中国教育学刊》2016 年第 10 期。

② 李云星、李宜江：《教育均衡发展的实践反思》，《教育发展研究》2012 年第 6 期。

　　"发展型"教师交流是指以学校、教师发展的教育目标实现为基础,适当兼顾教师交流政策的政治、经济与社会目标的一种教师交流机制。实现"牺牲型"教师交流转向"发展型"教师交流,一是需要地方各级政府及教育主管部门要牢固树立"以人为本"的理念,不能只考虑城乡教师交流政策的政治、经济与社会目标,忽略城乡教师交流政策的教育目标。教育最根本的使命是立德树人,若要实现立德树人这一根本任务,必须要以学校、教师的健康发展为基础。参与交流的学校、教师不仅是手段,更是目的。他们的发展既是出发点也是归宿。二是需要参与交流的义务教育学校重视交流教师的文化适应性,给予人文关怀,为交流教师的专业发展提供良好的人文环境。三是需要参与交流的教师清醒地、辩证地认识到个人发展与事业发展的关系,特别是要认识到个人发展是事业发展的重要组成部分,不论什么原因、不论被交流到什么样的学校,都不能放弃自我的专业发展,不能放弃以自身的发展来促进学生发展的努力。

四、城乡教师交流的价值旨归:城乡学校共同体

　　县域内义务教育阶段城乡教师交流机制的转向是由国家、区域经济社会发展水平根本决定的,是统筹城乡一体化发展的必然要求,是义务教育优质均衡发展的内在要求,是统筹城乡师资均衡配置的现实需要。因此,城乡教师交流机制的转向只能是一个渐进的过程,不可能一蹴而就,也不可能与原有的交流机制有明显的分界线和时间点。① 城乡之间的教师交流虽然是部分教师在特定时长内的支援服务,但从长远来看,其实质是城乡学校之间互动、互鉴、互进的共同体形成过程。

　　中共中央国务院《关于全面推进乡村振兴加快农业农村现代化的意见》指出:"推进县域内义务教育学校校长教师交流轮岗,支持建设城乡学校共同体。"②2023年6月,中共中央办公厅、国务院办公厅印发的《关于构建优质均衡的基本公共教育服务体系的意见》指出:"全面推进城乡学校共同体建设,

① 李宜江:《县域内义务教育阶段城乡教师交流机制的转向》,《教师发展研究》2017年第3期。
② 《关于全面推进乡村振兴加快农业农村现代化的意见》,2021年2月21日,见http://www.moa.gov.cn/xw/zwdt/202102/t20210221_6361863.htm。

健全城乡学校帮扶激励机制,确保乡村学校都有城镇学校对口帮扶。"①城乡学校在教师交流过程中逐渐形成"联片教研""捆绑发展""集团化办学"等城乡学校共同体的初步探索和实践,但学校共同体对乡村教师专业发展和乡村学校教育提升的功能还没有充分彰显。因此,基于城乡教师交流促进城乡教育一体化发展的自觉,高质量的城乡学校共同体建设还应深入推进。第一,构建共生、共享的城乡学校共同体合作模式,推动乡村学校内涵式发展。在城乡学校共同体中,城市学校与乡村学校拥有平等的地位,都是自主发展的权利主体,共生、共享、共同发展的愿景是城乡学校合作的目标。在城乡教师交流中,乡村学校教师通过借鉴城镇学校的先进理念和教育方式,结合乡村学校和学生的具体实际,积极探索、主动挖掘自身的优势资源,走具有乡村特色的内涵式改进道路。第二,形成价值共识,以共同愿景激发共同体成员从"边缘参与"到"深度合作"的转变。② 建设城乡学校共同体既不能顺从行政安排,也不能以追求经济利益为上,而是要立足于共同体的"教育性"和"发展性",城市学校和乡村学校在教师交流中对话、协商,达成合作共识,形成共同的价值追求。只有将共同体成员的价值统一到共同的愿景中,共同体成员才能从"局外观察""边缘参与"转向"局内参与""深度合作"。第三,打造共栖、共融的城乡"一核多元"的学校文化体系,以文化融合凝聚城乡学校共同体意识。由于区域内、城乡间文化习俗的不同,在共同体的打造中势必会出现双方文化理念不合的情况,为此共同体成员要互相理解、尊重和包容,在"异质"文化碰撞融汇中做到取其精华,消弭鸿沟,形成一种适合在城乡间共通的新文化,让共同体成员在新文化中达到共生、共栖。

基于城乡教师交流的城乡学校共同体由松散走向聚合时,共同体成员学校和学校教师则会在价值理念、思维方式、管理制度上不断凝聚共识,双方平等交流,共研共进,在既竞争又合作的氛围中形成自觉的专业发展意识、自主的专业发展能力和可持续的专业发展局面。

---

① 中共中央办公厅、国务院办公厅印发《关于构建优质均衡的基本公共教育服务体系的意见》,2023 年 6 月 13 日,见 http://www.ce.cn/xwzx/gnsz/szyw/202306/13/t20230613_38588693.shtml。

② 袁强、余宏亮:《城乡学校共同体发展的隐性矛盾及其消解策略》,《中国教育学刊》2016年第 7 期。

第六节　完善教师管理体系,营造良好发展生态

一、完善法治本位的政府管理,促进依法治教,自主发展

1999 年,宪法第 13 条修正案首次将"依法治教,建设社会主义法治国家"确立下来。依法治教针对不同的行为主体意涵不同,对学校来说,依法治教就是依法治校;对教师来说,依法治教就是依法执教。只有各个法律行为主体依法管理好自身事务,才能推进教育事业稳步推进,走向自主、法治、健康的发展道路。政府应该通过法律规范约束、调节和管理法律主体的行为,使其在法律规定的框架内自我管理、自我调节和自主发展。

2003 年,教育部《关于加强依法治校工作的若干意见》指出:"学校建立依法决策、民主参与、自我管理、自主办学的工作机制和现代学校制度。"①从根本上理解,依法治校是建设现代学校制度的核心,是要求学校作为法律主体依据教育法规自主行使办学权,学校拥有在法律规定的范围内依法决策、自我管理和自主发展的权利。从法律的角度分析,阻碍乡村教育发展的一个重要原因就是乡村学校没能将依法治校贯彻到日常校务管理上。例如:乡村学校管理者教育法制观念比较淡薄,办学治校更多依靠人情、经验的管理方式;乡村教师不能很好地依法执教,辱骂、体罚或变相体罚学生的现象还屡禁不止;学校法制教育的落实不力不实等。这些都影响了乡村学校现代治理体系和治理能力的提升,也制约了乡村教师的专业发展。为了推动乡村教育事业持续、健康发展,应提高乡村学校依法治校的意识和能力。第一,提高乡村学校依法治校的理念和意识水平。乡村学校管理者应当学习相关的法律法规,提升自身的法律素养,自觉将自身的管理行为关在法律和制度的笼子里,避免人情式管理的出现和滋长;乡村教师应该提高依法执教的能力,规范课堂教学言语和行为,规范完成教育教学任务,杜绝课上不讲课下讲的行为。第二,依法完善乡村学校章程,依法治校与以章治校相结合。《教育法》规定"设立学校必须有组织机构和章程",学校章程是在国家规定的法律范围内,每所学校结合自身

---

① 《关于加强依法治校工作的若干意见》,2003 年 7 月 17 日,见 http://www.moe.gov.cn/s78/A02/zfs__left/s5911/moe_623/201001/t20100129_5145.html。

的实际,由学校管理者和教师代表共同制定,学校教职工代表大会审议通过,指导自我管理、自主办学的学校"宪法"。乡村学校和教师在学校章程的指导下依法自主办学、自主执教,逐渐形成现代乡村学校制度。第三,严格依法管理,保障学术自由。鼓励乡村教师依据乡村实际开发校本课程,开展校本教研,并对有积极贡献的乡村教师予以奖励,维护教师的合法权益。

我国现行的《教师法》规定:"教师是履行教育教学职责的专业人员。"从法律上肯定了教师职业的专业性。教师职业的专业性体现在三个方面;第一,教师具有其专业地位。教师是从事教育教学、教书育人的专职人员,需要掌握专业知识、专业技能,在专业上具有不可替代性;第二,教师具有专业权利。教师在教育教学活动中可以开展教育教学实验、参加学术性专业团体、参与学校的民主管理、参加专业的技能培训等;第三,教师具有专业准入制度。国家有专门的教师资格制度,对初任教师的学科、学历、试用期做出了明确规定,在教育教学过程中考核其基本功和教育教学能力,并对其设置了专业培训内容。因此,教育行政部门应该依法尊重教师的职业地位、满足教师的合理需求、组织必要的职业培训。在促进教师自主专业发展方面,教师培训既是法律的要求,也是法律提供的保障。各级教育行政部门、学校应当制定教师的培训计划,对教师进行专业性的业务培训,教师通过接受继续教育,不断地更新知识、完善知识结构,提高自己的业务水平,最终实现教师的专业发展。

尊重教师的专业地位,保障教师的专业权利,提高教师的专业觉悟,才能实现教师在教育教学过程中依法执教。教师依法执教是教师自主发展的前提,自主发展是依法执教的体现和升华。只有在法治的监督和保障的边界范围内,教师专业发展才更加符合教育要求、贴近教育实际,才能完成党和政府赋予教师的"教书育人,培养社会主义事业建设者和接班人、提高民族素质"的光荣使命。

二、完善教师本位的学校管理,促进尊师重教,自觉发展

学校管理中的教师本位观是指在现代学校管理中,以提升教师专业发展水平为宗旨,以激发教师专业发展的自觉性为目标,将教师置于学校管理的中心,尊重教师专业理想,肯定教师专业态度,关切教师专业发展需要,迎合教师专业发展期待的学校管理理念。在学校管理中遵循尊师重教原则,要从四个方面下功夫:第一,明确教师参与的学校管理制度。学校的行政管理、监察和教师评价系统通过吸收教师参与决策过程只会获得好处。[1] 学校管理应该实行民主集中制,保障民主彰显权威性,发扬集中彰显高效性。在制定学校章程、管理办法和评价考核制度等制度时,应该吸纳教师代表全过程参与,提交教职工代表大会或者学校的学术委员会表决通过,形成正式的具有管理效力的文件。第二,构建以教师文化为核心的学校文化谱系。在学校文化管理上,应重视教师的主体地位,把教师文化建设置于学校文化建设的核心位置。教师文化蕴藏在学校文化之中,其涵盖了教师的职业形象、职业价值、职业期待和职业理想。教师文化是一所学校内教师群体精神世界的载体,是推动教师自主自觉专业发展的内部动力。第三,建立健全以教师发展为本的绩效考核制度。把学生评价、同事评价、创造性研究、校本课程开发、教育培训成绩都纳入考核内容,将考核结果与绩效、晋级、评优评先、进修培训等关联,从物质和精神层面激励教师专业发展的自觉性。第四,形成尊重学术自由、专业发展的研究氛围。学校管理中应该鼓励研究问题、学术创新,教师针对学校教学中存在的问题可以百家争鸣、各抒己见地深入探讨,提出合情合理的改进意见,学校管理者持宽容鼓励和沟通凝聚共识的心态。

提升教师发展自觉的核心是提升创造自觉。[2] 教师劳动的复杂性决定了教师劳动的创造性。教师劳动的复杂性首先体现在教师劳动对象的复杂性,教师在教育活动的同一时间段内要面对不同的学生,每个学生面对课堂和知识又有各自的理解。面对全体学生,教师在教育过程中既要注重同一性又要关注特殊性,发挥教师的创造性,因人而异、因材施教;教师劳动的复杂性还体现在教师劳动任务的复杂性,国家对教师职业的期待是培养德、智、体、美、劳全面发展的人,教师每天的劳动除了传播科学文化知识、教会学生生存技能之外,还要关注学生的思想动态、身心健康等,要时刻关注学生的全面发展,更要不断创造性地更新自己的知识、理念和教学方法以适应教育的需求;教师劳动的复杂性还体现在教师劳动过程的复杂性,教师要想经过知识传授、品德培养、意志锻炼和行为塑造培养全面发展的学生需要一个长期的过程,并且在这个过程中会出现复杂的情境,教师需要创造性的"教育机智"化解各种教育问

---

[1] 联合国教科文组织:《教育——财富蕴藏其中》,教育科学出版社 2014 年版,第 112 页。
[2] 叶澜:《改善发展"生境"提升教师自觉》,《中国教育报》2007 年 9 月 15 日。

题。教师在教育活动中的创造性也是教师教育的一种自觉,教师在教育活动中自觉地解决教育问题的过程,其实就是教师自觉地更新知识、提升技能、深化理念的专业发展过程。

教师专业自觉是教师专业发展的内生性动力,它引导教师对未来发展合理定位和心理预期,并为自身的发展积蓄动能;它促使教师在面对教学和管理中的困难时不断反思与改进,铸造强大的精神世界;它推动教师在面对新知识、新技能和新理念时积极学习和吸纳,丰富自己的知识体系。教师本位的学校管理制度给教师以身份认同感和职业认同感,教师成为学校的主人翁,"学校是我家,荣誉靠大家""今日我以学校为荣,明日学校以我为荣"的理念深入人心,教师专业发展的自觉性也就会自然生成。

三、完善学术本位的学科共同体管理,促进知识探究,协同发展

美国学者欧内斯卡·博耶认为"学术"不仅仅是通过探究发现新知识,也可以指通过课程构建来整合知识,还可指应用知识的学术,亦可以指通过咨询或教学来传授知识的学术。[①] 根据博耶的观点,可以看出中小学教师的教学活动也是一种学术形态。那么,作为学术形态的中小学校教学活动不能单单是纯粹性传播知识的教学,还应该包含创造性的成分,即教学是立足学科知识传授、解决教学问题、反思教与学的过程和形成创造性成果的实践活动。"孤木不成林,单丝不成线",中小学教师的教学活动若要成为被重视的实践性学术活动,需要唤醒同学科教师的群体发展意识,构建一个以教学学术为本位的学科共同体,促进教师在学科共同体的互动中进行知识探究和协调发展。

一位教师走,可以走得更快,走向专业化名师;一群教师行,可以行得更远,行向合作化名校。一所学校真正的教育行走不是一位、两位教师的独行,而是校内教师群体的长跑,每一位教师都不是在单打独斗,每个人背后都有强大的团体做支撑,这个团体应该是学科内甚至是学校组建的学科共同体。

构建具有专业合作意识的学科教研组共同体。对于乡村教师来说,在面对区域内优质课、教学能手和基本功比赛时,个人的力量是单薄的,在竞争中是处于劣势的,如想在竞争中取得优势,必须依靠学科教研组共同体的集思广

---

① ［美］欧内斯卡·博耶:《关于美国教育改革的演讲》,涂艳国、方彤译,教育科学出版社2002年版,第65页。

益、深入研讨形成一个具有竞争力的方案,才能稳操胜券或险中取胜;在面对教学过程中出现的知识疑惑、教材认知、教法选择和学法探讨等学科问题时,每周组织集体备课,就某个问题可以安排一个主备人,讲述自己的理解、基本思路和疑难困惑,教研组成员集体讨论,形成解决问题的策略。在此过程中个人与集体都在思考中进行知识探究,解决教学学术问题,都在反思中协调发展,提升学科教研组共同体的专业化水平。

四、完善道德本位的教师自我管理,促进榜样示范,引领发展

"教师道德"即"师德",对"师德"的理解可能多数教师认为是教师的"职业道德",它只是对教师作为一名职业人员的德行要求,并没有体现出教师作为一名专业人员的专业要求。换言之,以前强调的更多是教师的职业道德,而教师的内生型专业发展更加关注教师的专业道德。教师的专业道德是指教师作为专业人员应具备的独特道德品质,包括教师的专业责任、教师个人道德品性,以自律为核心的专业精神。① 因此,这里对教师的自我管理是从教师是专业道德的主体考虑,教师自我管理是指教师作为专业发展的主体在教育教学、学习生活中对自己作为一名专业人员在认知、情感、行为、意志品质上进行的自我监控、调节和管理的行为,是教师专业发展的自觉行为,是教师可持续性专业发展的有效途径。

教师道德由知、情、意、行四个心理要素构成,其中道德认识是基础,道德行为是关键,道德情感是内部动力,道德意志是精神力量。在认知上,教师要学会自我认识、自我反思。乡村教师在自我管理上要树立正确的教育观和师德观,认识到自身承载着在乡村传播知识、传播思想、传播真理的历史使命,对乡村学生肩负着塑造灵魂、塑造生命、塑造新人的时代重任,不断地更新教育理念和教育知识。"实践—反思取向"的教师专业发展主张教师通过教育实践与反思,发现教育教学的意义,获得实践智慧,修炼专业发展内能,提升专业素养,在反思中发展自我、完善自我,实现可持续的专业发展。在情感上,教师要学会自我认同、自我激励。乡村教师在自我管理上要拥有强烈的身份认同感和职业认同感。心怀乡土情结,扎根乡土,热爱乡土,热爱乡村教育事业,参与乡村文化建设,深耕乡村文化教育,奉献乡村教育事业。同时乡村教育事业

---

① 黎琼锋:《从规范到自律:教师专业道德的建构》,《教育发展研究》2007年第1期。

发展充满着艰辛与困难,教师要学会自我激励,选择有效的激励物和激励方法,给自己以阶段性的肯定,在克服困难中不断地实现自我超越,提高自我效能感。在意志品质上,教师要学会自我监督和自律。曾子曰"吾日三省吾身",道德自省、自律是通向完美人格的必要途径。乡村教师在自我管理中主动地进行道德反省,在课堂教学、班级管理和教育科研中养成道德自律能力,把师德养成与教育教学结合起来,从教育教学中养成道德自律,为教育教学的进步养成道德自律,最终担负起自己的专业责任,实现专业的成长。在行为上,教师要学会自我规划、自我监控。乡村教师自我管理的效果关键看行动落实的情况,是否有明确的专业发展目标,是否有清晰的专业发展规划路径。专业发展目标应该在"最近发展区"内,具体而不空泛,跳一跳能够达到。专业发展规划应该"达地知根",清晰、分步骤、可操作。同时要在日常的教育活动中自我监控教育行为、规划落实情况,并适当地调节和控制,提高专业发展的效率。

五、完善教师专业成长档案袋制度,促进人文关怀,可持续发展

教师专业成长档案袋是对教师专业发展的过程建立档案,收集教师专业发展过程中的教育、学习、科研成就,证明教师获得的成绩,以展示教师的教育风采,展现各级各类评价主体对教师教学成效的评价,是教师教育生涯的见证。从评价的作用上看,档案袋制度是一种形成性评价或发展性评价。建立教师专业成长档案袋可以记录教师在教育生涯中的成长历程,当教师翻阅成长档案时,可以重温教育誓言,不忘初心,牢记使命,进而激发成长潜能,推动教师向更高专业化水平发展。档案袋展示时可以帮助教师还原教育情境,反思教育方法,吸取经验教训,还可以在参观时发现同事的长处,找出自己与同事的差距,互相借鉴,取长补短,形成正确的自我评价。档案袋评价还可以为其他评价主体提供全面的评价信息,以便于对教师进行客观全面的评价。

教师专业成长档案袋所存档案应包含以下内容:第一,乡村教师的学历、学位、专业背景、教学年限、个人偏好等共性基本信息,在基本信息中还应包含体现个性特色的教育信条、教育理念、科研成果和教育思考等,以及乡村学校的教育环境、师生关系等,通过这些材料教师可以自我分析,以此结合乡村教育实际对个人的职业生涯进行合理规划。第二,专业发展的阶段性规划。乡村教师可以在新学年针对每学年的具体课程、学生实际情况和学校的发展规划制定个人发展计划,并置于档案袋首页,借此激发新学年的教育激情和斗志,并在学年结束后对照任务完成情况查缺补漏,为新的阶段性规划提供参考。第三,周期性总结。在一个教学阶段完成后,教师对自己教学过程进行阶段性总结,形成教学反思、管理反思、教研反思等多层面的反思日志。第四,各评价主体的评价情况。档案袋中还应放置个人自评、同事互评、学生评价、家长评价和学校评价等,根据多元化评价信息调整自身的教育实践。

为体现教师专业成长档案袋的人文关怀,促进教师可持续发展。在建档过程中应当遵循个性化原则,每位教师的个性特点、专业特长、教学方法不尽相同,在收集材料中应尽力做到因人而异,体现教师的个别化差异,体现教师的教育特长和个性。遵循多元化原则或全面性原则,档案材料既可以是教师个人收集整理,也可以是同事提供材料,还可以是学校提供材料,以体现评价内容的丰富和多样。遵循互动性原则,教师的专业成长档案应该成为教师个人与学校管理层之间互动反馈的依据,通过收集、评价资料,教师和管理层可以彼此了解双方的理念和述求,以期消弭彼此的误解和矛盾,增强评价的实效性。遵循发展性原则或专业性原则,教师成长档案袋的建立应着眼于促进教师专业成长和全面发展,评价的内容应能激发教师积极的情感,丰富的体验,促使教师形成自觉的专业发展意识,养成自主的专业发展能力,积蓄可持续的专业发展动能。

参考文献

一、中文

（一）专著

1．包亚明:《文化资本与社会炼金术——布迪厄访谈录》,上海人民出版社 1997 年版。

2．[法]布迪厄、[美]华康德:《实践与反思——反思社会学导引》,李猛、李康译,中央编译出版社 1998 年版。

3．陈晓端、龙宝新等:《教师专业学习共同体:国际视野与本土实践》,陕西师范大学出版社 2016 年版。

4．[德]第斯多惠:《德国教师培养指南》,袁一安译,人民教育出版社 2001 年版。

5．范先佐等:《中国教育改革 40 年:农村教育》,科学出版社 2018 年版。

6．费孝通:《文化的生与死》,上海人民出版社 2009 年版。

7．何东昌:《中华人民共和国重要教育文献(1976—1990)》,海南出版社 1998 年版。

8．贺麟:《文化与人生》,商务印书馆 1988 年版。

9．教育部师范教育司:《教师专业化的理论与实践》,人民教育出版社 2003 年版。

10．李存生:《乡村教师专业发展引论》,人民出版社 2018 年版。

11．李为善、刘奔:《主体性和哲学基本问题》,中央文献出版社 2002 年版。

12．李政涛:《重建教师的精神宇宙》,华东师范大学出版社 2014 年版。

13．联合国教科文组织:《教育——财富蕴藏其中》,教育科学出版社 2014 年版。

14．梁漱溟:《中国文化的使命》,中信出版社2013年版。

15．梁威、卢立涛、黄冬芳:《撬动中国基础教育的支点:中国特色教研制度发展研究》,教育科学出版社2011年版。

16．刘军:《公共关系学》,机械工业出版社2018年版。

17．《马克思恩格斯文集》第1卷,人民出版社2009年版。

18．[加拿大]迈克尔·富兰:《变革的力量:深度变革》,教育科学出版社2004年版。

19．[美]欧内斯卡·博耶:《关于美国教育改革的演讲》,教育科学出版社2002年版。

20．全国十二所重点师范大学:《教育学基础》,教育科学出版社2002年版。

21．阮成武:《教育民生论》,人民出版社2021年版。

22．施良方:《课程理论——课程的基础、原理和问题》,教育科学出版社1996年版。

23．(西汉)司马迁:《史记(第六卷)》,中华书局2013年版。

24．谭学纯:《人与人的对话》,安徽教育出版社2000年版。

25．王文锦:《大学中庸译注》,中华书局2013年版。

26．邬志辉等:《中国农村教育:政策与发展(1978—2018)》,社会科学文献出版社2018年版。

27．邬志辉、秦玉友等:《中国农村教育发展报告2016》,北京师范大学出版社2017年版。

28．邬志辉、秦玉友等:《中国农村教育发展报告2012》,北京师范大学出版社2014年版。

29．肖正德、林正范等:《农村教师的发展状况和保障机制研究》,浙江大学出版社2014年版。

30．[美]雅斯贝尔斯:《什么是教育》,生活·读书·新知三联书店1991年版。

31．[美]亚伯拉罕·马斯洛:《动机与人格》,中国人民大学出版社2012年版。

32．杨晓:《教师专业发展》,北京师范大学出版社2013年版。

33．叶澜、白益民：《教师角色与教师专业发展新探》，教育科学出版社2001年版。

34．叶澜等：《教师角色与教师发展新探》，教育科学出版社2001年版。

35．喻谟烈：《乡村教育》，商务印书馆1927年版。

36．钟秉林、范先佐：《中国教育改革40年：农村教育》，科学出版社2018年版。

37．朱旭东、胡艳等：《中国教育改革开放40年：教师教育卷》，北京师范大学出版社2019年版。

（二）期刊论文

1．白亮、王爽、武芳：《乡村教师发展支持体系研究》，《中国教育学刊》2019年第1期。

2．毕蛟：《赫茨伯格和"激励因素—保健因素理论"》，《管理现代化》1987年第6期。

3．蔡其勇、郑鸿颖、李学容：《新时代乡村教师队伍建设策略》，《中国教育学刊》2018年第12期。

4．曾新、高臻一：《赋权与赋能：乡村振兴背景下农村小规模学校教师队伍建设之路——基于中西部6省12县〈乡村教师支持计划〉实施情况的调查》，《华中师范大学学报（人文社会科学版）》2018年第1期。

5．陈峰：《以师为本的教师自我发展的理念与机制——教师自我意识引领的发展》，《湖南师范大学教育科学学报》2006年第5期。

6．陈时见、胡娜：《新时代乡村教育振兴的现实困境与路径选择》，《西南大学学报（社会科学版）》2019年第3期。

7．陈跃娟：《农村英语教师专业发展支持服务体系调查研究》，《沈阳农业大学学报（社会科学版）》2014年第4期。

8．党亭军：《继续教育背景下乡村教师培训中的问题及对策研究》，《继续教育研究》2010年第3期。

9．东北师范大学农村教育研究所：《如何提高乡村教师职业吸引力》，《教师博览》2014年第12期。

10．钭玉陶：《关于构建贵州省乡村教师专业发展支持服务体系的思考——以毕节地区六县市为例》，《智库时代》2018年第27期。

11．樊改霞、王曦：《农村教师发展的内源性动力研究——基于承认理论的视角》，《中小学教师培训》2018 年第 6 期。

12．范光基：《"互联网+"教育背景下中小学教师培训模式探索及策略思考——以福建基础教育网为例》，《中小学教师培训》2016 年第 3 期。

13．范宁雪：《囚徒困境：乡村青年教师在"国培"中》，《当代青年研究》2019 年第 5 期。

14．范先佐：《乡村教育发展的根本问题》，《华中师范大学学报（人文社会科学版）》2015 年第 5 期。

15．范玥、王柏慧：《"国培计划"下的乡村教师专业发展支持服务体系构建研究》，《中国成人教育》2016 年第 19 期。

16．付卫东、范先佐：《〈乡村教师支持计划〉实施的成效、问题及对策——基于中西部 6 省 12 县（区）120 余所农村中小学的调查》，《华中师范大学学报（人文社会科学版）》2018 年第 1 期。

17．龚金喜、赵国圣、龚易帆：《互联网条件下教师专业发展支持服务体系建构研究》，《继续教育》2017 年第 8 期。

18．顾明远：《论学校文化建设》，《西南师范大学学报（人文社会科学版）》2006 年第 5 期。

19．韩映雄：《基于供给侧视角的大学教师专业发展项目评估与创新》，《教师教育研究》2018 年第 2 期。

20．郝文武：《推进农村教育现代化亟需全面优化教师队伍结构》，《中国教育学刊》2020 年第 9 期。

21．何菊玲：《教师专业成长的现象学旨趣》，《教育研究》2010 年第 11 期。

22．何树虎、邬志辉：《乡村教师职业吸引力的实证研究——基于"离"与"留"强意愿的对比》，《教师教育研究》2021 年第 1 期。

23．胡蓓、胡浩：《我国脑力劳动者成就需要研究》，《科技进步管理》2003 年第 8 期。

24．黄娥：《非学历教育认证的价值、经验与思考》，《成人教育》2019 年第 9 期。

25．黄文峰：《论教师专业发展支持服务体系的文化建设》，《中小学教师培训》2017 年第 10 期。

26．黄晓茜、程良宏:《教师学习力:乡村教师专业发展的重要驱力》,《全球教育展望》2020 年第 7 期。

27．蹇世琼、蔡其勇、赵庆来等:《教育治理现代化语境下乡村教师队伍建设的内生性发展研究》,《中国教育科学(中英文)》2021 年第 3 期。

28．蹇世琼、彭寿清、冉隆锋:《由"他者"走向"我者"——新生代乡村教师的乡村社会融入困境与破解路径》,《四川师范大学学报(社会科学版)》2021 年第 3 期。

29．《江西:强师兴教 40 年》,《江西教育》2018 年第 25 期。

30．蒋书同、潘国文:《新时代尊师重教存在的主要问题及治理策略》,《衡阳师范学院学报》2020 年第 5 期。

31．金久仁:《精准扶贫视域下推进城乡教育公平的行动逻辑与路径研究》,《教育与经济》2018 年第 4 期。

32．雷万鹏:《提升教师素质是农村教育发展抓手》,《辽宁教育》2016 年第 3 期。

33．黎大志、刘洪翔:《乡村教师队伍建设的困境与策略——兼议如何完善师范生免费教育政策》,《湖南师范大学教育科学学报》2015 年第 5 期。

34．黎琼锋:《从规范到自律:教师专业道德的建构》,《教育发展研究》2007 年第 1 期。

35．李方安:《论教师自我发展》,《教育研究》2015 年第 4 期。

36．李广平:《优化教师专业发展与培训体系建设,全面提升中小学教师队伍质量》,《华东师范大学报(教育科学版)》2018 年第 4 期。

37．李介:《农村教师自主发展的困境与策略研究》,《中国教育学刊》2016 年第 4 期。

38．李茂森:《城乡教师交流制度实施难题破解探析——给予浙江省 A 县的个案研究》,《中国教育学刊》2015 年第 6 期。

39．李森、崔友兴:《乡村教师专业发展现状调查研究——基于对川、滇、黔、渝四省市的实证分析》,《教育研究》2015 年第 7 期。

40．李艳璐:《让教师在协同研究中拥有更多获得感》,《上海教育科研》2020 年第 6 期。

41．李宜江、吴双:《乡村小学教师专业发展支持服务体系的现状、问题及对策——基于安徽省 Q 县的调查分析》,《当代教育与文化》2020 年第 5 期。

42．李宜江、朱家存:《均衡发展义务教育的理论内涵及实践意蕴》,《教育研究》2013 年第 6 期。

43．李宜江:《"国培计划"实施需要协调好六种关系》,《当代教育论坛》2016 年第 3 期。

44．李宜江:《党的十八大以来教师政策的内涵阐释》,《教师发展研究》2021 年第 1 期。

45．李宜江:《改革开放以来我国中小学教师队伍建设政策取向分析》,《教师发展研究》2018 年第 3 期。

46．李宜江:《改革开放以来乡村教师专业发展服务体系政策演进与展望》,《教师发展研究》2020 年第 2 期。

47．李宜江:《县域内义务教育阶段城乡教师交流机制的转向》,《教师发展研究》2017 年第 3 期。

48．李有学:《政策过程视域下的乡村教师专业发展支持服务体系:政策演变、结构困境与体系优化》,《当代教育论坛》2019 年第 6 期。

49．李云星、李宜江:《教育均衡发展的实践反思》,《教育发展研究》2012 年第 6 期。

50．李长吉:《论农村教师的地方性知识》,《教育研究》2012 年第 6 期。

51．凌云志、邬志辉:《城镇化背景下乡村教师的身份挣扎及其融合——对 4 省 9 位乡村教师的访谈研究》,《教育理论与实践》2019 年第 7 期。

52．刘洪义:《用双因素理论有效激励员工》,《企业改革与管理》2008 年第 7 期。

53．刘静:《农村教师专业发展支持体系——发展中国家的实践》,《比较教育研究》2014 年第 1 期。

54．刘善槐、王爽、武芳:《我国农村小规模学校教师队伍建设研究》,《教育研究》2017 年第 9 期。

55．刘善槐:《我国农村教师编制结构优化研究》,《教育研究》2016 年第 4 期。

56．刘少霞:《基于利益冲突视野的农村教师专业发展支持体系的建构研究》,《当代教育科学》2017 年第 1 期。

57．刘生全:《论教育场域》,《北京大学教育评论》2006 年第 1 期。

58．刘文娜:《生存心态视域下中小学教师的科研素养提升研究》,《上海教育科研》2020 年第 8 期。

59．刘文霞:《基于利益冲突视野的农村教师专业发展支持体系的建构研究》,《当代教育科学》2017 年第 1 期。

60．柳丽娜:《教学匠:学习型社会教师职业形象及其塑造》,《上海教育科研》2018 年第 10 期。

61．罗碧琼、唐松林:《乡村教师定向培养中的寻根教学》,《湖南师范大学教育科学学报》2021 年第 3 期。

62．吕冬梅:《从教师发展阶段理论看教师专业发展》,《学校管理》2015 年第 11 期。

63．吕亚楠:《乡村教师专业发展支持系统的现状分析及重构》,《教育理论与实践》2016 年第 17 期。

64．马延伟、马云鹏:《课程改革与学校文化重建——一所学校的个案研究》,《教育研究》2004 年第 3 期。

65．庞丽娟、杨小敏、金志峰:《构建综合待遇保障制度提升乡村教师职业吸引力》,《中国教育学刊》2021 年第 4 期。

66．彭冬萍、曾素林、刘璐:《乡村教师荣誉制度实施状况调查研究》,《当代教育科学》2018 年第 2 期。

67．彭冬萍、曾素林:《乡村教师荣誉制度实施路径探析——基于全过程管理理论的视角》,《教育评论》2017 年第 7 期。

68．戚万学、刘伟:《乡村教育振兴的内涵、价值与路径》,《国家教育行政学院学报》2020 年第 6 期。

69．乔晖:《乡村振兴背景下卓越教师专业化发展路径》,《南京农业大学学报(社会科学版)》2020 年第 3 期。

70．秦玉友、邬志辉:《中国农村教育发展状况与未来发展思路》,《东北师大学报(哲学社会科学版)》2017 年第 3 期。

71．秦玉友、张宗倩、裴珊珊:《教育在促进农村发展中如何发力——2020

年后教育扶贫对接教育促进乡村振兴的着力点与路径选择》,《东北师大学报（哲学社会科学版）》2021 年第 4 期。

72．曲小毅、王晓玲:《我国教师培训有效性评价的问题及改进策略》,《教师发展研究》2021 年第 2 期。

73．邵泽斌:《新世纪国家对农村教师队伍建设的特别性支持政策:成效、问题与建议》,《南京师大学报（社会科学版）》2010 年第 5 期。

74．申继亮:《关于中学教师成长阶段的研究》,《天津师范大学学报（基础教育版）》2002 年第 3 期。

75．沈伟、王娟、孙天慈:《逆境中的坚守:乡村教师身份建构中的情感劳动与教育情怀》,《教育发展研究》2020 年第 Z2 期。

76．沈晓燕:《城镇化背景下乡村教师知识分子身份的式微与重构》,《教育发展研究》2018 年第 10 期。

77．石连海、田晓苗:《我国乡村教师队伍建设政策的发展与创新》,《教育研究》2018 年第 9 期。

78．石中英:《教育信仰与教育生活》,《清华大学教育研究》2000 年第 2 期。

79．时长江、陈仁寿、罗许成:《专业学习共同体与教师合作文化》,《教育发展研究》2007 年第 11 期。

80．宋萑:《走向学习本位的新时代教师专业发展体系构建》,《教育发展研究》2021 年第 4 期。

81．孙众:《"互联网+"农村教师专业发展的协同互助机制》,《电化教育研究》2019 年第 5 期。

82．唐松林、廖锐:《搭建城乡交往平台促进农村教师专业发展》,《教师教育研究》2015 年第 2 期。

83．唐一鹏、王恒:《何以留住乡村教师——基于 G 省特岗教师调研数据的实证研究》,《教育研究》2019 年第 4 期。

84．田罡、丁莹莹:《乡村教师人力资本价值提升的障碍及对策分析》,《教育理论与实践》2017 年第 14 期。

85．王定华:《新时代我国中小学教师国培的进展与方略》,《全球教育展望》2020 年第 1 期。

86．王红、邬志辉:《乡村教师职称改革的政策创新与实践检视》,《中国教育学刊》2019 年第 2 期。

87．王继红:《大学生成就动机的培养与激发》,《中国青年研究》1997 年第 2 期。

88．王晶晶:《中小学教师培训项目质量第三方评估机制的构建》,《教育理论与实践》2016 年第 17 期。

89．王卫军、韩春玲、蒋双双:《教育精准扶贫对教育信息化的价值求索》,《电化教育研究》2017 年第 10 期。

90．王晓生、邬志辉:《乡村教师队伍稳定机制的审视与改进》,《教育科学》2019 年第 6 期。

91．王鑫、张卫国:《教育生态学视阈下的教师发展研究》,《教育理论与实践》2015 年第 19 期。

92．王艳玲、陈向明:《回归乡土:我国乡村教师队伍建设的路径选择》,《教育发展研究》2020 年第 20 期。

93．王艺娜:《乡村教师专业发展支持体系的困境及构建》,《教学与管理》2019 年第 6 期。

94．王莹莹、曲铁华:《农村教师人力资本价值提升的困境与出路》,《学术探索》2014 年第 1 期。

95．王钟宝、朱振飞:《教师专业发展服务体系:新时期教师培训的格局》,《上海教育科研》2011 年第 4 期。

96．吴亮奎:《乡村教师专业发展的矛盾、特质及其社会支持体系构建》,《教育发展研究》2015 年第 24 期。

97．吴云鹏:《乡村振兴视野下乡村教师专业发展的困境与突围》,《华南师范大学学报(社会科学版)》2021 年第 1 期。

98．吴支奎、胡小雯:《场域视野下乡村教师生涯发展的困境与出路》,《中国教育学刊》2017 年第 5 期。

99．席梅红:《人工智能支持的乡村教师专业发展未来构想》,《现代基础教育研究》2020 年第 3 期。

100．肖凯:《教师培训发展方向:乡村教师专业发展支持服务体系建设》,《赣南师范学院学报》2016 年第 2 期。

101．肖正德:《基于教师发展的教师信念:意蕴阐释与实践建构》,《教育研究》2013 年第 6 期。

102．肖正德:《论乡村振兴战略中乡村教师的新乡贤角色》,《教育研究》2020 年第 11 期。

103．谢爱磊、刘群群:《声望危机隐忧下的乡村教师荣誉制度建设研究》,《中国教育学刊》2019 年第 1 期。

104．谢凌凌、龚怡祖、张琼:《关于农村教师流失问题的职业心理考察——基于教师自尊、职业承诺与组织公民行为间关系的分析》,《中国农村观察》2011 年第 1 期。

105．谢小兰:《乡村教师专业发展支持体系的构建》,《中国成人教育》2019 年第 20 期。

106．谢翌、马云鹏:《重建学校文化:优质学校建构的主要任务》,《华东师范大学学报(教育科学版)》2005 年第 1 期。

107．熊焰、贾汇亮:《建立提高农村教师专业水平服务体系的探讨》,《教育导刊》2012 年第 7 期。

108．徐伯钧:《江苏省乡村教师专业发展的思考与实践》,《江苏教育》2019 年第 70 期。

109．徐光明:《江西:破解乡村教师队伍建设结构性难题》,《人民教育》2015 年第 22 期。

110．徐红、董泽芳:《改善我国教师专业发展机制的八大建议》,《教育研究与实验》2019 年第 3 期。

111．许纪霖:《人文精神寻思录之三——道统学统与政统》,《读书》1994 年第 5 期。

112．薛二勇、傅王倩、李健:《我国教师队伍建设的突出问题与对策建议》,《中国教师》2019 年第 11 期。

113．薛国平:《基于教师专业成长的支持服务体系的建构策略》,《当代教师教育》2012 年第 2 期。

114．杨明媚:《乡村教师专业发展支持体系的构建》,《教学与管理》2017 年第 11 期。

115．杨启亮:《教师职业专业发展的几种水平》,《教育发展研究》2009 年第 54 期。

    116．杨启亮:《教师专业发展的几个基础性问题》,《教育发展研究》2008 年第 12 期。

    117．杨同林:《区域推进农村教师专业化发展的实践探索——以山东省宁津县为例》,《中国教育学刊》2011 年第 5 期。

    118．杨卫安、邬志辉:《我国农村教育促进农村经济发展的机制及局限性分析——基于人力资本的视角》,《教育与经济》2010 年第 4 期。

    119．杨一奋、朱广清:《乡村教师培训模式的创新研究与实践——以常州市乡村骨干教师培育站建设为例》,《福建基础教育研究》2020 年第 12 期。

    120．叶菊艳:《农村教师身份认同的影响因素及其政策启示》,《教师教育研究》2014 年第 6 期。

    121．叶澜:《试论当代中国学校文化建设》,《教育发展研究》2006 年第 8 期。

    122．叶澜:《一个真实的假问题——"师范性"与"学术性"之争的辨析》,《高等师范教育研究》1999 年第 2 期。

    123．叶泽滨:《农村教师专业发展的社会支持有关问题探析》,《学术论坛》2009 年第 9 期。

    124．尹绍清、杨朝省:《困境与消解:农村教师专业发展服务体系的构建》,《楚雄师范学院学报》2016 年第 5 期。

    125．于泽元、田慧生:《教师的生命意义及其提升策略》,《课程·教材·教法》2008 年第 4 期。

    126．袁利平、姜嘉伟:《关于教育服务乡村振兴战略的思考》,《武汉大学学报(哲学社会科学版)》2021 年第 1 期。

    127．袁强、余宏亮:《城乡学校共同体发展的隐性矛盾及其消解策略》,《中国教育学刊》2016 年第 7 期。

    128．袁永惠:《"乡村名师工作站"有效运行的思考及对策》,《教师教育学报》2020 年第 2 期。

    129．张典兵:《新时代乡村教师发展的现实困境与超越》,《继续教育研究》2021 年第 4 期。

    130．张建桥:《农村中小学教师评价的五大困境、归因及建议——基于布迪厄场域理论的思考》,《教育理论与实践》2011 年第 6 期。

131．张玲、何德:《"互联网+教育"赋能乡村教师队伍建设:宁夏示范实证》,《教师教育学报》2021 年第 1 期。

132．张玲:《高质量发展视阈下中小学有效教育科研的内涵、特征及提升策略》,《现代教育管理》2021 年第 5 期。

133．张嫚嫚、魏春梅:《乡村教师培训存在的问题分析及对策思考》,《教师教育研究》2016 年第 5 期。

134．张伟、孙小伟:《大数据支持乡村教育振兴的愿景与路径》,《成人教育》2020 年第 9 期。

135．张源源、刘善槐:《县域内教师交流的机制梗阻与政策重建》,《中国教育学刊》2016 年第 10 期。

136．赵力涛:《中国农村的教育收益率研究》,《中国社会科学》2006 年第 3 期。

137．赵凌云、杨明杏、董慧丽等:《密集布局战略　推进鄂西崛起》,《学习月刊》2012 年第 1 期。

138．赵新亮:《我国乡村教师队伍建设的实践困境与对策研究——基于全国 23 个省优秀乡村教师的实证调查》,《现代教育管理》2019 年第 11 期。

139．赵垣可、刘善槐:《改革开放以来我国农村教师队伍建设问题研究》,《理论月刊》2019 年第 1 期。

140．赵忠平、秦玉友:《农村小规模学校的师资建设困境与治理思路》,《教师教育研究》2015 年第 6 期。

141．赵忠平、秦玉友:《谁更想离开?——机会成本与义务教育教师流动意向的实证研究》,《教育与经济》2016 年第 1 期。

142．郑金洲:《走向"校本"》,《教育理论与实践》2000 年第 6 期。

143．植凤英、王璐:《乡村振兴战略背景下乡村教师使命感的内涵结构、价值及培育》,《教育理论与实践》2021 年第 13 期。

144．钟启泉:《我国教师教育制度创新的课题》,《北京大学教育评论》2008 年第 3 期。

145．周桂:《场域视野下乡村教师身份认同的危机与出路——基于陕西省 WN 市四县的调研反思》,《当代教育科学》2019 年第 8 期。

146．朱菲菲、杜屏:《中小学教师流动意向的实证探析:基于全面薪酬理论视角》,《教育学报》2016 年第 2 期。

147．朱家存、卢鹏、李宜江:《农村如何稳"良师":构筑乡村教师发展与服务体系的安徽实践》,《中小学管理》2018 年第 9 期。

148．朱伶俐、陈鹏:《"国培计划"培训模式综述》,《继续教育研究》2020 年第 6 期。

149．朱胜晖、孙晋璇:《乡土文化转型与乡村教师专业发展》,《当代教育科学》2018 年第 8 期。

150．朱新卓:《"教师专业发展"观批判》,《教育理论与实践》2002 年第 8 期。

151．朱秀红、刘善槐:《我国乡村教师工作负担的问题表征、不利影响与调适策略——基于全国 18 省 35 县的调查研究》,《中国教育学刊》2020 年第 1 期。

152．朱秀红、刘善槐:《乡村青年教师的流动意愿与稳定政策研究——基于个人—环境匹配理论的分析视角》,《教育发展研究》2019 年第 20 期。

153．朱旭东:《论教师专业发展的理论模型建构》,《教育研究》2014 年第 6 期。

154．朱旭东:《我国教师队伍建设政策对教师教育提出哪些挑战?》,《中小学管理》2016 年第 2 期。

155．朱旭东:《新时期的教师精神》,《人民教育》2017 年第 17 期。

156．庄玉昆、褚远辉:《乡村教师专业发展的支持体系建设》,《教育科学》2020 年第 1 期。

157．左明章、向磊、马运朋等:《扶志、扶智、扶学:信息化促进教育精准扶贫"三位一体"模式建构》,《电化教育研究》2019 年第 3 期。

(三)报纸文章

1.《中共中央国务院关于实施乡村振兴战略的意见》,《人民日报》2018 年 2 月 5 日。

2．翟帆:《压力叠加,农村教师职业认同感低》,《中国教育报》2007 年 1 月 5 日。

3．胡怀旭:《我省多措并举建立健全教师补充机制》,《山东教育报》2016

年 10 月 24 日。

4．李新玲:《乡村教师支持计划恰逢其时》,《中国青年报》2015 年 4 月 8 日。

5．刘华蓉、黄浩:《乡村教师好政策落地才能开花》,《中国教育报》2016 年 3 月 16 日。

6．秦玉友:《"乡村性":重塑乡村教师专业素养》,《中国教育报》2015 年 12 月 30 日。

7．史利平:《培育教师专业发展的内生力》,《中国教育报》2017 年 8 月 20 日。

8．王原:《山东乡村教师补充机制入选全国优秀案例》,《大众日报》2016 年 10 月 13 日。

9．邬志辉:《破解乡村教育发展症结的良药》,《中国教育报》2015 年 6 月 10 日。

10．叶澜:《改善发展"生境"提升教师自觉》,《中国教育报》2007 年 9 月 15 日。

11．袁桂林:《稳住农村教师队伍到底靠什么》,《中国教育报》2015 年 2 月 9 日。

(四)学位论文

1．邓玉林:《知识型员工的激励机制研究》,东南大学博士学位论文,2006 年。

2．郝敏宁:《影响教师专业发展的因素分析》,陕西师范大学硕士学位论文,2007 年。

3．刘爱东:《在华跨国公司绩效管理研究》,复旦大学博士学位论文,2005 年。

4．王光雄:《乡村教师专业发展支持路径研究——给予云南省乡村教师支持计划的实施情况分析》,西南大学硕士学位论文,2018 年。

5．徐庆:《我国外资企业知识型员工激励机制研究》,吉林大学博士学位论文,2008 年。

6．张彬华:《需要层次理论在高职学院教师管理中的运用》,华中师范大学硕士学位论文,2005 年。

二、外文

1. Bullough R.V.etc,"Professional Development School:Catalysts for Teacher and School Change",*Teaching and Teacher Education*,No.2,1997.

2. Clelland D.C.,Boyatzis R.E.,"The Leadership Motive Pattern and long Term Success in Management",*Journal of Applied Psychology*,No.67,1982.

3. Day C.,*Developing Teachers:the Challenges of Life long Learning*,London: Falmer,1999.

4. Evans L.,"What is Teacher Development?",*Oxford Review of Education*, 2002.

5. Eric Hoyle,Jacquetta Megary,*World Yearbook of Education:Professional Development of Teachers*,London:Kogan,1980.

6. L.D.Wacquant,"Towards a Reflexive Sociology:A Workshop with Pierre Boundieu",*Sociological Theory*,No.7,1989.

7. McClelland D.C.,"Achievement and Trepre-neurship:A Longitudinal Study",*Journal of Personality and Social Psychology*,No.1,1965.

后 记

百年大计,教育为本;教育大计,教师为本。有鉴于此,本人及指导的研究生,近十年来比较关注基础教育教师队伍建设,特别是乡村教师队伍建设并已取得一些阶段性研究成果。

乡村教师队伍建设既是教师队伍建设的重点,也是难点;既是乡村教育振兴的关键,也是短板。在未来较长一段时期内,如何让乡村教师下得去、留得住、教得好、有发展,是加强乡村教师队伍建设的重中之重。教师专业发展不仅需要外在政策的引导,更需要内在信念的支持,只有拥有这样内在力量的乡村教师才能支撑他们热爱乡村、扎根乡村,把毕生的热情都倾洒在乡村教育事业上。内生动力是教师自主、自觉开展教育活动和追求专业发展的源泉,它能使乡村教师在工作中获得尊严感和价值感,并建立起专业信念。因此,我国乡村教师专业发展服务体系应由注重外在的规范要求向注重激发教师自觉自主发展的内生型服务体系转向,旨在促进和提升乡村教师专业自主发展、自觉发展和可持续发展。鉴于此,本人于2016年成功申报了国家社会科学基金教育学一般课题"乡村教师专业发展内生型服务体系构建研究",并顺利结项。课题的最终成果,就是即将出版的本书书稿。

本课题的顺利完成和本书稿的顺利交付,要感谢安徽省有关地市和县(区)教育局对本研究提供的调研支持;感谢本人指导的博士研究生贾红旗、王一澜,硕士研究生吉祥佩、张李、张妮、付亚丽、朱梅、戴璐、宋宝萍、卢雪莹等同学在资料整理、文字校对方面作出的辛勤工作。最后,特别感谢人民出版社刘松弢编辑的关心与指导,刘老师提供了专业、细致、周到的服务和对书稿修改完善工作的指导与帮助。

本书在写作过程中汲取和参考了众多研究者的研究成果,对这些成果的引用,使本书增色不少,在此一并致谢!在引用资料时,已尽力注明,如有遗漏,敬请原谅!希望本书能为丰富乡村教师专业发展研究贡献一些积极的力量。恳请学界同行、翻阅本书的老师与同学不吝批评指正。

2023 年 12 月

责任编辑：刘松弢

图书在版编目(CIP)数据

乡村教师专业发展内生型服务体系构建研究/李宜江 著. —北京：
 人民出版社,2024.1
ISBN 978 - 7 - 01 - 026083 - 9

I.①乡…　Ⅱ.①李…　Ⅲ.①农村学校-师资培训-研究-中国　Ⅳ.①G415.2

中国国家版本馆 CIP 数据核字(2023)第 214396 号

乡村教师专业发展内生型服务体系构建研究

XIANGCUN JIAOSHI ZHUANYE FAZHAN NEISHENGXING FUWU TIXI GOUJIAN YANJIU

李宜江　著

人民出版社 出版发行
(100706　北京市东城区隆福寺街 99 号)

中煤(北京)印务有限公司印刷　新华书店经销

2024 年 1 月第 1 版　2024 年 1 月北京第 1 次印刷
开本:710 毫米×1000 毫米 1/16　印张:15.75
字数:249 千字

ISBN 978 - 7 - 01 - 026083 - 9　定价:60.00 元

邮购地址 100706　北京市东城区隆福寺街 99 号
人民东方图书销售中心　电话 (010)65250042　65289539